成为达·芬奇

Becoming
Leonardo

An Exploded View of the Life of Leonardo da Vinci

［美］迈克·兰克福德 著　　熊亭玉 译

图书在版编目（CIP）数据

成为达·芬奇 /(美) 迈克·兰克福德 (Mike Lankford) 著；熊亭玉译. -- 北京：中译出版社, 2021.10
ISBN 978-7-5001-5848-6

Ⅰ. ①成… Ⅱ. ①迈… ②熊… Ⅲ. ①达·芬奇 (Leonardo, da Vinci 1452-1519) — 人物研究 Ⅳ. ①K835.465.72

中国版本图书馆CIP数据核字(2020)第117233号

BECOMING LEONARDO: AN EXPLODED VIEW OF THE LIFE OF LEONARDO DA VINCI By MIKE LANKFORD
Copyright: © 2017 BY MIKE LANKFORD
This edition arranged with MELVILLE HOUSE PUBLISHING
Through BIG APPLE AGENCY, INC., LABUAN, MALAYSIA.
Simplified Chinese edition copyright:
2021 JIC Bookstore Investment Co., Ltd.

版权登记号：01-2018-3374

成为达·芬奇
BECOMING LEONARDO

出版发行：中译出版社
地　　址：北京市西城区车公庄大街甲 4 号物华大厦六层
电　　话：（010）68359101；68359303（发行部）；
　　　　　68357328；53601537（编辑部）
邮　　编：100044
电子邮箱：book@ctph.com.cn
网　　址：http://www.ctph.com.cn

出 版 人：乔卫兵
特约编辑：任月园　冯丽媛
责任编辑：郭宇佳
翻译统筹：刘荣跃
审　　译：廖国强
封面设计：肖晋兴

排　　版：壹原视觉
印　　刷：北京顶佳世纪印刷有限公司
经　　销：新华书店

规　　格：787mm×1092mm　1/16
印　　张：23
字　　数：307 千字
版　　次：2021 年 10 月第 1 版
印　　次：2021 年 10 月第 1 次

ISBN 978-7-5001-5848-6　　　　　定价：88.00 元

版权所有　侵权必究
中译出版社

献给拉里·坎贝尔博士

世界上有三种人:自己能看见的人;需要别人指引才能看见的人;还有看不见的人。

——列奥纳多·达·芬奇

目　录

第一章　死亡之神　1

第二章　重要的开端　15

第三章　急不可待　31

第四章　囚　犯　39

第五章　阳台栏杆上悬挂的奇异果实　53

第六章　从边缘到中心　63

第七章　来自佛罗伦萨的音乐家　73

第八章　创造才能　83

第九章　胡　闹　95

第十章　不在中心　109

第十一章　牵强的问题　119

第十二章　自我交锋　137

第十三章　列奥纳多的分解图　149

第十四章　列奥纳多的学术生涯　155

第十五章　四处奔波　171

第十六章　马基雅维利来了　183

第十七章　巨龙出没　193

第十八章　回到佛罗伦萨　217

第十九章　作　　战　229

第二十章　跳下悬崖　243

第二十一章　我要离开这里！　253

第二十二章　又是你？　263

第二十三章　米　兰Ⅱ　279

第二十四章　罗　　马　295

第二十五章　克鲁堡的踢球游戏　305

验尸报告　317

图　　源　323

参考文献　325

致　　谢　328

第一章

死亡之神

1352 年	黑死病带走了意大利 60% 的人口。小冰期时代在欧洲继续，引发了大面积的瘟疫。
1452 年	列奥纳多·达·芬奇出生。
1452 年	阿姆斯特丹的第二次大火烧毁了这个城市四分之三的地区。
1452 年	画家、镶嵌细工师大卫·基兰达约出生（卒于 1525 年）。
1453 年	太平洋上的库威岛火山爆发。
1453 年	君士坦丁堡被奥斯曼帝国攻陷。
1453 年	英法百年战争结束。
1454 年	古登堡印刷出他的第一套《圣经》。
1455 年	雕刻家洛伦佐·吉贝尔蒂在佛罗伦萨去世（生于 1378 年）。
1455 年	雕刻家多纳泰罗的作品《忏悔的抹大拉》安放在了佛罗伦萨大教堂。
1456 年	飓风席卷了托斯卡纳区的芬奇。
1458 年	佛罗伦萨的皮蒂宫开始修建。
1460 年	葡萄牙探险家佩罗·德·辛特拉到达了塞拉利昂。
1461 年	奥斯曼帝国创建了萨拉热窝。
1462 年	弗拉德三世，也被称为德古拉[1]，试图刺杀穆罕默德二世。
1466 年	多纳泰罗[2]在佛罗伦萨去世（生于 1386 年）。
1467 年	莱昂·巴蒂斯塔·阿尔伯蒂发明了多字码密码。

---

[1] 德古拉：意思为龙公子。（本书脚注，除非特别说明，皆为译者注）
[2] 多纳泰罗（1386—1466），意大利雕刻家，也译为多那太罗。

0—15 岁

关于达·芬奇，大多数事情我们已无从知晓。他的声音听起来怎么样，他眼中透露出来的思绪，他悲喜之际的肢体动作，他走路的姿势，他身上的气味，他的双手，他惯常的表情——他的朋友们对这一切都无比熟悉，可从没有一个人费心记录下来。如今，所有这一切，我们都无从知晓了。他年轻时，这些似乎不值得耗费笔墨；而当他年老时，性情又太过古怪，以致无从描述。那么，关于他，我们该从何讲起呢？

若要虚构一个传奇故事，真实成分反而越少越好。如果列奥纳多出生在今天，我们就可以找到他的医疗记录，知道他双亲的血型，甚至一路追溯到他的查理大帝时代的祖先谱系，而且在芬奇这样一个旅游小镇，从邻居们那里打听些八卦逸事也不是什么难事。不过幸好，我们对这些一无所知——这对于维护一个传奇故事的浪漫与神秘有利。我们有的只是他祖父在家庭账簿里留下的一则潦草的记录："1452年。我有了一个孙子，他是我儿子皮耶罗的儿子，出生于4月15日，星期六，凌晨3点。他叫列奥纳多。"

这个襁褓中的小婴儿，浑身红通通的，躺在铺满稻草的摇篮里，两三只早春的苍蝇正在他脸上嗡嗡地盘旋着（其中一只可能还落在了他的嘴唇上，正扇动着翅膀）。他的人生从一开始就面临着一个巨大的难题：按照当时的规定和习俗，他是个私生子，不被法律认可。他的父母不仅没有结婚，甚至连相识都未经过得体的介绍。传统的观点认为，他的母亲是一名当地女孩；而新的证据则表明，列奥纳多的母亲卡特里娜可能是从别的地方被贩卖到意大利的家奴。也就是说，她可能遭到了强奸。

芬奇是阿尔巴诺山附近的一个小镇，归佛罗伦萨城邦管辖。这里是达·芬奇的出生地，也是他名字的来源。当时瘟疫横行，大量的人口死亡迫使佛罗伦萨允许进口奴隶。奴隶如果是异教徒，则须立即转信基督教，取基督徒的名字。大多数奴隶都是年轻女子，来自土耳其和北非，卡特里娜这个名字在当时很常见。而恰好皮耶罗先生的一个富豪客户——万尼·迪·尼科洛，家中就有个名叫卡特里娜的奴隶。尼科洛死于1451年，皮耶罗先生作为他的遗嘱执行人负责处理他的遗产，卡特里娜也在遗产之列。第二年，卡特里娜怀着皮耶罗的孩子出现在芬奇小镇上。而对于她的过去，我们一无所知。

若不是有达·芬奇在一些画作上留下的指纹作为证据，这一推断几乎毫无意义；这些指纹的皮纹结构，即箕形纹和斗形纹的构型与中东地区出生的人几乎一模一样。

如果上述推断是真的，那就意味着列奥纳多不仅是一个在家庭中处于弱势的私生子，还是一个混血儿。他的混血特征可能并不明显，因为无论是瓦萨里[1]还是其他人，都不曾提及这方面的事情。但在他长大的那个小镇，这一点可能是众所周知的，并且早已成为他身份的一部分。这意味着他身上流淌着两种血液，这样隐秘而难以界定的秘闻或许成了他日后"神秘感"的来源之一。这一点可能更为他平添了几分"神秘"——他身上那些难以界定的谜团，那些他隐藏起来的东西。

若果真如此，又引发了另外两种可能。第一种可能：如果卡特里娜抚养过列奥纳多，或者能够经常见到他，给他讲故事，哄他开心，并让他感到自豪，那么这位生母会讲些什么类型的故事呢？神奇的、英勇的，还是自我辩白的？她家乡的故事，抑或是她虚构的故事？这一点非常重要。这个孩子到底听到了哪些来自异域的奇异故事呢？当时盛行着一种对来自东方的智者——东方三贤者[2]的崇拜。

第二种可能：可以看出，列奥纳多成年后，他的时尚感——长长的头发、卷曲的胡须、紫色的斗篷以及戒指等——更像是土耳其而非意大利风格。他看上去更像是出来闲逛的土耳其巴夏[3]。这样一种有意为之的成人身份，很有可能来自孩提时的幻想和渴望。要理解列奥纳多日后独特的身份，卡特里娜或许是关键所在。但事实上，我们除了几个指纹和一些间接文献，再无其他线索。多年之后，在1503年，已经51岁的列奥纳多还曾试图移居伊斯坦布尔。他写信给巴耶塞特二世，表示愿意为这位苏丹效力，同时赞美了真主安拉。

---

[1] 米开朗琪罗的学生，著有《艺苑名人传》一书。
[2] 东方三贤者（Magi），又称东方三贤士、三博士、三智者等，《圣经·马太福音》中的人物。
[3] 土耳其古代对大官的尊称。

人的成年后的一切源自童年，而关于列奥纳多的童年，我们找不到任何记录。究竟是什么样的力量塑造了他？一般认为，是芬奇镇上他的祖父母和叔父弗朗西斯科带大了他。生母卡特里娜住在镇中央广场附近，也可能帮忙带大了他。他的父亲则在40千米开外的佛罗伦萨——阿尔巴诺山的另一侧，经营他的公证人生意。

成年之后的列奥纳多，看上去无疑是个自我意识极其强烈的人（客气地说），总想自行其是。他80岁高龄的祖父，还有只比他年长16岁的叔父，给他带来了何种影响，才使他形成了这样的性格？一切似乎都在暗示：这个父亲长年不在身边的聪慧男孩，是在祖父母和叔叔的宠溺下长大的。

我们可以想象，列奥纳多的童年是自由自在的。他可以自由地去野外游荡，饿了吃果实，渴了喝溪水。在那个年代，5岁的孩子很容易就会送命，好奇的男孩也容易惹祸上身。列奥纳多曾从岩石上摔下来，也曾差点淹死在溪流中，还曾被骡子踢到6米开外的野草里。但这些曾经的事故似乎并没有真正伤害到他，至少没有使他留下明显的伤疤。

但是，我们如何确定事实如此呢？毕竟在那个没有消毒药品的年代，伤疤司空见惯，除非它成了某种特征或某个人的绰号，否则大家都见怪不怪。在那个年代，每个人都伤痕累累，伤疤就是活着的证据。然而，在瓦萨里和其他人笔下，列奥纳多是一个发型考究的美男子。所以可想而知，那些不可避免的童年事故并没有给他留下任何肉眼可见的伤疤。

芬奇镇坐落在高高的山坡上，下面是山谷，上面是阿尔巴诺山。

村子所在的地段千疮百孔,遍布着沟谷和洼地,一个小男孩如果躺在里面,除了头顶的天空,其他什么都看不到。我们能看到的只有这里反差极大的地貌,而真正管辖这一地区的佛罗伦萨位于阿尔巴诺山的另一边,从这里完全无法看到。佛罗伦萨是一座重要的城市,有着各种令人惊叹的事物。附近有这样一座城市,对于一个在闭塞乡村长大的孩子来说有多重要?这实在是无法估量的。也许每次父亲回来,列奥纳多听到的就是这座城市;每个经过芬奇镇的访客,提到的也是这座城市;也许,他小时候还去过这座城市。在他15岁左右,搬到这座城市之前,他一直生活在这座城市附近,并深深为它所吸引。高山挡住了他的视线,但他知道,在山的那一边,有美妙的东西。正因为无法看到,这座城市才显得愈加神秘。这种渴望会塑造思想和梦想。

列奥纳多小时候,除了祖父母和母亲卡特里娜,叔父弗朗西斯科也给了他极大的影响。有叔父是件好事。当其他什么都靠不住的时候,往往叔父会即时赶来挽救局面。根据传记作家瑟奇·布朗利的描述,弗朗西斯科"有独立人格,温和,好沉思,肯定熟知很多植物的名称和性质(这一地区有很多药用植物),知道如何预测坏天气,了解野生动物的习性,还知道那些乡下人深信不疑的迷信传说"。列奥纳多很可能就是受弗朗西斯科的影响,对大自然产生了好奇心。他俩似乎一直都很亲密,甚至在列奥纳多长大后也是如此。弗朗西斯科死于1506年,没有子嗣,他把财产留给了列奥纳多,而不是那些可以享有优先继承权的侄子。

弗朗西斯科或许偶尔也会到佛罗伦萨去。等列奥纳多长大了,可以旅行了，弗朗西斯科也许会带上他一起去。要催熟列奥纳多的想象力，必须有事例供他思考，有经历供他重温、润色。而芬奇镇既没有大教堂，也没有图书馆，提供不了任何自然景色之外的美学奇观。

除了卡特里娜，我认为叔父是对儿时的列奥纳多影响最大的人。这一点永远无法被证实，但我深信列奥纳多是从叔父弗朗西斯科身上学到了慢工出细活的道理。这一匠人准则能够如此深地镌刻进他的内心，融入其人格，只能是从小习得并不断演练的结果。当时，有些人拒绝了市场的快节奏，非常想安静地生活，采取了"慢慢来"的态度。想一想100年以后的蒙田[1]，或是1700年前的伊壁鸠鲁[2]吧。弗朗西斯科不像他哥哥那样住在乡下，拒绝城市。为什么呢？也许乡下的节奏更适合他，而这又在潜移默化中影响了列奥纳多。

列奥纳多在了解，在倾听，在成长。要有所抱负，首先需要增长见识，找到目标。列奥纳多的想象力明明白白地指向了艺术。那么，他看到了什么呢？弗朗西斯科前往佛罗伦萨办事时，很可能带上了列奥纳多，他们待在皮耶罗的住处，看到了城市的景象。40多千米的距离并不远。在芬奇镇或恩波利附近的当地教堂，列奥纳多肯定或多或少地看到过圣像或雕塑，但那不过是拙劣的朝拜作品，不足以让人心潮澎湃。我猜想，列奥纳多当时已展露出天赋，叔父弗朗西斯科第一个看到了这个火花并助它变成了燎原之火。

列奥纳多童年中另一个容易被忽略的事实在于，芬奇镇坐落在高坡之上，从那里放眼望去，小列奥纳多可以看到35千米之外甚至

---

[1] 法国作家。
[2] 古希腊杰出的唯物主义者和无神论者。

更远的天际线。也许只有平原城市的居民才能理解其中的意义,但大多数人在成长过程中,视野所及之地不过几十到几百米而已。野外平地的视野范围通常不到 5 千米。而列奥纳多自小便俯瞰着全景似的乡野,这一景象肯定会进入他的梦乡——童年的景色往往都会如此。如果他家住在威尼斯而非芬奇镇,又会有何种不同呢?

山顶上风也要大得多。可以想象,天上可能总有风筝在摇曳,总有鸟儿在这里聚集。如果列奥纳多住在平地、住在水边,就可能会长成一个完全不同的他。他是山村的孩子,这里空气略微稀薄一点,视野比大多数地方都要开阔。这一点铸就了他——尤其是当他置身于佛罗伦萨的厚重空气和狭窄街道中的时候。

15 世纪的孩子是如何长大的呢?不得不说,很大程度上需要一些运气才能长大。山顶容易引起雷电;暴风雨就更糟糕了。一个陌生人从身旁走过,打了个喷嚏,便可能导致你浑身脓疱。当时人的平均寿命还不到 40 岁,前提是你得活过童年。列奥纳多认识的人中,便有童年早夭的——每个人都认识这样的人。

死亡随处可见。1456 年,飓风席卷了托斯卡纳。列奥纳多当时只有 4 岁,在屋子里听着飓风咆哮而过——姑且假设屋顶还在。每过一段时间便会出现干旱,爆发严重的饥荒,人吃人并不是新闻。10—15 岁这段时间,他所在的地区还爆发过几场瘟疫;27 岁那年,他住在佛罗伦萨,瘟疫再次造访;到了 32 岁那年,当地又一次遭遇瘟疫,这次持续了整整 3 年,导致米兰几乎丧失了三分之一的人口。对于列奥纳多而言,疫情已经成了生活的一部分;无论何时何地,死亡如影随形。当时的欧洲,连谋杀率都是现在的 30 多倍。列奥纳多出生在这样一个残酷、混乱、嘈杂的环境中并试图逃离。要理解他，首先需要正视这一点。在那样的环境中，要保持头脑清醒可不容易。

一个小小的伤口，或者一次骨折，都可能使人丧命。大人们在镇里宰杀动物，乡下孩子就站在旁边看着。列奥纳多也看着，看得很仔细。人们给鸡拔毛，把它们的脖子扭断，再给它们去皮——任何一个有想象力和同情心的孩子，只要走出家门口，一天之内就会被惊吓数十次。如果不想被恐惧折磨，他们就必须变得"麻木不仁"。此时的列奥纳多交织在两种情绪中——对外"漠不关心"，内心却"激荡翻涌"。从他的画作、他的敏感，可以看出他爱动物并且非常了解动物。再后来，他还会创作寓言故事。动物们在故事里说话，给人类明智的建议。他还写过一篇石头的寓言——一块会说话的石头。它们是他成长过程中的朋友。他与它们交谈，它们也与他交谈。最终，他成了一位素食者，并且毕生都在收集有趣的石头，也许是为了陪伴。

在他人生的早期，他经历了多少痛苦和悲伤，这些对他又有着怎样的影响？在我看来，文艺复兴的所有想象力都是以死亡为框架，以死亡为动力的。"记住，人终有一死。"[1]——他很早就知晓了生命的不确定性，那很有可能是他生活中的常态。家里的狗、最喜欢的猫、他的祖父、他的父亲，今天还在的明天就可能不在了，因此要活在当下。

---

[1] 原文为拉丁语：Memento mori。

叔父弗朗西斯科的建议：慢下来，深呼吸，列奥纳多。不要着急，想清楚。

毫无疑问，对于列奥纳多而言，绘画是一种安慰。绘画使他在屏蔽这个世界的同时，又捕捉到了它。他早期的作品没有流传下来，画的可能是小树枝，或者是青蛙，可能都是些平常的东西，我们考虑的不是这些画作的关注点，而是它们屏蔽掉的东西。它们记录了艺术，同时也记录了心理。所有的画作都是如此。最重要的是，一个人在作画的时候，感受到了绘画是自己了解某一事物的方式。这是列奥纳多对这个世界的思考方式。

孩提时期，列奥纳多最重大的发现之一肯定是自己的左手。最初，他肯定觉得很神奇——甚至所有的人都会觉得神奇。他的左手不仅能够捕捉真实、重现真实于纸上，而且绘画这一行为似乎还能让他更好地了解事实、掌握事实。似乎细致地研究某一事物，将其准确地描绘出来，就能全方位深入地了解，通过目光的接触掌握这一事物。对他而言，绘画就是了解世界的一种方式。当他还是个孩子时，他就学会了这一点，并且是无师自通。

了解这个世界，就是对世界的一种抵御。绘画给了他身份，也给了他伪装。长大后，绘画是他身份的核心；到了生命的最后，他不再绘画，而是在国王身边，毫不费力地生活，只是偶尔表演一下，更多时间则是低头研究脚趾头。

列奥纳多是怎样通过一件件小事发现了自己左手的能耐？这肯定很精彩，也是文艺复兴艺术的未知故事之一。在某种意义上，达·芬奇靠左手度过了一生，他的左手是他最宝贵的财产。10岁或是12岁的时候，他肯定画了很多想象中的东西。我猜，他画的是光身子的天使、是魔鬼、是巨龙；成人之后，他画起龙来很精彩，一副轻车熟路的样子。当这个男孩第一次拿起木炭，在岩石上绘画时，他的家人肯定也是知道的。他的生活中应该有这样的故事，但同样没有流传下来。

还有一种可能，列奥纳多第一次接触艺术是在当地的陶器作坊，他的家族在这一行有产业。夜壶和罐子的设计以及绘在上面的千篇一律的花纹，就算小孩子也学得会，更不必说做陶罐带来的快乐了。看着年老的陶工弯腰捏着陶坯，在旋转的陶坯上用工具画出图案，一气呵成，也许就在此刻，他心中第一次迸发出火花。

我们知道，列奥纳多喜欢散步。在孩提时期，他就开始到处溜达，认识了周围的蔬果，比如野生的芦笋、蘑菇和梨子。了解自然是一个复杂而浩大的工程，需要数年的研究。他意识到每一件东西都有其用途，而且有其秘密。当时，人们在镇里生活，需要采集食物，也要收集各种配方。采集草本植物，不仅是为了做药，也许还有娱乐的功能。他的祖母有没有园子呢？有没有收集配方呢？母亲卡特里娜呢？叔父弗朗西斯科呢？对于想要了解自然的人，大自然就是一本敞开的书，极其复杂，变化无穷。周围的事物，列奥纳多看得更细致了，他学会了观察。发现的过程就是反反复复地查看某个东西，最后，一切会自然地展现在眼前。一只蜜蜂，一条蛇，都是一个错综复杂的小小世界，很值得研究。15世纪60年代，芬奇镇在大多数时候是个非常安静的地方，连一条蜥蜴穿过马路都会引起围观。

我们知道，他好奇；我们知道，他聪明。他的绘画有如神助。

第一章 死亡之神

列奥纳多在乡下生活了大约15年的时间，总是留意观察身边的云朵和鸟儿。在当时，这个童年算是相当长了。他迟迟没有成为学徒，不知是因为他自有主见，还是因为随心所欲，抑或是不愿意。他在所有智力领域都显现出独一无二的特性，其中就包括写字。他是左撇子，显然是无师自通，他学会了从右到左书写托斯卡纳方言，而传统的方式则是从左到右。不仅仅是方向相反，他还是镜面书写，也就是说，通过镜子的影像就可以正常阅读他的笔迹。也许在还是个孩子的时候，他就这样书写了，目的是不让左手沾上墨水。要知道，用鹅毛笔写字，得拖着写，不能往前推。也许他觉得某种程度上这样反而容易些。显然，当时他身边没有老师，所以也就没人给他的手腕一巴掌，然后教会他正确的书写方式。根据一些专家的说法，列奥纳多这种倒着书写的方式证明了他有很严重的阅读障碍。他是个孤独的孩子，很有可能在这个习惯已经养成之后，才有人注意到，但这时已经无法纠正了。这给他带来了终生的影响。他还能学什么呢？

我们还知道，在芬奇这样的小地方，一个无所事事的15岁少年成为麻烦只是时间问题，也许这就是家人决定让他搬到佛罗伦萨的原因，他终于开始融入人类社会的艰难工程。他的未来是什么样的，他的父亲肯定告诉过他，很有可能还威胁了他。这个男人想的全是枯燥无味的现实，心里装的只有野心，他口中描述的未来，也许就是10多岁的列奥纳多深深恐惧的：一旦有了老师，你就不可能整天都在溪边玩耍了。你会学到真正的工作的价值。

大家达成了共识：列奥纳多一直都待在芬奇，最后由于两位家人的同时去世（他的祖父安东尼奥和年轻的继母阿碧拉·阿玛多里），他的父亲皮耶罗不得不带他来到佛罗伦萨，想让他学点什么，让他自食其力。显然，面对这个年纪的列奥纳多，家里人都还有些犹豫不决。该拿他怎么办？把他安置在哪里？他还能学会正常写字吗？他阅读起来有多困难？这样的孩子还能从事什么工作呢？

皮耶罗不得不行动了。问题越来越大，他无法再无视下去。如果坐视不管，这个孩子就会成为异类。现在，这个孩子必须有目的地学一门手艺，然后工作。

但是，关于列奥纳多人生的这一时期，却没有留下任何记录，没有家人的日志，我们不知道决定过程的细节。在这种家庭情况下，通常的做法是：这孩子太麻烦了，他得去当学徒，学一门手艺。但我可以肯定的是，列奥纳多是举双手赞成的。

我想，那天晚上，这个 15 岁的少年，盯着炉火，心中必然满是梦想与渴望，他渴望离开芬奇，他狂热地想象着未来。

第二章

重要的开端

1467年　日本爆发应仁之乱[1]。

1468年　札拉·雅各布去世，他的儿子贝达·马亚姆继帝位，成为埃塞俄比亚帝国所罗门王朝的国王。

1468年　桑海帝国[2]的国王桑尼·阿里统治了廷巴克图[3]。

1468年　桑德罗·波提切利[4]绘制了名画《圣母与圣婴》。

1468年　安德烈·德尔·韦罗基奥[5]绘制了名画《圣母玛利亚和圣子》。

---

[1] 1467—1477年，日本室町幕府时代的封建领主间的内乱。
[2] 西非一古国，15—16世纪达到全盛，为萨赫勒地区最后一个黑人土著大帝国。
[3] 又译为"丁布各都"，现名通布图，位于沙漠中心的"尼日尔河之岸"。
[4] 意大利佛罗伦萨著名画家。
[5] 意大利画家、雕塑家。

第二章　重要的开端

15—16 岁

从芬奇出发，一路翻山越岭走到佛罗伦萨，需要两天时间，即使一个15岁的少年也会觉得有些疲劳。然而，到第二天的晚些时候，当佛罗伦萨出现在列奥纳多面前时，我们可以想象，他脑海中必然充满了各种想法，没有一点困意。这里的景致他并不陌生，沿河而行，这条流向佛罗伦萨的大河水面宽阔，其间各种船只往来，热闹非凡。

所有的一切都涌进了佛罗伦萨。这就是当时整个意大利最让人眼花缭乱的城市。5万居民中有来自欧洲各地的人，还有来自近东地区的人。就在14年前，君士坦丁堡[1]落到了奥斯曼人手中，基督教学者、生意人和手工艺人就像蚂蚁逃离被洪水淹没的蚁巢一般，一路西行，来到了威尼斯和佛罗伦萨等地。佛罗伦萨的市民肯定感受到了这一变化，短短几年的时间，越来越多的异国情调出现在他们的街道上，各式各样的货物和艺术品琳琅满目，讲着土耳其语和

---

[1] 之后改名为伊斯坦布尔。

希腊语的人随处可见。

　　沿河而下，列奥纳多可能先是感受到了这一切，然后才真正看到它们：在看到这一切之前，他就已经听到了这里的喧哗；在听到这里的喧哗之前，他可能早已嗅到了这里的气味——他终于踏进了人类活动的巨大旋涡中，到处都是人——乞丐、商人、王子和小偷，他们摩肩接踵，走来走去。他或许是踏着老桥[1]进入这座城市的。老桥上的肉铺里挂满了肉，一摊摊的血就那样滴落到河里。他是一个敏感的乡下孩子，目光锐利，什么都看在眼里，眼前的马车、马匹、铁匠，还有兜售货物的商人仿佛是噪声和混乱组成的一堵铁墙。街上还有被拖着走的囚犯，他们痛苦不堪，一路尖叫着被拖到刑场公开行刑。这样的事情虽然不是时时刻刻都能看到，但也算是常态。在走进这座城市的第一天，以及接下来到处闲逛的一个星期里，他看见了什么？他是怎么想的？这座城市最初给他造成了怎样的影响？是封闭了他的内心，还是给他开辟了新天地，抑或是两者兼有？

　　一开始，他肯定被吓到了。街道上挤满了无家可归的人，他从这些人中间穿过。那时，贫穷就是绝对的一无所有。当时的人们如果死在街上，就会陈尸街头；动物也是如此。如果一匹马横尸街头，交通就会堵塞数个小时，车辆不得不绕道而行。身处其中，人们甚至没法用鼻子呼吸。对于列奥纳多而言，佛罗伦萨的生活是一条流淌着光鲜和绝望的下水道，散发着腐烂的味道。老桥上的肉铺一直

---

[1] 也译为维奇奥桥或韦奇奥桥。

都在那里,直到 1597 年,美第奇家族的一位成员觉得不雅,才把它改成了金铺。

也许,刚到这里时,列奥纳多还做过自己父亲的办事员。如今他既能从左到右,也能从右到左,都能书写,但他从左到右的字迹依然看起来稚嫩笨拙。他可以给自己的父亲打工,可这听起来并不太适合他。即便他真这样尝试过,也早早就失败了,这进一步促使他走向艺术之路。

这段时期很短,但很可能是他一生中最为迷茫的阶段。他只是个乡巴佬,几乎没有受过教育,家里的财产没他的份儿,他与宫廷没有半点联系,甚至不知道自己将来会怎么样。他是个毫无准备的孩子,张大了嘴,站在路边,手足无措。我认为这段时间并不长。我们知道,列奥纳多很善于观察,最初的那几天,他什么都没做,只是目不转睛地看。

最后,他成了一位画家的学徒,这位画家的名字是安德烈·德尔·韦罗基奥。我们只能假设,这个孤单的孩子第一次遇到了与自己志趣相投的人,他如释重负,或许还有一种归属感。

在此之前,关于列奥纳多的少年时代,我们可以确定的事实之一就是:在他自己有限的人生经验中,他一直是与众不同的。在这之前,他从来没有遇到过与自己类似的人。现在,他身边很有可能有了几个和他一样的人,比如波提切利[1],这个人非常优秀,而且知道自己很优秀。这些人学过绘画,他们明白自己在做什么、为什么

---

[1] 文艺复兴早期意大利著名画家。

要这样做；而列奥纳多被迫依靠本能来作画，列奥纳多有着敏锐的观察力和难以置信的灵巧手指，却没有技巧。这些人有他们的词汇体系，他没有。这些人知道透视、颜色和光线的规则，不需要每次都像他那样琢磨半天。他肯定深刻感受到了这一差异。他有太多要学习的东西，几百年后的今天，我们仍然可以听到他倒吸一口凉气的声音：哦！我懂了！我懂了！许多他问不出的问题，都由他的新老师韦罗基奥解答：他教他如何重新审视这个世界，既作为一个艺术家，也作为一个初来乍到的年轻人。

显然，列奥纳多开始对绘画技术着迷，而且非常看重绘画技术。究其原因，最有可能的答案就是他非常感激并欣赏绘画技术的存在。绘画技术，并不是他生来就有的；虽然学得有点晚，但他已逐渐了解了绘画技术方面的知识，绘画技术真正为他解决了问题。我怀疑，在这之前，列奥纳多就看到了自己的局限，明白自己遇到了困难，可他怎么也解决不了，觉得自己学东西太慢了。我认为，他的一生都在追赶，即便在他已走在最前沿的时候也是如此。每个自学者激励自我的火花就是感觉到自己滞后了。但在这时，他还什么都不知道，他看到的一切都是那么新鲜而奇妙；少年总是乐观而充满力量的。

在佛罗伦萨的第一年无疑是令人陶醉的。如果可以选择变成一只苍蝇，在历史的某个时期作壁上观，我一定会选择在这个画室当上几天的苍蝇——即使在那个时期苍蝇活不了多久也在所不惜。我要变成小小的苍蝇，在他周围嗡嗡地转，看他的眼睛唰地转向我。谁知道呢？列奥纳多也许是一个可以用左手捕捉苍蝇的人。这可是一项了不起的技能。

在第一年，为了赢得他人的好感，他展示了哪些乡下孩子的把戏呢？捉苍蝇，扔飞刀，还是动物的叫声？他的双手有多灵巧？除了擅长使用粉笔，还有其他的吗？这也无从知晓，但一般认为，韦罗基奥的大卫塑像是以16岁的列奥纳多为模特做的，这可是对新来者最为热忱的欢迎了。韦罗基奥差不多跟列奥纳多的叔父弗朗西斯科是同样的年龄。

早年，菲利波·布鲁内列斯基[1]为佛罗伦萨大教堂设计了大圆屋顶，韦罗基奥在大圆顶的灯笼天窗上安置了大铜球，这无疑是那段时期佛罗伦萨的大事。这里是整个佛罗伦萨的制高点，即便在今天，从那里望去，景色依旧迷人。这个从小到大一直习惯俯瞰视角的男孩，已有若干个月陷在街道和建筑之间，现在从这里望出去，该是多么美妙的感觉呀。这对他而言意义重大，即便是韦罗基奥安置好铜球后，他肯定也曾多次回到这里。他知道怎么爬上去，这可是放飞玩具鸟或者小风筝的好地方。

这个大圆顶是人构想出来的。在佛罗伦萨，想象力是真实的。而在乡下，想象力则像微风一样虚无缥缈。但在佛罗伦萨，人可以有奇思妙想，然后再将其付诸实践。站在那个大圆屋顶上时，列奥纳多确定了一种因果关系；而换一个地方，或是换一个时间，他可能就会与这个想法失之交臂了。他走进佛罗伦萨，想知道这个世界是怎么运作的，想知道自己在这个世界的位置。没错，他年轻生命

---

[1] 意大利文艺复兴早期的建筑师与工程师。

中的一大激励就是那个在佛罗伦萨任何地方都可以看到的大圆屋顶。无论是在现实生活中还是在想象中，布鲁内列斯基的大圆屋顶都在他的头顶上。这是一个砖块砌成的理念，对于一个有着土耳其血统、想要成功的年轻人来说，则更是如此。列奥纳多知道这座教堂的历史，这一点改变了他看待事物的方式。这座教堂的修建耗费了140年的时间，历经很多阶段以及很多工程师，最后，真正适合这一工作的那个人来了，这项工程才最终得以完成。这个人就是布鲁内列斯基。

他还看到了布鲁内列斯基精巧的升降机。当时，布鲁内列斯基已经离世21年了，但他的机器还活着，列奥纳多看到了这台机器并对之着迷，还非常细致地画出了这台机器。专家们一致认为韦罗基奥使用布鲁内列斯基的机器把大铜球安装到了大圆屋顶之上。当时认识布鲁内列斯基的人还活着，他们讲了他的故事。讲故事是当时的消遣方式之一。在韦罗基奥的作坊，列奥纳多不仅学会了观察，还学会了倾听。他知道了何为"创造者"：他们是工程师和艺术家。布鲁内列斯基是一个，莱昂·巴蒂斯塔·阿尔伯蒂[1]是另一个，多才多艺的韦罗基奥也算一个。他们就是文艺复兴人（当时自然是没有这一说法的）。他们是列奥纳多的榜样。这些人就是时代的精神。

不要太快地沉浸在任何一件事情当中，这也是有其理由的。人要野心勃勃，这些人就是榜样。

---

[1] 文艺复兴早期意大利的人文主义者，是作家、艺术家、建筑师、诗人、神父、语言学家和哲学家。

在这一时期，列奥纳多学到了很多东西，不仅仅是绘画、雕塑、音乐、舞蹈和韦罗基奥所有其他的技艺，还有关于人的学问。在这个城市住了几年之后，这个孤独的乡下男孩对各种针对奸商和小偷的防范措施都了如指掌；同时，他对自己所处的社会也有了重大发现。这世上有一代代口口相传的古代智慧，所有的人听到这些真知灼见都会点头称赞，这是那些通晓世情的人、那些权威（最有可能就是他父亲）告诉他的；另外还有他用自己的眼睛观察到的真理，与他听到的不一定匹配。比如说，所有的信仰者都告诉他教皇永无谬误。

或者说，当时的人不谈论这个话题。在文艺复兴时期的意大利，批判性地讨论这一话题是危险的行为。在当时，看穿教皇的伪善并不算特别困难，列奥纳多也不是第一个看到这一点的人。列奥纳多以各种方式质疑世俗的智慧，这在我看来也很自然。世俗之人得到了社会的回赠（或者希望如此），因此全盘拥抱统治阶层的价值观。他们接受、赞同这些观点，因为他们会从中受益，而正因如此，他们才会深信不疑。列奥纳多却置身其外，他显然是不相信这些价值观的。当然了，他也可以拥抱这些世俗的智慧并融入其中，大多数人都是这样做的。但我觉得，在学习独立思考的过程中，他同时也学会了质疑他人的权威。这都得益于他能清楚、客观地看待问题，并置身于他人的解读之外。

然而，这种置身事外的态度以及强烈的不信任，也是有其来源的。列奥纳多在佛罗伦萨早年的生活几乎没有留下任何记录，可能早在有机会参与任何事情之前，他就已经将自己看作局外人了。

对于列奥纳多来说，这是一段非常复杂的时期。此前，他过着简单的生活，周围都是熟悉的人，而现在他好像进入了混乱的蚁丘。在这里生活，关键在于读懂他人心思。我们不知道他是否精于此道，但是考虑到日后他所信任的人并不多（如果还算有信任的话），这种不信任想必是植根于某种早期经历的。

和所有普通的青少年一样，列奥纳多在这一时期的生活中，除了学艺之外，也不乏各种尝试。对黑暗禁忌之事的好奇，使他免不了问些出格的问题，做些古怪的事情。

在过去的500年间，很多关于列奥纳多的故事都源于文艺复兴后期艺术家乔尔乔·瓦萨里的一本书。在瓦萨里62年的人生中，他似乎无人不识、无处不至，佛罗伦萨城里所有值得一做的事情，他一件都没有错过。他最大的才能也许是建筑，他修建和装饰了各种各样的宫殿，但同时他还为自己的美第奇金主画了很多关于战争和宗教的画作。人们之所以会记住乔尔乔·瓦萨里，则因为他的著作《艺苑名人传》。

瓦萨里在这本书里讲述了这样一个故事：有个住在芬奇附近的佃农有一个木头的小圆盾牌，想要找一位佛罗伦萨的艺术家为他装饰一下，于是就找到了皮耶罗。皮耶罗很看重这位邻居，因此便同意把这个粗糙的盾牌带到佛罗伦萨，找人给他画上花纹。皮耶罗把盾牌给了列奥纳多。瓦萨里用他一贯夸张的风格讲述了这个故事：

为了绘制这个盾牌，列奥纳多往自己房间里搬进了大大小小的蜥蜴、蟋蟀、蛇、蝴蝶、蚂蚱、蝙蝠和其他诸如此类的奇怪动物。这个房间除了他自己，别人都不准进来。他根据这些动物，拼凑出一个非常丑陋且恐怖的怪物。这个怪物能够喷出有毒的气体，呼气成火；它从一块黑色的锯齿状岩石中探出头来，从喉咙喷射出毒液，眼睛冒火，鼻孔冒烟，整个画面怪诞离奇，看上去让人不寒而栗。他花了很长时间绘制这个盾牌，甚至连房间里的动物都腐臭得令人无法忍受了，列奥纳多也丝毫不觉，他一心扑在他所钟爱的艺术上。

作品完成了，其间他的父亲没再问过，那个乡下人也没再问，但列奥纳多告诉父亲，方便的时候可以来取了，他这部分工作完成了。于是一天上午，皮耶罗到列奥纳多的房间去取盾牌。列奥纳多打开门，让父亲等一下，接着他又走进房间。他把盾牌放在画架上，调整好光线，放在窗户旁边，让柔光照耀在盾牌上，然后示意父亲可以进来了。

一眼望过去，猝不及防的皮耶罗被吓了一大跳，他完全没有想到那就是盾牌。他后退一步，列奥纳多扶住了他，说："好了，这东西的目的达到了；拿走吧，我想要的就是这样的效果。"在皮耶罗看来，这东西无异于奇迹，他对列奥纳多的奇思妙想大加赞赏。接着，他悄悄从小商贩手里买了一个小圆盾，上面的图案是一根箭穿过了一颗心，他把买来的盾牌拿给了那个乡下人，对方终生都对他感激不尽。后来，皮耶罗把列奥纳多绘制的盾牌悄悄卖给了佛罗伦萨的商人，得到了100个达克特[1]；没过多久，盾牌就到了米兰公爵的手里，而公爵是花了300个达克特才从商人的手里买下来的。

故事中真正有用的是一些细节，从这些细节中一些模式已初见端倪。第一点，列奥纳多收下了盾牌并保存了很长的时间，久到连皮耶罗都忘记这件事情了。如果日后认识列奥纳多的人听到这个故事，肯定会赞同地点头——他已经表现出了终其一生的拖延。第二点，他把盾牌拿进了自己的房间，并且禁止他人进入。我怀疑，在列奥纳多的一生中，还有一系列这样的私密空间，他在那里思考、放松、独处。第三点，一般都认为他是一位挑剔的绅士，但其实他很能忍受异味。

列奥纳多似乎是一个愿意等待灵感和顿悟的人，比任何人都能等待。他似乎愿意一直研究某样东西，直到这样东西开始与他交谈，在他面前展现所有的秘密。这与现代的生产价值观迥然不同，在艺术领域尤其如此；但是，列奥纳多是他自己的导师，他遵循了叔父的教诲，满足于慢工出细活。

他之所以这样，一部分原因还在于他（明显）完全不在乎别人的议论。时间从更多意义上来说是一种社会契约，在那个时候更是如此。15世纪的佛罗伦萨处在工业和蒸汽时代的前夜，没有人打卡上下班，当时人们对时间长短的感知与我们是不一样的。但即使在当时，列奥纳多的所作所为似乎也相当奇怪。要解释他为什么有那

---

[1] 当时流通于欧洲各国的钱币。

么古怪的时间观念，我想关键在于要理解他对灵感和意义的追求，对发现过程的尊重。他当然不会如此表达。他也许只是想，自己是在"研究该怎么做这件事"。

列奥纳多并不是不看重时间，事实上他非常看重时间。时间就是他付出的生命本身，他付出的金钱，为的是知识和灵感。只是为了绘制一个盾牌，竟耗费数周数月的时间，真是太长了，但是，他做得真好！

盾牌的故事还告诉我们列奥纳多父亲的品性。他不仅对列奥纳多撒谎，欺骗了他，还欺骗了把盾牌托付给他的佃农，而且靠着这两个人的东西赚了钱。当然了，瓦萨里也是道听途说（很有可能是梅尔兹[1]告诉他的），但他没有讲述列奥纳多对父亲的欺骗是什么反应。在芬奇，确实有个佃农在为他父亲工作。这个佃农是个陌生人，还是他的朋友？如果列奥纳多认识这个人，为他绘制了一个很棒的盾牌，后来去芬奇的时候他又碰到了这个人，问起那个盾牌，他父亲的行径立刻就会暴露无遗。

公证人就是靠着公众对他的信任在做事，信誉是他的一切。而这人私底下不过是个骗子，靠诡计博取公众的信任，而且他还是你的父亲，对你撒谎，利用你赚钱——知道了这些，即便大家仍旧相安无事，也不免心存芥蒂。

而且15年之后，列奥纳多也来到了米兰，当他第一次拜访公爵的城堡时，他在墙上看到了什么呢？

---

[1] 弗朗西斯科·梅尔兹，达·芬奇的学生。

太紧凑生动是这个故事的另一个缺陷。一旦太过戏剧化，可信度就没那么高了。但是，类似的事情可能真的发生过，并指向列奥纳多"病态的想象"，就像瑟奇·布朗利所窥探到的那样，这个故事还指向他的表现欲。列奥纳多似乎是个非常喜欢深思熟虑的人，会通过全方位操控观众来达到自己预期的效果，在这个故事里，他的父亲就是那位观众。这件事还包含着一种戏剧性，有一种想要掩人耳目控制旁观者、然后出其不意的性质。很有可能是因为列奥纳多不信任自己的父亲。我们可以感觉到，他在给父亲展示盾牌之前，自己已经演练过不下 50 次了。他非常喜欢发现新东西，但同时他也在不断地重复，他的即兴创造也是不断练习的结果。

我们也可以感受到列奥纳多把自己的艺术当成了武器，一种抵抗并且反驳父亲的方式。战胜父亲，即使是在美学上战胜父亲，对他而言也是一种胜利。这个盾牌的故事最有可能是列奥纳多自己讲出来并自己传播的，目的是为了展示他的父亲从金钱的角度承认了他的艺术才能。

然而，这样的戏剧性却真实地暴露出其自我审视的程度。他密切地审视着自己，也审视他的观众；他最看重的是新发现以及这种行为带来的震撼。这种了解和审视的行为需要孤独和专注，需要独处，需要毫无遗漏的精通。他必须全神贯注，沉浸其中。

关于他这一段时期的生活，我们知道得多一些，聊胜于无，其中有两件事情值得注意。其一，经过 5 年，甚至不到 5 年的学习，20 岁的他作为艺术家的技能已经能让韦罗基奥感到满意，列奥纳多随之成为佛罗伦萨画家公会的一员。通常在这个时候，年轻的艺术家会开设自己的画室，开始寻找金主，也许还会招收自己的学生。列奥纳多却没有这样做，而是选择留在了韦罗基奥的画室。有些作家认为，这是因为列奥纳多没有野心，但我不赞同。我认为他是一个很有野心的人，但同时也非常谨慎，并没有完全暴露自己的雄心壮志。他希望能拿出符合自己标准的作品，而这些标准还在不断提高。有些作家会拒绝出版自己的早期作品，即使这些作品已经非常优秀。列奥纳多肯定是看到了其他画家早期作品中的缺陷，所以才如此谨慎，想要避免这种现象。他可能也听其他艺术家说过："要是时间能倒退半小时，我就能画好那棵该死的树！"列奥纳多不想走到这一步。他过于深思熟虑，过于谨慎，害怕被拒绝，凡事都要先预测一番。开设自己的画室并不容易，他不想操之过急。做韦罗基奥的项目还容易一些，这样他能有更多的空闲时间。

列奥纳多表现出回避的倾向，这是因为在早期他没有像其他人那样得到鼓励，得到人脉，于是他越来越成为一个为自己创作而非为他人创作的人。法官和陪审团都必须是他，这就是他的生存技巧，他所能信赖的判断就是自己的判断。

这一有趣的差异早已存在。重要的是艺术品，而非社会的成功时间表，即便后者依然让他烦恼。想要的东西就在他的面前，他只需要睁开眼睛看一看，然后抓住它。对于列奥纳多而言，只要他自己还能掌控，成功就不由别人的看法来决定；别人是不能被信任的，成功是他自己对品质的感觉。我认为，这并不是退缩，而是他还没有准备好站到众人面前，他还没有真正想要展示的东西。他在学习信任自己。他 30 岁之前的作品，现存的只有几幅油画（并不是每幅画都精彩）和几张素描。他在做其他事情。他不像拉斐尔[1]，也不像米开朗琪罗[2]，如果列奥纳多 30 岁就死了，我们现在根本就不会知道有过这么一个人。正如肯尼斯·克拉克说的："到了这个年龄，他主要忙着做衣服、养马、学琉特琴。"

---

[1] 拉斐尔·桑西（1483—1520），意大利著名画家，"文艺复兴后三杰"中最年轻的一位。
[2] 米开朗琪罗·博那罗蒂（1475—1564），"文艺复兴后三杰"之一，意大利文艺复兴时期伟大的画家、雕塑家、建筑师和诗人，是文艺复兴时期雕塑艺术最高峰的代表。

第三章

急不可待

1468 年　约翰·古登堡[1]（1398—1468）在德国的美因茨去世。
1469 年　画家菲利波·利比[2]（1406—1469）在斯波莱托去世。
1469 年　阿克萨雅卡托接替蒙特祖马一世，成为阿兹特克人的统治者，统领特诺奇提特兰[3]。
1469 年　马尔西利奥·费奇诺[4]完成了《柏拉图全集》的翻译工作。
1472 年　文艺复兴巨匠莱昂·巴蒂斯塔·阿尔伯蒂（1404—1472）在罗马去世。
1473 年　洛波·贡萨尔维斯成为第一个穿过赤道的欧洲人。
1473 年　列奥纳多绘制了《白雪圣母堂》，这是他现存的第一幅画作。
1475 年　列奥纳多绘制了安德烈·德尔·韦罗基奥《基督受洗》中的一位天使。
1475 年　列奥纳多绘制了《吉内薇拉·德·班琪》[5]和《持康乃馨的圣母》。
1475 年　米开朗琪罗出生。
15 世纪 70 年代　意大利人发明了有框架的降落伞（发明者不详）。

---

[1] 德意志发明家，是西方活字印刷术的发明人。
[2] 意大利佛罗伦萨的杰出画家之一。
[3] 墨西哥特斯科科湖的岛上古都遗址，现在墨西哥城地下。
[4] 文艺复兴时期的欧洲学者，佛罗伦萨新柏拉图主义的捍卫者。
[5] 也译为《女子肖像》。

第三章　急不可待

16—23 岁

我们对列奥纳多这一时期的活动所知有限，其中之一就是他在韦罗基奥画作《托比亚斯和天使》中的贡献，他在拉斐尔的头发上加了鬈发，还在下面加了一只跟着奔跑的、近乎透明的小狗——这也许是艺术史上的第一次。

列奥纳多的才华日益增长，另一早期的证据就是安德烈·德尔·韦罗基奥《基督受洗》里著名的天使。这个故事最早也是由瓦萨里讲述的，之后被重复了无数次。韦罗基奥让 18 岁的列奥纳多绘制左下角的第二个天使，列奥纳多笔下的天使让人惊叹不已，韦罗基奥惊讶地摊开双手，从此以后就不再作画了，因为他的学生已经超过了他。瓦萨里的故事就是这样讲的，他的故事也是人们所能引用的唯一资料。

我常常怀疑瓦萨里作为历史讲述者的可信度，每当他的解释既不符合人性，也不符合常识的时候，我们真应该质疑一下他的动机。传记作家理查德·特纳的观点很有力：瓦萨里不仅是把列奥纳多当成伟大的艺术家在描述，而且还在塑造一种新型的艺术家。他把列奥纳多描写成了创造者——新大陆的创造者，或许是在为之后米开朗琪罗的传记准备主题，因为米开朗琪罗是他心中的英雄。同时他也在含蓄地赞美自己——他是艺术家，一种新类型的人类；他就像圣徒保罗一样，是佳音传播者，是偶像和偶像包装的制造者。

无论如何，瓦萨里的这个故事都讲不通。历史学家已经发现，在《基督洗礼》之后，韦罗基奥还画了其他的作品。而且，坦率地讲，列奥纳多的天使画得也没有那么好。个人而言，我更喜欢另一个面带困惑表情的天使。据说画室其他人看到列奥纳多的天使后，精神恍惚了3天。这个说法也不合情理。我认为，有人会对他的天使持不同意见——他的天使与整个画面并不和谐。列奥纳多画这个天使用的是油画颜料，而韦罗基奥的作品则是用蛋彩画颜料。这个天使有点中看不中用。另一个天使有一种实用的感觉，可以说是一个称职的天使，能够做一些精神上的引导工作，而列奥纳多的天使是在摆姿势。对于"当时的人认为这个天使画得很成功"这一点，我表示怀疑，但无奈孤掌难鸣，大多数人还是赞同瓦萨里的观点。

在这一阶段，列奥纳多的另一作品是他的《天使报喜》[1]，展示了他早期复制粘贴的技巧。这幅画讲的是天使加百利来到圣母玛利亚身边，告诉她，她怀上了圣婴耶稣。乔纳森·琼斯是了不起的编年史学家，他记录了列奥纳多和米开朗琪罗之间的对抗交锋，正如他指出的那样，这幅画的场景不是为了画圣婴耶稣，而是为了绘制

---

[1] 也译为《圣母领报》。

精美的裙摆褶皱。

我们看到玛利亚坐在宫殿外的露台上，穿着极为华美，正在阅读一本放在基座上的书，这时天使出现了。我不清楚列奥纳多绘制的这些细节出自何处，但我同意琼斯的观点，他说这幅画主要就是列奥纳多找个借口来展示他绘画裙摆褶皱的技巧罢了，所以玛利亚和天使需要穿着华美，当然也就需要宫殿了。诵经台放在基座上面，基座看起来离观众要近一些，诵经台则远一些，似乎基座是最先画上去的。之所以会这样，很有可能是他复制了韦罗基奥的版本，并且复制得太过一丝不苟。背景的树木也有一点夸张，太像波提切利的风格——这样的错误他是不会再犯第二次的。但是，场景中另一个让人惊讶的地方是有加百利跪着的庭院——庭院里种满了蒲公英，还有10多种野草在庭院的各处茁壮成长。列奥纳多成长在乡下，他这是在展示自己对植物的了解吗？这不免给我们一种感觉，即列奥纳多如果知道什么，迟早都会告诉你的，至少在年轻的时候是这样。任何自学成才的人都是这样，对自己辛苦学来的知识很是骄傲。当时，他很有可能经常招人烦，直到后来，他才学会了在艺术这个魔法世界生存的法则——少即是多。

在《天使报喜》的背景中，我们第一次看到了他眼中的奇石。他从一开始就喜欢石头。我想，岩石和画面前景的华丽人物形成了对比和反差，这是他真正喜欢的。这一对比，对于他想象力中的两元对立来说似乎非常关键。在列奥纳多看来，任何事情都有两面性，这是他的一种对立观。

随着时间的推移，他画笔下的石头越来越怪诞。10年后，等到他画《岩间圣母》的时候，岩石几乎就像是一座废弃的建筑，在人物头顶上形成了拱架。他非常清楚，现实中是没有这样的石头的。他在随心摆弄自然事物的规律，而且显然乐在其中。

这些岩石背景也暗示了一个独自学习画画的小男孩，自然而然地会画那些习以为常的周遭事物。如果当时的列奥纳多生活在德意志，出现在他笔下的可能就是房间内部的装饰、种在花盆里的植物，但是在芬奇的列奥纳多是个常在户外活动的孩子，拿着叔父给他的纸笔自娱自乐。我们可以感受到，他一生都想要回归那种纯粹的绘画体验，沉浸在孤独之中，用纸笔捕捉某个稀罕的东西，日后再丰满细化。

在过去的500多年里，关于列奥纳多画作的背景，有着各种各样的诠释。但在我看来，其背景的主要功能就是提醒观者，画面中辉煌的生活不过是暂时的存在。这种暂时的存在感也解释了列奥纳多让传记作家迷惑不解的一些事情。首先，列奥纳多认为自己的存在就是暂时的，他在成长的过程中似乎深刻感受到了死亡的存在，死亡就是他人生中的一个主题。他也许活得过明年，也许活不过，死亡的深渊永远都在那里。他的画作捕捉到了这种感觉，有一种深化的现实感。他活出了那种自我意识，当然也知道它的存在，死亡无时无处不在。

《吉内薇拉·德·班琪》是列奥纳多的第一幅画像。创作这幅作品时，他的思想已发生了巨大的变化，他已经觉醒为一名创作者，这是他的第一幅展示出模棱两可和奇特性的杰作。《吉内薇拉·德·班琪》的背景故事这里就不再赘述，需要指出的只有——这幅画很有可能是为一段柏拉图式的爱恋而作，当时这种爱情可是宫廷中的时尚。年轻的外交官贝尔纳多·本博爱上了年轻的女子吉内薇拉，出资让列奥纳多为其绘制肖像，但最后两人都另有归属。列奥纳多交出了这样一幅画（天知道花了多少时间），肯定是让人大吃一惊的。如果要比较的话，在这幅画的面前，当年那个小圆盾上的火龙造成的惊讶，根本就不值一提。可以想象，他一定精心组织、演练过这幅画的"揭幕仪式"。《吉内薇拉·德·班琪》让人印象深刻，我们只能想象本博的反应。自此，列奥纳多开始形成了自己的风格。

这幅画最后传到了吉内薇拉兄弟的家里。本博当时已经有了妻子和孩子，当然不会把这幅画带回威尼斯的家中。

我第一次在美国华盛顿特区的国家艺术馆看到《吉内薇拉·德·班琪》时，与绘制这幅画时的列奥纳多年龄相仿，相较于我周围的中年鉴赏家，我的评价自然是有些挑剔的。"很好，"我承认道，"但是她一副快要睡着了的样子……眼睛里还需要点亮光。她完全是面无表情。"

但是，当时说出这样的观点，在别人看来，不过是一个年轻人对艺术的诠释一无所知。现在，在我的眼中，这更多的是一幅宫廷画作，画了一位众人瞩目的女性。她的形象是某些男性目光的反映，也许是所有男性目光的反映。根据专家最新的看法，她已经变成了一件"古玩"。

然而，在我看来，这幅画的真正价值在于列奥纳多所展现的新感觉，即希腊语"enargeia"[1]——一种生动、如梦如幻的理想表达，一种醒目的姿态，这是《吉内薇拉·德·班琪》和早期的小圆盾上的火龙所共有的东西。这幅画的构图非常精妙。他第一次表现出了对前景和背景搭配的驾驭，这在他后期的杰作里随处可见，是他在创作中想要传达出的理想状态。而且，我认为这一点也是米开朗琪罗、拉斐尔和其他年轻画家从他这里学到的东西。灵感就在空气中，每个人都在尽其所能地呼吸。属于谁，没有人关心，重要的是发现。看看吧，在列奥纳多的《三博士朝圣》中，玛利亚周围有一大群人；米开朗琪罗绘制的西斯廷教堂的穹顶画上，上帝周围全是脸庞。灵感的火花总是以一种神秘的方式突然闪现。

---

[1] 表示一种生动、完整的图像描写。

第四章

囚　犯

1476 年　米兰公爵加莱亚佐·玛利亚·斯福尔扎遇刺身亡（出生于 1444）。
1477 年　巴达本加火山在冰岛爆发。火山爆发的最高指数标准是 7，此次的指数为 6。
1477 年　《马可·波罗游记》第一版出版。
1477 年　勃艮第公爵"大胆的查理"再次战败后身亡。

24—25 岁

一切都藏在回声中。

抛开列奥纳多所代表的诸多东西，我更为关心的是与其天赋、自我认同以及自由成长相关的一系列问题。他似乎是一个非常神经质的人，也就是说，他始终觉得自己在某方面陷入了困境。我们知道，对他而言，任何一种自由都非常重要，为了自由，他几乎不惜一切代价。追求艺术和个人的自由似乎是一个非常宽泛的概念，其中就包括免于法律责任的自由——不想受截稿日期、合同和他人期待的限制。

这种自由非常重要，对于列奥纳多而言，失去自由就像是天塌了一般，自由关乎他的身份及行动能力。到后来，他的衣着、态度、艺术——所有的一切都表明了他渴望自由生活、自由安排时间的愿望。这种态度事出有因。

可能在某个时间点，曾有人质疑过他的这种自由，他因此害怕会彻底失去这种自由。持续终生的反应，之前必定有同等心理强度的诱发事件，也就是说，他在某个阶段失去过自由，或许还不止一次。

他是目睹奴隶制度长大的。他知道拥有自由是偶然而幸运的，只有害怕失去，才会紧紧抱住不放。

关于列奥纳多前26年的生活，我们几乎一无所知，所以也只能竖起耳朵去捕捉那微弱的回响。我们只知道寥寥几件事：三份报税单提到了他的名字，他是被赡养人；是行会会员；被佛罗伦萨的警察逮捕；1478年签订合同，为圣伯纳德教堂绘制祭坛画。在这屈指可数的几件事中，只有一个向我们提供了重要信息。

当时的佛罗伦萨有公共举报箱，人们可以往里面投放指控书。这东西也叫作"真相之洞"。通过这样的举报箱，人们可以向当局举报犯罪行为；但这同时也使其成为诽谤和辱骂的工具，所以称之为"胡说八道之洞"可能更加合适。如今，网络上与之功能类似的网站比比皆是。

但是，当时的警察（旧作"夜巡警官"）很看重这些指控，只需一纸匿名控告，他们就可能据此逮捕某人。1476年4月初，列奥纳多就这样被逮捕了，一起被逮捕的还有另外3个人，据说4人享受了一名17岁的男妓雅各布·萨尔塔雷洛提供的服务。列奥纳多和其他人是否雇用了萨尔塔雷洛，或者他们是否只是在萨尔塔雷洛休息的晚上一起玩耍，我们并不知道，但的确有人看见他们在一起，并据此指控他们的非正常关系。18—20世纪的大多数传记作家都认为列奥纳多是清白的。如今到了21世纪，我的推测却与前人恰恰相反，但是我并没有证据。

多年来，历史学家掩盖了这一事件，装作从未发生过这件事。最近，他们终于承认，的确有过这样一件事，但仍认为列奥纳多并没有进监狱，或是没有受到惩罚——即使被判入狱，时间也非常短，短到可以忽略不计，也许只有一两天。数年以后，列奥纳多在笔记本上写道："你让我进了监狱。"有人说，我们不能从字面意思来理解这句话，不应该过于看重这句话。大多数的专家都认为，列奥纳多逃脱了惩罚。但是，这些专家又是怎么知道这一点的呢？

1476年，举报箱里塞进了一张匿名的字条，指控雅各布·萨尔塔雷洛做男妓，并且提供了4个人的姓名，宣称这4人是其情人，或者是顾客。

> 西格诺里长官，我要告诉你一件事，真实的事情，那就是雅各布·萨尔塔雷洛……是很多不齿恋情的其中一方，只要有人向他要求那种下作的事情，他就会同意并满足对方。就这样，他做了很多次交易，也就是说，他曾为好几十人服务，其中好多人我都认识，在此，我只列出下面这几个人的名字：
> - 巴尔托洛梅奥·迪·帕斯奎诺，金匠，住在瓦奇雷西亚。
> - 列奥纳多·迪·皮耶罗·达·芬奇，与安德烈·德尔·韦罗基奥住在一起。
> - 巴西诺，紧身上衣制造商，住在圣弥额尔教堂附近，那条街上有两个很大的羊毛剪商店，往下走，就是西尔奇家的门廊。巴西诺又新开了一家紧身上衣商店。
> - 列奥纳多·托尔纳博尼，绰号"泰瑞"，穿黑色衣服。

>这些人都与我提到的雅各布发生了关系，我向您作证。

这4个人的名字上写着，"Absoluti cum conditione UT retamburentur"。意思是：他们不受监禁，等待进一步的询问或是投诉，如遇法庭传唤，则必须出庭。两个月后，也就是6月7日，他们收到法庭的传唤，他们的案子正式撤销了。其中没有标明他们被有条件释放的日期。

这只是随意写在记录簿上的一条记录。要起诉他们，需要目击证人在60天的期限中站出来作证。没有人站出来，所以指控就撤销了。但是，列奥纳多被捕的时候，而且很有可能被扔进监狱的时候发生了什么。我们所知的信息都无法回答这个问题。他被囚禁了多长时间，我们也不知道。也许我们应该这样问：在假释之前，这些犯罪嫌疑人要被关押多长时间？一个晚上、一周，抑或是更长的时间？

我不知道答案，但是知道一些其他的事情。我知道，即使在现今最发达的国家，如果某人被捕并被送进监狱，依然会度日如年。我们知道有人在临时拘禁中丧命，我们知道悬在列奥纳多头上的是死罪，那是可能会被处以火刑的罪名。他的看守是不是也觉得该把他放在火堆上烧死呢？我们不知道，但他很可能是这么想的。列奥纳多的看守是谁？这个人酗酒吗？这个人在圣十字区做礼拜吗？我们不知道。

关于文艺复兴时期的意大利监狱，我们知道些什么呢？有一点是肯定的，那就是这些监狱毫无优点可言。有人认为列奥纳多只是在监狱里待了一个晚上，第二天就出来了，这种观点没有抓住关键点。我们并不知道他在监狱里待了多长时间，我们只能从这段拘留在他人生中留下的回声来估计其影响，这就难免会有主观判断的成分。

心理创伤可大可小。列奥纳多是怎么被捕的呢？有人在他耳边一声低语，然后掩人耳目地把他带走？这不太可能吧。更有可能的是一声吆喝，猛地抓走，全程都在众人的目光之下。在我看来，列奥纳多也没法靠父亲帮自己，或是靠父亲为他缴纳保释金。在这之后，皮耶罗先生甚至有可能不愿意承认列奥纳多是他的儿子。双方关系出现裂痕可能也正是因为此事。有证据表明，此后直到皮耶罗去世的20多年里，两人之间的关系非常疏远。这对于列奥纳多的人生而言，又产生了怎样重大的影响呢？

韦罗基奥只是一个卑微的艺术家，没有什么影响力，也不能为列奥纳多提供什么实质性的帮助。列奥纳多孤立无援，在监狱的第一个晚上，他躺在石凳上，脏兮兮的陈旧稻草就是枕头；他的衣服质地不好，但颜色明艳，拴在袖口的小方巾也傻里傻气的。他感到很荒唐，不知道明天会有什么样的惩罚等着他，毫无疑问，这一夜他思绪万千。我们知道，漫漫长夜很难熬。我认为，这一夜改变了他的人生。

当时的牢房是什么样的呢？冰冷、黑暗、潮湿。不仅老鼠喜欢，蛇也很中意这样的地方。在当时，权力就是这么任性，如果一个人不能证明自己无辜，那就是有罪的。一个有趣的问题：在此之前，列奥纳多认识与他一样被捕而且被惩罚过的人吗？之前的12个月的记录显示，有 26 个人受到了惩罚，他认不认识其中的某个人呢？如果认识，那些人受到的惩罚严厉吗？有没有人被烧死，或是光着身子受到鞭笞？那天晚上，他想的是不是这些东西呢？之前，波提切利有没有因为道德问题被捕过呢？

此时佛罗伦萨正值 4 月初，苍蝇扑面而来，空气中散发着污秽的味道。他躺在古老监狱的囚室里，一遍遍地想着窗外的飞鸟。周围漆黑一片，他不得不在黑暗中观察，研究无比黑暗的阴影。他仿佛倒挂在角落里的蝙蝠，竖着耳朵听周围的动静，脑子里全是奇思怪想。他想着，自己的人生还没有开始就结束了。再过几天，就是自己 24 岁的生日了。此外，他的父亲皮耶罗有了新的继承人，一个叫作安东尼奥的合法儿子，是 2 月出生的。这对于列奥纳多来说，并不是什么好事。

他会做什么呢？他很有可能紧紧地盯着牢门，幻想着脱离困境的方法。要是有纸笔就好了。第一夜真是难熬呀！

名单上有托尔纳博尼，大家一致认为正是因为这个人的存在，导致两个月之后，名单上所有人的指控都被撤销了。托尔纳博尼的家族是皮耶罗·德·美第奇的姻亲，而后者是佛罗伦萨统治者洛伦佐·德·美第奇的儿子。但是，如果是这种情况，为什么要等两个月呢？我们猜测，他们是同时被释放的。如果不是这样的话，那贵族托尔纳博尼应该很快就被放出来了，甚至是当天晚上就被释放了，而他的同行者们则不得不等着司法轮子好好转一转，才能再次回到太阳底下。没必要急着放他们出去。没有钱，没有政治上的关系，但也没有定罪的证据。他们就待在那里，越来越肮脏不堪，等着某人作出决定。我们知道，穷人进监狱，无一例外都会认为这一经历不堪回首，不想重来一次。列奥纳多的反应是什么呢？一次，他在笔记本上写道："越敏感，越受伤。"在我看来，他的人生满是伤害。这一次入狱即使时间很短，也是最为严重的伤害。他的生活塑造了他的性格，我们不得不问一问：是什么造就了他那样的性格？

可以想象，列奥纳多受到了盘问，警察要他交代在其中做了什么，其他人扮演了什么样的角色，还可能要他交代朋友的名字。这是不是成了他内疚的一部分？那个时候会被盘问什么呢？看守有可能长着毛茸茸的胳膊，不停地朝着地上吐唾沫。会是道德上的指控吗？他遭到了殴打吗？有些学者认为他遭到了殴打。当时，进监狱的人大多免不了挨打，还有更糟糕的。

不管怎样，他的确摆脱了困境，或者是因为他与警察合作了，或者是其他人利用影响力撤销了起诉，或者只是因为证据不足、没有人站出来进一步给出证人证词，或者只是警察需要腾出牢房，有名副其实的罪犯要住进去。

他出来的时候，头发里即使没有虱子或者其他小动物，肯定也有一身的跳蚤。

列奥纳多出来后，他的朋友们看到他变了，接下来的数周里，朋友们看到这一变化在他身上固化下来。列奥纳多在等待，看起诉是否会被撤销，看自己是否还有将来。这完全取决于是否有人站出来为起诉作证。接着，他第二次被起诉，但又一次没有证人站出来。持续两个月的担惊受怕够长了，长到足以在他的思维方式上留下永久的痕迹。

毫无疑问，这件事情改变了他与父亲皮耶罗的关系。他的父亲见钱眼开，在55岁这一年，皮耶罗终于有了"合法"的男性后代，也就是前文提到的安东尼奥，所以列奥纳多也就变得无足轻重了。

这是列奥纳多人生中最糟糕的时刻吗？他是混血的局外人，但有着一双巧手。在监狱里苦熬时，他无法自我欺骗。他没有关系，也没有影响力，只是一个穷学生。在这个变化莫测的世界里，任何一个朝窗外张望的蠢货都可能置他于绝境。慢慢地，他变得神秘起来。他要防御，不给那些蠢货任何机会；他披上紫色的斗篷，以转移别人的目光，掩盖自己的情绪。

现存列奥纳多最早的机械设计图便绘制于这一时期，那是一套螺丝起子、支架和夹钳的设计图，可以用来卸下门上的合页。

1476年的指控被撤销之后，列奥纳多立即离开了佛罗伦萨，跟随韦罗基奥前往皮斯托亚。韦罗基奥收到一单委托，要在皮斯托亚的大教堂建造一尊大理石纪念碑，以纪念主教尼可罗·福尔泰圭里。列奥纳多的姑妈就住在皮斯托亚，也许他也乐于离开佛罗伦萨一段时间。他离开了可能有一年的时间。人们认为，他在皮斯托亚的时候还找到了一份零工，为附近圣热内罗村子的教区教堂制作了一尊陶土天使。这一塑像令人惊叹，展现出他仍在不断发展的独特风格，有些部分做得非常好，其他的部分很有可能是他迟迟未能完工，在别人的催促下草草结束，因此稍有逊色。这个天使看起来像是彩绘的，当时陶土和木制塑像经常采用彩绘手法。

这尊天使被安放在教堂的角落里，一开始人们必然对它赞不绝口，特别是惊叹于其颜色的精细和层次感的到位。后来，人们渐渐习以为常，日久年深，这东西积满了灰尘，颜色也开始脱落。外面的一棵树日渐高大茂密，角落里的光线越发暗淡，这尊天使也就更无人问津了。1773年，一个工人搬梯子时，碰到了塑像，导致它掉下来摔碎了，后由当地的一位匠人修补好，这是关于这座塑像我们所能找到的唯一记录。

列奥纳多可能一直待在皮斯托亚，直到韦罗基奥完成了大教堂的纪念碑，然后于1477年初与其一起回到佛罗伦萨。这时，他已离开韦罗基奥，开设自己的画室。关于接下来的一两年，我们只知道些零碎的信息，这些事情却非常有趣。列奥纳多有一个叫保罗的学生，被洛伦佐·德·美第奇（这个家族的掌门人，也就是佛罗伦萨实际的统治者）送到博洛尼亚关押了6个月，罪名是在列奥纳多的画室过着"邪恶的生活"。按常理来说，列奥纳多本人很可能也难逃牵连，但我们并不知道细节。列奥纳多从监狱获释之后，这个25岁的年轻人到底有多不顾一切，我们并不知道。但是，可以猜测的是，如果洛伦佐知道一个艺术学生在私生活上不检点，他应该同样也知道这位老师不检点。

列奥纳多还是韦罗基奥的学生时，可能通过韦罗基奥见到过洛伦佐，但我们并不清楚他们互相了解的程度。列奥纳多似乎很容易就惹得别人讨厌，其程度是我们现代人无法相信的。有些人慢慢开始鄙视他，也是事出有因的。

早些年间，列奥纳多在佛罗伦萨漫无目的地生活，还没有开始记笔记，也没有开始有意识地研究大自然的各种现象，甚至不清楚自己究竟在做什么。但即便如此，那时的列奥纳多已经对世界的运作方式提出了疑问。他肯定已经被莱昂·巴蒂斯塔·阿尔伯蒂[1]、菲利普·布鲁内列斯基、弗朗西斯科·迪乔治·马提尼[2]或是其他天才深深地吸引。这些人没有拘泥于画室，也没有整天在工作台劳作（或者是被关在监狱里），他们走向广阔的世界，充分发挥自己的天赋，他们是艺术家、发明家、工程师，他们是完整的人。他们由很多部分组成，合成了一个整体。列奥纳多还不知道如何做到这一点，但成为这样的人已经成了他的目标。

他对机器的迷恋已经开始消耗他的精力和时间。他绘制机器、研究机器。齿轮和转轮的神奇令他惊讶不已。当然了，他还需要谋生。他开始阅读工程学作品，比如塔科拉[3]的工程学论著《设计和机器》。这本书中绘有很多创新型的机器和设备的设计图，并且配有注释，其中一些还是塔科拉自己的发明。列奥纳多很有可能也已经看过马提尼的作品（当时可能以手抄稿的形式传阅，后来出版，书名为《建筑、工程和军事艺术》）。马提尼也是发明家和工程师，习惯在插图之间嵌入文字。在工程学和军事设备方面，以及日后记笔记的方式方面，列奥纳多受到了塔科拉的巨大影响，也许还受到了马提尼和其他人的影响。当然，主要的区别在于列奥纳多绘图的美感，他从来都不仅仅是机器工程师。

他对水以及如何控制水也很着迷：他研究运河，还有运河的开

---

[1] 莱昂·巴蒂斯塔·阿尔伯蒂（1404—1472），意大利文艺复兴早期的人文主义者。多重身份：作家、艺术家、建筑师、诗人、神父、语言学家和哲学家。
[2] 弗朗西斯科·迪乔治·马提尼（1439—1501），意大利雕刻家、画家。
[3] 塔科拉（1382—1453），意大利文艺复兴早期的艺术家、工程师，多才多艺。

凿方式；他研究湍急的小溪以及溪水中奋力逆流而上的小鱼。在他还是个小男孩的时候，就喜欢站在齐膝的河水中。于他而言，水似乎就是另一个世界，令人着迷却也让人费解；当水流恣意地漫过河堤的时候，就更是如此。似乎没有人真正了解水的本质，除非是那些学会了驯服水流的杰出工程师，他想成为那样的工程师。

可是，在那个时候，他想学的东西太多了，他都不知道从何处着手。鱼的生命、鸟儿的生命、马的生命、打地洞的兔子的生命——所有的事物都让他着迷。从何处开始呢？他一无所有，但有的是时间。很有可能，他每件事情都尝试过了。可以确定的是，没有金主雇他，他也没有吃饭的钱。

第五章

阳台栏杆上悬挂的奇异果实

1478年　西班牙宗教法庭成立。

1478年　列奥纳多绘制了《柏诺瓦的圣母》，完成了素描作品《圣母子与猫》。

1479年　费尔南多二世登上了阿拉贡[1]的王位，与妻子伊莎贝拉一世——卡斯蒂利亚女王一起统治国家。

1480年　葡萄牙人环航非洲，第一次使用了航海星盘。

1481年　奥斯曼帝国苏丹穆罕默德二世去世，其子巴耶塞特二世继位。

1481年　特诺奇提特兰城[2]的阿兹特克统治者阿克萨雅卡托去世，他的兄弟提佐克继位。

1481年　兰斯[3]圣母大教堂的房顶和尖顶在大火中被毁。

1481年　最后一块阿兹特克石日历雕刻完成。

1481年　列奥纳多开始绘制《三博士朝圣》[4]。

---

[1]　位于西班牙和法国交界处。
[2]　墨西哥古都。
[3]　法国东北部城市。
[4]　也译为《三博士来朝》。

26—29 岁

经历过生活崩溃的人都知道这些信号：别人不再给你回电话；没有下文的申请；本来非你莫属的工作给了别人——生活不如意十之八九。

除了回电话之外，这几乎是列奥纳多在佛罗伦萨最后几年生活的真实写照。他不知道该做什么，声名狼藉，教堂要装饰祭坛也不会找他。他很害怕失去仅有的一点东西——他的左手，以及左手可能带来的东西。他搬出了韦罗基奥的画室，自立门户，过着自由职业者的生活。他现存的笔记里再也没有出现韦罗基奥的名字，个中缘由我们无从得知。

接下来的 4 年，他还是没能有所成就（至少在他本人的眼中是如此），一塌糊涂的他搬到了米兰，打算重新开始。真正的自由还意味着不再受过去的束缚。

我们知道的是，那个时期的佛罗伦萨充满暴力。1478 年，佛罗伦萨陷入了道德痉挛，那些道貌岸然的人物的行为简直难以用语言形容，与之相比，在与世隔绝的矿工棚子里，人们的举止都显得那么温文尔雅。列奥纳多在城里目睹了整个过程，甚至还画下了一个被绞死的尸体，他也因此得出了自己关于人性的结论。那时候人命真是贱呀，如果你的姓氏是帕奇，就更是如此。

故事是这样的：在荣誉、傲慢和金钱欲望的驱使下，两个家族开始角逐佛罗伦萨的统治权。当时二号家族已经不再满足于百万级别的家产，想进一步扩张到千万级别，于是危机也随之出现。在1478年的佛罗伦萨，二号家族头目的第一个念头就是公开行刺一号家族两个已经成年的儿子。一号家族就是历史上声名显赫的美第奇家族，他们的银行遍布各处，富可敌国，用金钱控制了佛罗伦萨的政治；二号家族就是长期处于下风的帕奇家族，他们也是极为富有的家族，也有自己的政治关系，与罗马教皇席斯特六世联系紧密，而这位教皇本人并不太喜欢美第奇家族，似乎默许了这次刺杀计划。于是，4月26日，趁着美第奇家族的两个儿子洛伦佐和朱利亚诺在佛罗伦萨的大教堂参加复活节礼拜之际，贝尔纳多·班迪诺·巴龙切利和弗朗西斯科·德·帕奇扑了上去，抽出刀子，从各个方向捅向他们，鲜血满地。朱利亚诺倒地身亡；洛伦佐躲到了圣器收藏室的门背后，险些丧命，帮助他逃命的朋友却送了命。

美第奇家族是这个城市的头号家族，家族的一个继承人躺在地上咽了气，身上被捅了19刀；另一个继承人脖子上也被划出一个口子，勉强活了下来。城里自然是一片恐慌。

帕奇家族觉得自己应该煽动民众反抗美第奇家族，于是跑到街上大喊："自由的人民！"

但是，时机并未如其所想地到来，叛乱并没有发生，于是帕奇家族的处境就格外尴尬了，他们刺杀了城里一位地位显赫的居民，并让另一个人也身受重伤，却发现没人对此感到高兴。与他们预料的相反，教堂敲响了丧钟，他们才是被"收拾"的对象。接下来的48个小时里，帕奇家族80多个家庭成员以及他们的同伙全部被缉拿，并被吊死在了阳台上。据说，帕奇家族的长辈雅各布从一开始就反对刺杀行动，到最后一分钟才勉强同意。他也被吊死在阳台上，旁边就是他的侄子弗朗西斯科——整件事的始作俑者。他们被吊在绳索上，挣扎着晃来晃去，手被捆在身后，两个人不时撞在一起。在咽气之前，老人不停地想要咬他的侄子。

我们都知道那是一种什么感觉。

不管怎样，列奥纳多当时是在场的。考虑到暴动期间外出会受伤，他很有可能是从窗户往外张望。毫无疑问，那一天，很多无辜的人也送掉了性命。一片混乱之中，怨恨和债务都得到了清算，有些尸首在阳台上被吊了数周的时间。

当时是4月。随后又发了洪水，城市的低洼地带受到了很大的破坏；随之而来的就是瘟疫，死了更多的人，造成了更大的破坏。刺杀事件那天早上，在大教堂的刺客一共有四个，有三个被捕，还没到日落，这三个人就被吊死了，第四个刺客贝尔纳多·巴龙切利逃掉了。几个月之后，他在伊斯坦布尔被抓住，被押送回佛罗伦萨之后，受了一段时间的折磨，然后也被吊死示众。列奥纳多给这具尸体画了一幅素描，这幅素描保存至今。他细致地观察了尸首双脚是怎么晃动的，胳膊下垂的姿态以及衣服的褶皱。然后，他勾勒了两次脸部，想找准角度捕捉到刺客被吊死时的表情。他充分作了研究，捕捉到了那个表情，他也有可能认识这个人。这是他画的第一具尸体吗？很有可能不是。这一点我们并不清楚。美第奇家族也派人去画尸体用作宣传，但他们雇的是波提切利。列奥纳多为什么要免费绘制这样一幅素描呢？因为他想画。他想知道吊在空中的死尸是什么样的，这么好的模特可不好找。而且，这具尸体就挂在拐角的地方，从他父亲皮耶罗的房子中就可以看到——机不可失。

教皇席斯特六世押错了宝，美第奇家族依然处于统治地位。1481年，教皇开始摆出和解的姿态，行动之一就是让洛伦佐·德·美第奇把佛罗伦萨最好的画家名单提供给他，他要从中选择一位来装饰他的新教堂——西斯廷。洛伦佐给了他一份名单，上面所有的人都被聘用并出发前往罗马，他们不仅会得到报酬，还会收获声望。名单上没有列奥纳多的名字，但是有韦罗基奥。列奥纳多留在了佛罗伦萨，接了一份给教堂的钟涂上颜色的合同，报酬是粮食和葡萄酒。对于列奥纳多而言，这又是一段艰难的时光。

面对这种情况，大多数人可能会收拾行李，回到常规的道路上。也许是接受培训成为公证人的办事员，学会放低自己的希望；也许是在城里找一份工作，然后只在周末画画。列奥纳多当然不得不从底层干起，但是等上几年的时间，就能负责下水道之类的设施，获得固定的薪水，而不是像现在这样活得一塌糊涂。

但是，列奥纳多没有收拾行李。他可能根本就没有考虑过放弃。

有天赋，不被人喜欢，完全因为个人原因处处遭受失败，这意味着什么？如果洛伦佐不喜欢你，那就真是该考虑打包走人了。但是，即便是在城里闹瘟疫的情况下，列奥纳多也没有这么做。他最终找到了工作，在这一时期，他开始着手绘制两幅画。一幅是《三博士朝圣》，委托方是位于斯科皮特的桑多纳多奥古斯丁修道院；另一幅是《荒野中的圣哲罗姆》，委托方是贝尔纳多·鲁切拉伊。两幅画的构图都非常精彩，都展现出了他后期绘画的重要方向。但是，两幅画都只完成了一半，似乎是中途放弃了。没人知道其中的原因，这似乎又是一段空白的时期。

之后，这两幅画的遭遇迥然不同。《三博士朝圣》被收藏在了吉内薇拉的兄弟——乔瓦尼·德·班琪的家里。《荒野中的圣哲罗姆》却神秘失踪，300 年之后重新出现在罗马时，已经被裁剪，作为桌子贴面在使用。故事是这样的：拿破仑·波拿巴的叔叔费斯主教，也是个有些名望的艺术品收藏家。一天，他出去购物，在一家商店发现了这张桌面。他怀疑这是列奥纳多的作品，就买下了这张桌子，并开始搜索画作的其他部分。最终，他在鞋匠的店里找到了被当作工作台的另一部分。费斯主教把这两部分重新组合起来，如今这幅作品悬挂在梵蒂冈。

列奥纳多对佛罗伦萨的感情已经变了。初到这个城市的时候，他目瞪口呆，惊讶不已，后来他看到了那些了不起的人，看到了他们了不起的作品；但是，他同时也看到了，一些人为了拿到委托项目而不得不谄媚，他也看到了一些亲王对一些画家的偏见——正面反面他都看到了；并且他还看到，这些东西是无法避免的。佛罗伦萨的艺术圈非常小，大家都清楚彼此的底细。谁发达了，谁落魄了？谁入选了，谁落选了？谣言随时有可能满天飞。

我们知道，这时候他的父亲皮耶罗已经有了一位"多产"的妻子，她生孩子就像是用烤炉做圆面包一样轻松；于是，列奥纳多又多了两个同父异母的弟弟。在他自己的生活中，他有了一名叫奥拉万特的挚友。这时候，列奥纳多可能花了很多时间拉他的提琴。没有人知道他是如何度过最后这几个月的。他似乎在等待。

幸福的人是不会搬到陌生的城市重新开始的，有亲爱的朋友、亲密的家人，就不会抛弃他们去找陌生人。列奥纳多离开了佛罗伦萨，因为这里没有任何东西（或者说没有足够的东西）可以留住他。一个30岁的人想要重启人生，往往是要忘记过去，列奥纳多也是如此，他也想忘记过去：没有完成的作品，跟警察相关的所有事情，他的父亲和第三任继母，当然也有前往罗马的韦罗基奥，还有所有他认识的那些体面的艺术家。没有什么可留恋的了。但是，无论下一步是什么，他还是需要安全的途径。他不可能独自一人说走就走。

此时，他听说洛伦佐在为米兰的新统治者卢多维科·斯福尔扎准备大礼包，其中有各色的演员、诗人、工匠和音乐家，也有艺术品。列奥纳多想办法让自己也位列其中。他给洛伦佐献上了令人惊讶的作品——一尊惟妙惟肖的金属雕像，用琴弓摩擦翻转过来的雕像，还能发出音乐。

列奥纳多不愧是列奥纳多，他没有到商店买上一把鲁特琴，然后再绘制什么图案。他创造了自己的乐器：一个马头骨和早期小提琴的结合体，主要由银制成，被称为里拉琴。其中马头骨用作共鸣箱，眼睛的两个窟窿是传声孔。列奥纳多的笔记里没有出现这把琴的样子，但我觉得，在献给洛伦佐的礼物中，这把琴绝对是独一无二的（想象一下吧，银子做的马头骨，很有可能与真正的马脑袋一般大小），而且声音胜过了演奏台上的任何一种乐器，肯定比木制的乐器声音大。历史学家认为这是一把鲁特琴，但这把里拉琴更接近于提琴，声音则类似于现代的多布若吉他，金属的琴身起到了扩音器的作用。

他用这把乐器弹奏音乐，一边通过拉拨低音琴弦来作伴奏，一边吟唱故事。如今，乐队的低音部分都是由贝斯手负责演奏，歌手又跳又唱；但是那天晚上，仅此一晚，也是最后一次，列奥纳多拿着马头骨琴，又弹又唱，尽全力让洛伦佐陶醉。他是真的想离开佛罗伦萨。

洛伦佐很有可能想：好呀！有何不可呢？

列奥纳多还是一位音乐家这件事似乎有些出人意料，很多传记作家都对此大书特书。瓦萨里的理解就有偏差，他写道："他对音乐没怎么关注，匆忙决定要学会弹鲁特琴，他就是这么一个本性崇高优雅的人，于是他即兴弹奏，唱出了天籁之音。"

实际上，证据清清楚楚地表明列奥纳多本就热爱音乐。他在笔记中谈论音乐，记录音乐笑话，当他弹奏银质马头骨琴的表演让洛伦佐惊叹不已的时候，显然早已是一位熟练的音乐家了。而且还有另一个事实：他还教别人弹奏里拉琴。聪明人不一定有精湛的琴艺，有时候还会更糟。瓦萨里可能完全不会弹琴。列奥纳多弹奏里拉琴的能力是多年练习的结果，而且还有表演经验。列奥纳多一直在演奏，在即兴创作，在探索音乐，在磨炼自己的技巧，也许在佛罗伦萨的最后几年，他干的就是这个。如果他弹得够好，还可以成为以此谋生的演奏家。在列奥纳多的时代,通过弹奏音乐赚钱也是一种轻松的生活方式。

我们已知的是:到了米兰之后,他依然热爱音乐。他在米兰绘制的第一幅肖像就是音乐家朋友亚特兰特·米格里奥蒂。他还给一本名为《音乐练习》的、关于和声的书绘制了插图,作者是弗朗西奥·加夫里奥。人们当然会觉得不解,怎样才能画出和声呢?如果我们说的是五线谱上的音符,那任何人都可以办得到,加夫里奥自己就能办到。实际上,加夫里奥却请自己古怪的朋友列奥纳多给这本书绘制了插图,因为列奥纳多知道怎么画。视觉化的音乐?难道列奥纳多有通感,或者有色彩的联觉?我们不知道答案。他的笔记有近6000页的缺损,而这些丢失的内容中可能会有整整一本音乐绘画方面的内容,只是我们已无从得知了。

第六章

从边缘到中心

1482年　葡萄牙探险家迪奥戈·康到达刚果河，立起一个石柱。

1482年　欧几里得《几何原本》的拉丁语译本第一版在威尼斯印刷出版。

1482年　桑德罗·波提切利绘制了《春》。

1482年　朱里奥·康帕尼奥拉（1482—1515）出生，他是意大利雕刻家、画家，发明了雕刻中的点刻法。

1482年　意大利雇佣军首领费德里科·达·蒙特费尔托（1422—1482），绰号"意大利之光"，死于费拉拉[1]。

---

[1]　意大利北部城市。

30 岁

从佛罗伦萨到米兰约 300 千米，需要大约一个星期的时间。人们可以骑驴、骑马、坐车或是步行，但无论以哪种方式，都是一群人集体行动，为的是人多安全。因为一路上到处都是强盗，他们专挑旅行者下手。独自一人停下来看看岩石下面有什么，或是对着一朵花画画素描，很容易就会成为强盗抢劫的目标。那个时候，行走于城市之间可不是什么休闲之旅，而是有规划的探险，还要带上有武器的卫士。洛伦佐派出的小分队应该受到了很好的保护。列奥纳多带上了他的行李——他的"两幅圣母画像"、各种纸张和图纸，以及所有保存在手里的东西。他身边至少还有两个人，有他的朋友托马索·迪·乔瓦尼·马西尼，这人的外号"索罗亚斯特罗"更为出名；还有音乐家亚特兰特·米格里奥蒂。

在 1482 年，时间与距离的比例还是固定的。骑马也好，走路也好，每次只能迈出一小步，距离感都差不多。当时并不会有现在这种脱节的感觉，一阵轰鸣声，一阵咆哮声，一个小时之后，你就在奥马哈市[1]了。

那时，绑在一起的不仅有时间和空间，还有白天和夜晚。当生活中只有油灯或是蜡烛时，会让人更多地注意到光线，还有光线的亮度，甚至连反射光也是宝贵的。现在灯光照明无处不在，但实际上，灯光不仅给了人们光明，同时也带来了黑暗——光线越是明亮，阴影就越是黑暗。在列奥纳多生活的世界里，光线是完整的。凡事都有因果，如果一个人肯驻足寻找，这些联系就在眼前，而驻足寻找正是列奥纳多特有的天赋。他喜欢寻找联系，正是这种兴趣驱使列奥纳多与他的朋友索罗亚斯特罗一道骑马走在前往米兰的路上。我猜想，列奥纳多的作品中应该有很多索罗亚斯特罗的印迹。他们断断续续在一起大约有30年的时间。索罗亚斯特罗很有可能还是列奥纳多的模型工程师。至于他们之间的工作关系，我们几乎是一无所知的。

人们可能很容易忽略关于文艺复兴的一个事实：当时的社会粗糙而残忍，到处都是危机，人几乎不能"单枪匹马"地生活。要过绅士的生活，就得有随从给你端水、倒水，中间还要收拾。对于列奥纳多而言，他需要有人帮他磨颜料、削尖鹅毛笔以及处理画室的其他杂务。索罗亚斯特罗一开始很有可能就是担任这样的角色，既是学生又是随从。后来，他似乎更多地充当了合伙人或者是分销商的角色，他是个样样都懂但博而不精的人。

想象一下，在列奥纳多身边做一个博而不精的人会是怎样一种情景。

---

[1] 美国内布拉斯加州的城市。

"索罗……我在构思风车。"

人们想象列奥纳多的时候,很少注意到站在他身后的神秘身影,这一形象通常很模糊,他穿着披肩,戴着头巾,蓄着厚重的黑色胡须,手里转动着占星术的骰子。索罗亚斯特罗名声不好,神秘难解。他可能取代了列奥纳多的学生保罗的位置——5年前洛伦佐抓走保罗将他送到了博洛尼亚,说是要拯救他的灵魂。索罗亚斯特罗很有可能是列奥纳多最亲密、最长久的伴侣之一,是我们了解列奥纳多的线索之一。显然,他一直都在:无论是在佛罗伦萨早期的艰难岁月里,还是在米兰起伏不定的18年中(特别要强调一下那匹大马),乃至后来列奥纳多回到佛罗伦萨绘制《安吉亚里之战》,之后又去往罗马时,索罗亚斯特罗从未离开。他是一个独立的工匠、冶金家,而且还是占星家、占卜师和炼金术士;他是严格的素食者,只穿亚麻衣服,不穿动物毛皮。他们肯定是朋友,有着共同的兴趣,喜欢研究晦涩的知识和其他神秘的事物,对很多事情看法一致。他们生活在同样的世界里,吃同样的食物,体内很有可能还有着一样的寄生虫。索罗亚斯特罗很了解列奥纳多,相较其他人,索罗亚斯特罗与他有更多的共同点。我们在列奥纳多的笔记本中鉴定出了索罗亚斯特罗圆润的笔迹。在列奥纳多的人生中,如果有人记下了秘密日记,我希望这个人是索罗亚斯特罗,他眼中的列奥纳多和我们眼中的应该很不一样。

索罗亚斯特罗的存在提醒了我们,列奥纳多生活的空间处在中世纪和现代相交之初。列奥纳多不是现代人,而是一个新旧世界的混合体。他的一份购物单显示他购买过占星术读物。学者们对列奥纳多的仰慕之情太深，经常有意无意地掩盖他这一部分的生活，我却认为列奥纳多与其他独特的天才（比如说150年之后的艾萨克·牛顿）有很大的相似度，牛顿也有一种在科学中加入神秘学的倾向。毕竟，这就是列奥纳多生活的世界，是母亲卡特里娜哺育他长大的世界。但他并非任何时候都特立独行。那个时代人人都做的事情，列奥纳多也做了很多。

索罗亚斯特罗和列奥纳多对于玄而又玄之事的执着并不是什么怪事。当时，大多数事情都没有得到解释。受伤是常事，到处都是恶臭，在光线昏暗的街道上，人们一不小心就可能踩进水坑里。很多人扭伤了脚踝，伤到骨头，却无法正常愈合。有人一瘸一拐，扭着身体行走，胳膊都无法伸直，但依然觉得自己受到了上天的眷顾，因为相较于死亡，这已足够幸运了。这就是1482年。

列奥纳多已经年满30岁了。按照那个时代人们对寿命的合理期待，他的人生已经过去大半，很快就将进入暮年。他还没有任何了不起的作品，也没有什么可以拿来炫耀的事迹。虽然有很大的潜力，可是，谁会花钱雇用潜力呢？如果非要说谁知道他，也只有在佛罗伦萨了——别人付了他费用，他却没有交出完整的作品。

但是，变化就要来了。他马上就要像蛇一样蜕掉那层皮，变得色彩斑斓，光亮照人。然而，此时还没有人知道这一点，甚至他自己都不知道。含苞待放的过程太慢了。列奥纳多最大的天赋之一肯定是他的寿命：他积累了大量的技巧、知识和见地才得以绽放，而这需要时间。

列奥纳多一直都想有所改变，在佛罗伦萨的时候却无法完成。

原因也许是一种敏感,他感受到了周围的人对他的期待,特别是那些有权力的人。这种感觉在某方面限制了他,让他一直试图摆脱。他离开了佛罗伦萨,很有可能是因为洛伦佐·德·美第奇和皮耶罗对他的狭隘看法,或者还有些我们无从知晓的人,这些人对他的期待和估量已经成为束缚他的紧身衣。我想,他可能害怕变化、害怕出丑;他害怕别人嗤之以鼻,或是公开嘲弄。因此,为了尝试新的东西,为了成为新事物,他必须远离这些不赞许的目光。正是在米兰,他穿上了自己独特的服饰;也正是在米兰,他开始记录自己的笔记。到了米兰之后,他才获得与当地亲王交好的机会,而这在佛罗伦萨是不可能的。正是内心想要成长和变化的迫切愿望让他作出了离开的决定,其他不过是理性推导而已。直到如今,很多有创造力的人仍会因为同样的理由离开家。

在我看来,这一趟北上的旅行带着些许脱胎换骨的意味。他想展开双翅,但首先他得长出一对翅膀。他感受到了这些冲动、这些需求,感受到了想要了解的渴望,但佛罗伦萨的环境太艰难了。也许待在佛罗伦萨让他觉得自己是失败者,他不想每一天都面对这一点。待在佛罗伦萨,就意味着停滞不前,就是活在过去。他需要放下肩上的负担,让自己去触摸新鲜事物。这让他感觉好了很多。然而,这也可能是最为冒险的选项。他将又一次从零开始,毕竟米兰的人根本就不认识他。

这趟北上的旅途到底是怎么样的呢?最开始列奥纳多可能会非常安静。朝着目的地进发,同时也离开了一个地方,他思绪矛盾。

他有两幅画了一半的圣母画、几幅成品和很多素描，还有装在盒子里的银质马头骨，这些差不多就是他在这世上所有的东西了。如果此时摔上一跤，摔断了左臂或者是扭伤了手腕，那就太糟糕了。

北上的旅途中，我猜列奥纳多可能一直在规划自己在米兰的新生活。他有一些联系人可以拜访，甚至与普雷迪斯兄弟还有些关系，可以在他们家里住上一段时间。毫无疑问，在北上的旅途中，列奥纳多想了很多，诸如自己该怎么做才能更圆滑、更具策略；怎么做才能成为他所憧憬的那种绅士。除了他写给自己的只言片语，我们对他这一时期的性格知之甚少。一些有天赋的人被排除在圈子之外，被人误解，或许还会因此愤愤不平。我想，列奥纳多想要控制自己——他轻率、话多的倾向，还有他爱挑剔别人的性格。天才的头脑免不了爱挑剔，而且会有意无意地流露出来。尖刻的列奥纳多？他想要磨掉的棱角是什么呢？

我们对此并不了解，因为在列奥纳多周围生活的大多数人都是文盲或半文盲，他们没有留下任何书面记录。当时，大多数人甚至不知道自己所处哪一年，或者他们根本就不在意是哪一年，他们按着季节生活。当时的识字率大概是10%。没有文字记录的世界是一个谣言满天飞的世界，是一个不确定的世界，是每件事情都有若干版本的世界——充斥着误解和无知。列奥纳多每天要应对的，就是这样的世界。这就是他所知道的世界。他痛恨这种愚昧，这一点让他感到无比煎熬。

他设计了新的人格面具，相应地穿衣打扮，改头换面，在米兰重新开始，之后还有很多人也这样做过，比如艾萨克·牛顿、本·富兰克林和马克·吐温。他在寻找自己的最佳状态，他不得不从头来过。如果他有计划，那就是用自己的银质马头骨给大家留下良好的第一印象，然后再见机行事。还要画点儿什么，越快越好，他的左手会为他指引方向。

第七章

来自佛罗伦萨的音乐家

1482年　鞑靼人入侵劫掠了乌克兰的基辅。

1482年　法国国王路易十一和奥地利的马克西米利安一世签订了《阿拉斯条约》。

1482年　葡萄牙探险家迪奥戈·康在刚果河逆流而上。

1482年　《摩西五经》第一次独立成书,并在意大利博洛尼亚印刷出版。

1482年　桑德罗·波提切利绘制《读书的圣母》。

第七章　来自佛罗伦萨的音乐家

30 岁

到达米兰之前，列奥纳多给卢多维科·斯福尔扎写了一封自荐信，列出了自己所有的技能和天赋。或者说，他声称自己拥有这些技能和天赋。根据现存的草稿细加分析，我们会发现这不过是一场伪装成求职信的"虚张声势"。卢多维科·斯福尔扎富可敌国，这一期间，他75%左右的收入都用于与威尼斯交战了。列奥纳多似乎知道这一点，并且浓墨重彩地写道这一点。草稿的笔迹是从左到右的，显然不是他的手迹。

我最辉煌的阁下，那些认为自己是战争工具制造者和大师的人，我看过很多他们的发明，并且进行了研究。我发现，他们机器的设计和运作与普通机器没什么两样，这样说或有冒犯之嫌，但并非出于恶意。因此，我大胆向阁下您献上我的技艺，并期待向阁下介绍我的秘密设计，在阁下方便的时候，我将很乐意为您展示我的设计，大致如下：

1. 我有办法造出非常轻巧坚固的桥梁，携带极其方便，在追踪或进攻敌人的时候十分有用；另外，我还能修建更为结实的桥梁，即使大火和猛攻也不能将其摧毁。

2. 我知道如何在围城时排干壕沟里的水，制作各种各样的桥，并通过填覆、云梯以及其他合适的设备攻城。

3. 如果因为堤坝的高度或是地理位置的限制，无法使用撞击的方式攻城，即使对方的城墙是用坚实的岩石修筑，我也有办法摧毁对方的堡垒或防守阵地。

4. 我设计了几种大炮，非常容易携带，可以发射小型石弹，就像是下冰雹一样。发射过程中产生的烟雾会给敌方制造恐慌，引发混乱，从而让对方损失惨重。

5. 我可以悄无声息地挖出地下通道和秘密的弯曲通道，即使遇到壕沟或是河流也毫无问题，通往想要到达的地方。

6. 我可以造出带盔甲的车，绝对刀枪不入，它们可以用大炮击穿敌人的围墙，没有任何士兵能抵挡它们的进攻。步兵可以跟在盔甲车后面，不会受伤，也不会遭遇抵抗。

7. 如果需要，我还可以制造大炮、迫击炮和轻型火炮，结构精美实用，完全不同于平时使用的东西。

8. 在无法用撞击攻城的情况下，我可以设计弹弩、投石机、铁蒺藜，以及其他非同寻常的有效机器。简而言之，无论是何种情况，我都能设计出无穷无尽的进攻和防御机器。

9. 关于海战，我也有多种高效的进攻和防御机器，我设计的船只可以抵御对方的炮火和猛烈撞击。
10. 即便在和平时代，我也能让人百分之百满意。在建筑方面，在设计公共和私人建筑物、引导水流方面，我可以和任何人媲美。我可以制作大理石、铜质或是黏土的雕塑；在绘画方面我更是无所不能，无论和谁相比，我都毫不逊色。而且，铜马雕像可以成为阁下父亲永恒荣耀和无尽荣誉的纪念，成为斯福尔扎辉煌家族的荣耀。

他在结尾写道："如果有人觉得上述的任何一项是不可能实现或者不现实的，我随时都可以在阁下的花园或者阁下指定的任何地方进行展示——我谦卑地向阁下推荐我自己。"

这是一份心理学的文件，也是一份推销说辞。列奥纳多写这封信，显然是想得到制作骑手雕塑的任务。当时有很多人传言说，制作这一雕塑是为了纪念卢多维科的父亲弗朗西斯科。这种玩弄心理学花招的作品，我们现代人并不买账；可是在当时，如果太过直接地切入主题，也许会适得其反。

而且，他试图包罗万象，把其他的东西也写了进去——那些他真正想做的事情：创新的机器、桥梁和攻击技术。这封信里到底有多少胆大妄为的成分？众说纷纭。但是，列奥纳多表示自己知道如何制作所有这些东西，很显然，他想要对方相信这一点。他对这些东西是有想法的，如果他已经做出了信中列出的东西，那很有可能只是在索罗亚斯特罗的帮助下制作的模型。除了最后一部分，也就是艺术的部分，我们完全没有任何证据来证明列奥纳多在其他任何领域真的有专长。

注意，他没有提到音乐。

他想要给卢多维科·斯福尔扎留下好印象，而这位米兰的公爵是一位挑剔的顾客。站在卢多维科的角度，随时都有人给他献上各种方案，他必须精挑细选。这个从佛罗伦萨来的音乐家，这个新来的家伙承诺了很多东西。说自己能干的人很多，交上来的却往往是平庸之作。那个银质马头骨做得很有技巧，他弹奏得也很好。如果他能适应这里的气候，以后说不定会派上用场。

那位卢多维科成为米兰公爵的过程本身，一直是文艺复兴时期强权政治研究的经典课题。其中没有半点合法的成分，全是强取豪夺。

卢多维科的祖父穆齐奥·阿滕多罗创建了这个家族王朝，他曾做过佣兵以及佣兵队长，在作战的过程中为自己赢得了斯福尔扎（意思为"强壮"）这个称号。他是那种常见的硬汉，有16个孩子，其中一个叫弗朗西斯科，抢占掠夺的行径也正是从他手上开始的。弗朗西斯科的父亲培养他成为士兵，并让他与自己并肩作战，开始了早期的军旅生活。有一天，弗朗西斯科的父亲身着盔甲从马背上栽了下来，掉进河里，像一块大石头一样沉了下去，年轻的弗朗西斯科深为触动，但他没有掉泪。就在那时，就在那个地方，他决心要像亲爱的老父亲一样，把一生奉献出来，做一名雇佣兵。

接下来的几年里，弗朗西斯科为不同的人参加了不同的战争，谁有钱，他就为谁作战。到最后，他发现自己更加支持米兰的维斯孔蒂公爵，而且喜欢上了公爵的女儿比安卡·玛丽亚。他们的婚姻可能会成为斯福尔扎家族命运的关键。但是，他首先要赢得公爵的信任，而公爵显然非常了解他，对他一点儿也不信任。后来又有了更多的战役，他还是定期更换雇主，谁给钱就为谁作战。最后，他又站到了米兰人这边，并终于在1441年娶到了比安卡·玛丽亚。

1447年，维斯孔蒂公爵去世，他没有男性继承人，而他的女婿弗朗西斯科正等着登上舞台。动乱和饥荒接踵而至，到了1450年，米兰的参议院在绝望中选择由弗朗西斯科来接替去世公爵的地位。令人惊讶的是，弗朗西斯科非常擅长这项工作，他扩展了公爵的领地，而且还在很多重要的方面对米兰进行了现代化改革，其中最值得一提的就是一套税收体系，它给政府带来了巨大的财政收入。慢慢地，米兰变成了一个集学识、文化和贸易为一身，焕然一新的城市。人们开始接受，甚至是爱戴弗朗西斯科。但是，弗朗西斯科患有痛风，在1466年3月突然去世，他的儿子加莱亚佐·玛利亚·斯福尔扎继承了爵位。人们讨厌他，并且理由相当充分。

加莱亚佐是一个强奸惯犯。他喜欢追求米兰贵族的妻子和女儿，一旦厌烦了，就送给自己的侍臣。其中一位女性的丈夫有怨言，结果被砍掉了双手。他喜欢折磨得罪他的人，并以此为乐，尤其喜欢亲手扯掉对方的四肢。有一次，他逮住了一个偷猎者，执行死刑的方式是让对方吞下了一整只带毛的兔子。另一个人则是被活活钉在了棺材里。他在闲暇时候会做些什么，我们只能想象。估计就连蝴蝶看到他，也要躲着飞。

就在这些年中，加莱亚佐不仅成了洛伦佐·德·美第奇的亲密朋友，还曾浩浩荡荡带着盛大豪华的队列到佛罗伦萨拜访过洛伦佐。从一份米兰宫廷的记录中，我们可以看到这一队列的阵势：800匹马，载着大批的随从——厨子、侍臣、教士、男管家、理发师，当然还有小号手、风笛手、放鹰者、驯狗师、侍从各色人等。随行的人中有加莱亚佐的弟弟卢多维科，当时他还是个10多岁的少年，因为他面色红润黝黑，所以被人叫作摩尔人。如此盛大的游行队伍，在佛罗伦萨自然引起了轰动。他们在大街上走过时，旁边观看的人群中就有列奥纳多，当时他19岁。

回到米兰之后，加莱亚佐又开始了往日的追逐。很快，少女们和神父们（加莱亚佐不在米兰时，那些站在讲道台上批评过他的神父）就开始逃命了。长话短说，人们对加莱亚佐的恶行忍无可忍，便开始策划刺杀他的行动。

1476年，圣诞节后的第一天，所有的人都在休息，加莱亚佐假装虔诚地来到圣斯特凡诺的教堂，要祈祷一番。等待他的人群中有三个人，都是他非常熟悉的米兰宫廷高级官员。这三个人各有各的怨气。杰罗拉莫·奥尔贾蒂是共和理想主义者；卡洛·维斯孔蒂心烦意乱，原因是加莱亚佐强奸了他纯洁的妹妹；第三个人是卡洛·兰普尼亚尼，他是米兰贵族的后代，因为加莱亚佐，他的家族失去了大量的财产，摆在他面前的是贫穷和毁灭。

等到加莱亚佐走过教堂大门的时候，兰普尼亚尼跪在他面前，小声说了几句话，接着他就捅了加莱亚佐一刀，这一刀正扎在加莱亚佐的下体。接着，他又把刀捅进了加莱亚佐的胸膛，眼睛直勾勾地盯着后者。奥尔贾蒂和维斯孔蒂很快也参与进来，此外还有兰普

第七章 来自佛罗伦萨的音乐家

尼亚尼的一个仆人,都在飞快地用刀捅向加莱亚佐。

不到半分钟的时间,加莱亚佐就死于非命。参与刺杀的人很快也死了。暴动接踵而来,最终整个城市到处都在绞死人、烧死人。数周之后,局面才安顿下来。

按照继承顺序,下一任公爵应该是加莱亚佐的儿子吉安,当时只有7岁。他还太小,来不及犯下什么重罪;但同样由于年龄太小,他也缺乏统治米兰的权威,于是他的叔叔卢多维科就站了出来,摄政以维持治安。吉安被流放到乡下,跟母亲安静地待在一起,与世隔绝。他完全生活在控制之下,18年后,卢多维科毒死了他。

列奥纳多第一次见到卢多维科的时候,卢多维科在位已约5年。他是弗朗西斯科的二儿子,本没有人指望他做统治者,但他的母亲比安卡留心让他接触了古典语言之外的教育。在人文主义者弗朗西斯科·菲莱尔福[1]的指导下,卢多维科接受了绘画、雕塑和文字方面的美学教导,还学习了统治和作战的方法。

在位几年后,他的周围聚集了一批侍臣、谄媚者和马屁精,更别说遍地的女人、仆人和奴隶了。他一句话,到处都是附和之声。卢多维科就是王者,至少在米兰是这样。他觉得宫殿之外的生活无聊透顶,根本不值得一去。他有钱、有珠宝、有女人、有军队,还有忠诚的人民,每当他走到阳台挥手致意,人们就会鼓掌欢呼。一方面,生活真美好;另一方面,每个人都盯着他的钱包,想骗他的钱,卢多维科对此心知肚明。

---

[1] 弗朗西斯科·菲莱尔福(1398—1481),意大利人,人文学家。

第八章

创造才能

1482 年　提佐克开始统治阿兹特克[1]。
1482 年　迪乔治·马提尼出版《建筑、工程和军事艺术》。
1483 年　理查三世于威斯敏斯特教堂加冕,成为英格兰国王。
1483 年　韦罗基奥去往威尼斯,开始为巴托洛梅奥·科莱奥尼[2]制作骑马塑像。
1483 年　乔瓦尼·贝利尼[3]成为威尼斯共和国的官方画家。
1483 年　列奥纳多设计了一个降落伞;绘制了《岩间圣母》。
1484 年　威廉·卡克斯顿[4]在英国出版了第一本书《伊索寓言》。
1484 年　英诺森八世宣布印度大麻是圣物,禁止吸食,主张用葡萄酒代替。
1484 年　葡萄牙国王若昂二世[5]任命数学家委员会来帮助水手寻找纬度。
1484 年　迪奥戈·康进入刚果河,并在岸边矗立起一块刻有自己名字的石碑。

---

[1] 另一种说法是 1481 年开始。
[2] 巴托洛梅奥·科莱奥尼(1400—1475),意大利雇佣兵,后来成为威尼斯共和国的总司令。
[3] 乔瓦尼·贝利尼(1430—1516),意大利威尼斯派画家。
[4] 威廉·卡克斯顿(1422—1491),英国第一个出版商,出版了约 100 本书。
[5] 若昂二世(1455—1495),别称约翰二世,大航海时代的开创者。

第八章 创造才能

30—32 岁

列奥纳多写给卢多维科的自荐信有用吗？从列奥纳多在米兰最初几年的生活中，我们找不到相关的证据，而且完全没有证据表明列奥纳多曾与国防承包商一起制作战争武器。相反，他在城堡的第一份工作是为公主解决水管问题——她需要更多的热水洗澡。

他在米兰接受的第一份真正的委托是绘制一幅祭坛画，后来这幅画被称作《岩间圣母》，祭坛位于圣·弗朗西斯科·马焦雷教堂中新修建的圣灵感孕小礼拜堂，委托人是兄弟会。这是一个三件套祭坛画，中间的一幅由列奥纳多绘制，边上的两幅由普雷迪斯兄弟绘制，此时列奥纳多正住在他们家里。边上的两幅画，一幅是小天使音乐家，另一幅是小天使歌唱家，每侧四位天使。兄弟会的成员很清楚他们想要什么。细节要求都写进了合同里，每个人都签了字。按照要求，中间的那幅画要表现出马槽的场景，圣母玛利亚辉煌而灿烂，周围是天使和先知；画面上方，上帝威严地俯视大地，祝福每一个人，尤其是祝福画中央摇篮中的小婴儿——圣婴耶稣。这就是委托人想要的画面。修道士们非常清楚地表达了自己的意思。他们新修建的小礼拜堂祭拜的是圣母玛利亚，这幅祭坛画就是核心内容。修道士们甚至清楚地写明了需要使用的颜色和镀金量。他们事无巨细，对一切作出了要求，就差自己上阵绘制了。

但是，最后的作品完全不是他们想象的那样。这幅画古怪但美妙，仿佛从远古走来，已经在这个世上存在很久。这幅画也算得上是马槽场景，画面中玛利亚、圣婴耶稣、婴儿时期的施洗者约翰以及天使乌列都坐在小溪旁边，大家似乎在用手势交谈。但是，最引人注目的是玛利亚背后奇特的风景，看起来是那么荒凉、那么奇怪、那么错位。那究竟是什么呢？令人望而生畏的高山、尖顶，仿佛遥不可及。画面下方的岩石拱顶，在一定程度上就是传统马槽场景里的窝棚——窝棚和岩石的混合体。从地理上解释，说不通；从神学上解释，也说不通，这幅画没有描述《圣经》中的任何场景，也没有出现圣父。这幅画更像是列奥纳多想象的产物，像是他梦中的场景。这幅画非常奇特，独一无二，美得销魂，可完全不是委托人想要的东西。

修道士们讨厌这幅画，彻头彻尾地讨厌。他们拒绝接受这幅画，立刻停止支付费用，并在接下来的20年里恶语相加。兄弟会不得不再找一个艺术家，找一个他们可以信赖、可以按照他们意愿作画的人。

我不能理解的是关于这幅画的解释。学者们一致认为玛利亚胳膊之下，被她保护的婴儿是约翰，不是耶稣；另一个婴儿距离玛利亚有一段距离，位于画面前方，在天使乌列旁边，这才是耶稣。为什么呢？难道列奥纳多留下了笔记或是其他什么东西？

就这幅画来看，画面似乎是在描绘约翰（这个婴儿要大一些）坐在小溪边，认出了耶稣，正在祝福他。而耶稣坐在母亲旁边，在感谢约翰。在我看来，天使乌列正看着我们，指着玛利亚胳膊下方的孩子，仿佛在说："是他吗？"但是在专家眼里，耶稣挨着天使坐在溪边，右手边下方就是溪水，而约翰正沐浴在玛利亚的关爱之中。

显然，这一点从其问世之初便引人疑惑了。数年之后，《岩间圣母》有了副本，场景有了微妙的改变。乌列不再朝着我们看，也没有伸手指。仿佛是为了强调玛利亚旁边的婴儿肯定是约翰，不是耶稣，后来有人在约翰的胳膊弯处画上了传统的十字芦苇秆，还加上了光环。

如果大胆猜测一下，我会说在卢浮宫的版本中，坐在玛利亚旁边的婴儿是耶稣；在伦敦收藏的版本中，坐在她旁边的婴儿是约翰——这两个婴儿在其他方面看起来一模一样。对方明明白白地吩咐画一个马槽场景，列奥纳多就能制造出这样的困惑。最初的那幅画被收了起来，接下来几年中很少被人看见。后来，卢多维科偶然路过，花钱买了下来，当作礼物送给了自己的岳父马克西米利安。

也许是由于这场误会的后续影响，接下来几年的时间，列奥纳多并没有立刻获得成功，其中可能有很多原因，但绝对不是因为他早期名声不好；而在瓦萨里看来，早期的名声至少是很大的一个因素。在瓦萨里的传记版本中，列奥纳多初入斯福尔扎城堡，便获得了巨大的成功，街头巷尾无人不知他的名字，所到之处无不受到欢迎。但是，要知道瓦萨里的记录是在50年之后，他只是在猜测而已。

还有一点很有趣，那就是瓦萨里实际上折叠了时间。初到米兰的列奥纳多，不过是一个风尘仆仆的年轻人；而瓦萨里看到的是已经去世的、成名的列奥纳多。这种时间合并的现象在如今极为常见，但早期的传记作家也未能免俗。当时，瓦萨里写作的很多资料都来源于梅尔齐（后文会讲到他），后者对自己的老师崇拜得五体投地。终其一生，他都在保存列奥纳多的笔记、保护列奥纳多的荣誉，他一开口，你就能知道他是列奥纳多真正的崇拜者。

当时，跟瓦萨里交谈的是老年的梅尔齐，毫无疑问，瓦萨里听到的故事都是梅尔齐讲了很多年的、精心打磨过的。天长日久，这样的故事很容易变形、浓缩，失去原有的棱角。而这还是瓦萨里记录之前的版本，别忘了他在下笔时还要进一步加工。那么，最开始进入米兰宫廷的时候，列奥纳多是什么样的呢？如今看来似乎并非瓦萨里所记录的那般顺利。虽然他把自己说得很厉害，但他并没有设计战争武器。那他在干什么呢？设计婚礼和游行的舞台、戏服，修理水管，给卢多维科的情妇绘制画像，变魔术取悦大家。换句话说，他是在交际，让自己有用，做零工，一点点地赢得公爵的欢心。他就这样过了一年又一年，31岁，32岁，……

在某一阶段，他的确得到了宫廷的任命，不再是做零工的自由职业者，而是成了参与工程项目的一分子。作为公爵新上任的工程师和画师，在宴会上，他很有可能与宫廷工作人员坐在一起——若果真如此，他就是与其他12位工程师在布拉曼特手下工作。这个工作很重要，但薪水还是少于宫廷里负责扮丑取乐的侏儒。令人忍不住好奇，那究竟是怎样一个既聪明又诙谐的侏儒，能够置身宫廷中，还比画家和工程师宝贵得多；更加让人好奇的是，列奥纳多认识他吗？他们是不是很熟络？在列奥纳多那些散佚的手稿中，是否也曾有过这个侏儒的素描。

除了宫廷偶尔委派的事务，更需要关注的是他的闲暇时间。圭多托·普莱斯蒂纳瑞是卢多维科的宫廷诗人，在一首十四行诗中，他指责列奥纳多花了很多时间在贝加莫[1]周围的树林和山丘中搜索"各式的怪物和千奇百怪的蠕虫"。列奥纳多还在洞穴里探险，爬上高山研究化石、地理，领略高处的风景，可以说他属于欧洲最早的一批登山者。从列奥纳多后来的记录目录中，我们还了解到，大约在这个时候，他开始购买更多的书籍，考虑自己写书——写各种题材，一开始是绘画，他打算把绘画当作一门学科；同时，他也在分析机器设计和水力学，在他眼里，这些学科更像是创造性的艺术活动。

列奥纳多的书写是反着来的，在他眼里，所有的事情似乎都是颠倒的。这是否也算得上他个性的一种体现呢？你想要他做什么，他很有可能恰恰反着来，让你惊讶。当然了，如果你是井然有序的个性，并且控制欲十足，就会觉得他惹人厌烦。

历史上的列奥纳多，每当他安静起来，往往就是在做好玩又奇怪的事情，让人捉摸不透。他按照自己的意愿行事，而其他人都是趋同大众的。在这种情况下，他怎样礼貌周全地回答其他人的问题呢？想象一下，如果你稍微有点超前于你的时代，你难免会觉得相

---

[1] 意大利北部的一个城市。

当痛苦。我怀疑，很多时候，对于不想回答的问题，他会当作没听见；除非是公爵本人提出了这些问题，他才无法避而不答。

同时，随着卢多维科逐渐了解列奥纳多，前者的想法又经历了怎样的改变呢？在这一时期，他们开始更频繁地合作。卢多维科观察人是很细致的；而列奥纳多恰好就是那种人——你观察得越多，越觉得他奇特。一段时间之后，我们甚至可以想象他们之间的对话。

"你在做什么呢，佛罗伦萨来的人？花了那么多时间在我的运河里溅起水花，为什么呢？牧羊人说，你吓坏了他们的羊。"

也许列奥纳多是尽可能避免这种情况的，但当公爵问到，他就会给出最简短的回答。要做到绝对精简，不能多说一个字，否则有可能会引来另外10个问题，那样的话，他就得把这一领域所有的已知科学知识背出来，才能脱身。"为什么？为什么？告诉我吧，列奥纳多，为什么水必须像你说的那样流动？请告诉我吧。"在那个时代，作为公爵的工程师，可能真会被逼得发疯，何况那份工作还需要在乡下长途跋涉。列奥纳多与卢多维科的关系有待进一步研究，但从已知的记载看来，在那个时代当工程师可不太轻松，甚至也不太愉快。一切都是公爵说了算。如果卢多维科心情不好，便很有可能大事不妙。如果酒过三巡，他提出了一个问题，即使宫廷工程师觉得这问题无知透顶，也依然要皱眉头、摸下巴，表示这是一个很好的问题，还要努力寻找公爵能够理解的语言来回答，而且不能让对方知道自己的心理。

但是，列奥纳多很有可能总是尽量以画图作答，这样就容易得多，而且更有说服力，也避免了进一步的问题。图画总是一目了然，不需要太多解释。如果列奥纳多自己心里也有含糊不清或是没有想明白的部分，也没有关系，只要用尖尖的画笔描绘出来，就会显得特别准确。觉得某个设备可以运行与这个设备已经造好且马上就能运行，两者之间是不一样的，他很清楚这一点。

对于列奥纳多而言，最重要的是眼见为实。这是他给自己定下的最高标准。而其他人的眼睛，看到精妙的素描和油画，很容易就被欺骗了，他肯定也是知道这一点的。列奥纳多一方面利用自己的天赋清楚地表达自己的想法；另一方面，如果有需要，他也会用它来欺骗和说服他人。这位哲学家知道美的欺骗本性，他知道无论基本事实是怎么样的，美都非常具有说服力。真理的追求者必须了然一点，那就是在所有的事物中，美是终极欺骗者。我猜，卢多维科是不知道这一点的。

或者他也是知道的，他们双方都在玩欺骗游戏。

当时，图画给人带来的感觉是完全不同的，而且程度要强烈得多。他们并不像现代人那样生活在图像或是影像的世界里。对于自己，他们没有"差异性"的感觉。当时没有摄影，也没有其他的外部条件——威尼斯人的平面镜要到 100 年之后才发明出来。人们活了一辈子，从未看见过自己的后脑勺是什么样子。艺术是稀罕事，精湛的艺术就更为稀罕了（通常都会锁起来）。人们很少能看到艺术，他们对美的反应要直接得多、强烈得多，甚至热情得多。现在，文化里到处都是影像，我们很难想象生活在一个只能靠手工的世界里是什么感觉。当时任何一种美的物件都不常见，一幅简单的画就能让人神魂颠倒。

或者，就像列奥纳多本人说的那样，"之前我曾遇到过这样的事情：我画了一幅神圣主题的画，有人喜欢它，买下了它，还希望我能把画中神圣的属性抹掉，这样他就能没有罪恶感地亲吻它。最后，他的良心战胜了他的遗憾和欲望，他把那幅画从自己家中请了出去"。

我并不是说当时的人比现在的人更为敏感；如果非要比较，他们反而更为原始、更为迟钝。但是，具象艺术在他们的生活中是一件稀罕事，对观看者的冲击更大。列奥纳多画得好，因此很能说服他人。有人严肃地提出一种观点，认为列奥纳多也许是西方历史上最伟大的绘图员。对于生活在他周围的人，这一点意味着什么？他可以画出一群飞翔的大象，看起来就像是真的一样。对此，卢多维科是什么看法呢？

大胆猜测，我认为卢多维科觉得这很有趣。想象一下吧，你有自己的艺术家员工。在漫漫长夜里，你坐在城堡昏暗的房间里百无聊赖时，完全可以叫来工程师，让他给你想一些好玩的事情，转移大家的注意力。也许，他还会弹奏着马头骨琴，给你讲个故事。

列奥纳多不得不学习如何与这位新公爵，还有公爵身边的人——那些大臣、侍从和各种稀奇古怪的人打交道。此时的列奥纳多还不是什么重要人物，只是一个雇员而已。大约 10 年后，他在公爵的宫廷文件中依然是个"画师"或者"那个佛罗伦萨人"。但我认为，他最关心的压根就不是名声；名声是我们后人站在历史角度的看法。他在宫廷不过是为自己的私人生活赚钱。而在私下的生活中，他追求的是好奇和学识以及精神上的自由放纵。他现在塑造的自己，也就是日后的他。现在，他切开蠕虫，"只为了看一看"；后来，他切开狗，切开猫，切开各种在米兰周围找到的奇怪动物。这些切开的蠕虫只是他大型解剖的一部分，一切都在准备中。

如今，我们所寻找的是野心家列奥纳多，他似乎在宫廷娱乐中挣扎、浪费自己的才华，而私下里真正的列奥纳多在勤奋地研究和思考，他在琢磨鸟儿的飞翔、岩石的层次、水的流动，甚至还有树枝分叉的原因。与此同时，他也越来越多地考虑怎么为卢多维科设计铜马雕塑。他生活在一个壮丽的时代，米兰的岁月可能是他一生中最快乐的时光。

看一看那些奇妙的机器和武器的设计图，其中有巨型的弩弓、能够砍断敌人双腿的战车等。在我读过的列奥纳多的传记中，所有作家都是从表面上去理解这些图纸，仅仅因为列奥纳多设计了致命武器，便开始质疑他的道德。然而，说他设计了军事硬件似乎用词不当。毕竟你不会专门开发头脑的一部分来设计军事武器，你只是一直在做设计而已。就像有些时候，你拿起一个啤酒杯，就忍不住想抹掉杯身上的丑陋图案，换一个不一样的把手，换一个好一点的杯缘，这就是当你意识到别人替你做了决定后的所感所想。当你自己也做设计时，就会知道别人是怎么做的——或是怎么做砸了的。

除此之外，学者们往往还相信他画这些武器装备时是认真的，但我不这样认为。卢多维科会做什么？我认为，像卢多维科这样追求权力的狂热分子很有可能认为自己是个天才，他就像使用工具一样利用别人来达到自己的目的，他用同样的方式利用列奥纳多，甚至把列奥纳多当成他的文书。有可能那个砍脚的战车并不是列奥纳多想出来的,而是公爵大人的想法,公爵就坐在他的旁边说:"这样!像这样,佛罗伦萨人!大一点!"列奥纳多可能一边咧嘴笑,一边在心里嘲讽:"这东西如果行得通,我就能变成一条鱼。"

如果你是文艺复兴时期某位粗脖子的公爵,有社会野心,但除了撒谎和盗窃之外,其他的天赋一概没有。等到天黑了,你和周围的人坐在一起,无聊至极。而正好你的员工里有列奥纳多,就住在楼上,你会怎么做?也许我会说:"列奥纳多,给我画一条龙,要长翅膀的龙。"

像卢多维科这样的人可能会影响到列奥纳多笔记本中的内容,如果你接受这一观点,那看待笔记本的态度就会完全不同了。你就能意识到什么时候列奥纳多在一边思考,一边绘画;而他那些画得特别好的战争机器则带有卢多维科的印记,似乎只是为了拿来展示的。我认为,列奥纳多有能力真实地展现虚假的东西,他也乐在其中,甚至用这种能力来展现一种新的视觉真实——这种真实是虚假的,我们如今很熟悉,在当时则新鲜得多。多新鲜呀,即使知道这个东西是假的,但看上去就像真的一样。这背后是有花招的。就像《维特鲁威人》[1]一样,这样的作品,懂行的人一看,立刻就能明白其中的秘密。

---

[1] 列奥纳多·达·芬奇在1487年前后创作的素描作品。

第九章

胡　闹

1485 年	南美洲北部和欧洲中部发生日食。
1485 年	中国台山附近发生多起地震。
1485 年	英国第一次爆发汗热病。
1485 年	莱昂·巴蒂斯塔·阿尔伯蒂的《建筑论》在他逝世后出版,这是第一本关于建筑的出版物。
1485 年	亨利七世成为英格兰国王。
1485 年	列奥纳多绘制了《音乐家肖像》。
1485 年	迪奥戈·康在耶拉拉瀑布附近刻下了另一个石柱。
1486 年	美第奇家族的长颈鹿到达佛罗伦萨。
1486 年	桑德罗·波提切利绘制《维纳斯的诞生》。
1486 年	意大利建筑师和工程师阿里斯托泰莱·菲奥拉万蒂(1415—1486)在罗马去世。
1486 年	迪奥戈·康(1452—1486)在非洲(今天的纳米比亚)去世。
1487 年	中国明朝弘治皇帝即位。
1487 年	《女巫之槌》出版,这是一本追踪女巫的手册。
1487 年	阿兹特克皇帝阿维索特尔杀害数千人以拜祭特诺奇提特兰的大庙金字塔。
1488 年	米开朗琪罗成为多梅尼科·吉兰达约的学徒。
1488 年	巴尔托洛梅乌·迪亚士环绕好望角。
1489 年	工期始于 1444 年、位于佛罗伦萨的美第奇府邸完工。
1489 年	列奥纳多绘制《抱银貂的女子》。
1489 年	在格拉纳达之围中,欧洲第一次出现了斑疹伤寒症。

第九章 胡　闹

33—37 岁

　　这一时期，一场瘟疫让米兰满目疮痍，但列奥纳多现存的笔记中并没有提及这件事。瘟疫带走了米兰三分之一的人口，有将近 5 万人死去。当时列奥纳多是待在城里，还是躲在山上？如果公爵找个地方躲了起来——一年、两年甚至三年，那列奥纳多和其他工作人员，还有宫廷的人可能也只能跟着蹲守在那里。他们最有可能的躲避之处就是斯福尔扎城堡了，这座堡垒修筑得非常结实，位于米兰的北边。他们不会待在城里，因为城里尸首堆成了山。没人知道列奥纳多到底在哪里，但他（再次）幸免于难，这次大规模的死亡显然让他深受触动。当时，没有人知道致病菌的存在，大家觉得是气体和鬼神作怪。他们看不见致病菌，但已经有所怀疑。又过了 350 年，人们才摆脱了亚里士多德的自然发生说（苍蝇和蛆虫产生于粪便或垃圾中，或者就是从空气中滋生出来的）。

　　然而，列奥纳多的确在思考瘟疫这件事情。在这一时期的笔记中，他用素描勾勒出了一座模范城市的方案：地面上是干净的街道、清新的空气，还有商店；下水道、役畜，以及其他让人不舒服的东西都设计在了地下。"现在的城市中人们成群结队，就像是一群群的山羊，每个角落都是他们散发出来的恶臭，传播瘟疫、死亡，"他写道，"这样一来，人们就可以分散开来。"他还赞成用环形楼梯，这样就能避免出现角落。人们总是在角落里撒尿，这是另一个需要解决的问题。当时，一个人内急的时候，要找尿桶可不容易——甚至比现在都难。

有趣的是，在死神拿着镰刀到处闲逛的情况下，人们觉得列奥纳多可能被迫将精力集中到少数事情上；但恰恰相反，他的兴趣反而更为广泛了。就在这一时期，他的笔记本中突然有了各种各样的内容。他开始设计刀和把手，各种异国情调的美妙物件；还设计了像庙宇或清真寺一样的穹顶结构，但做了基督化的处理；而且他还创作了各种各样的故事、寓言和谜语。《会说话的石头》就是他在这一时期创作的。最重要的是，在瘟疫期间，他开始进行人体解剖；或者至少可以说，在现存的资料中，他开始留下了解剖的证据。看起来，这些笔记依然是推测性质的，描绘的更多是外观，而非内脏，但他正在进一步深入地探索。他背后有一种驱动力。也许是因为被瘟疫经年累月地困在城堡里，没法出去；也许是因为他开始关注自我，更多地审视自己的内心，花很多时间盯着自己脚趾头看。

1488年，韦罗基奥去世，享年53岁。列奥纳多是他以前的学生，得知死讯的时间可能比大多数人都要早。到这个时候，很多列奥纳多的旧识都已经离世了。

也正是在这个阶段，他绘制了另一幅奇怪而美妙的油画，这一次是卢多维科情妇塞西莉亚·加莱拉尼的画像,现在被称作《抱银貂的女子》。人们对这幅画有很多赞美之词,无须我再锦上添花。但有一点需要指出:同一时期的其他画家们绘制了面积总和以英亩计的油画,想要表现行进中的军队、英勇的战役和刀光剑影,但画面无一不静止呆板,没有一个手指在摇晃,没有一只眼睛在转动。然而,列奥纳多画中坐着的女子却是灵动的,你能看到她的心灵,她的思绪在你眼前闪过。有人吸引了她的注意力,她的目光扫向了左边——卢多维科!与此同时,她的手指不再抚摸怀中半驯服的动物,而这头动物也转头张望。令人惊异的是,这头动物是银貂;正因为这头银貂,焦点之外的效果也得以圆满。第一次看到的时候,这极尽巧思的构图使我深感惊讶。

考虑到这幅作品的巧妙程度,列奥纳多的构思和绘制花了多长时间呢?众说纷纭。最大的可能就是,他再次拖延了,可等到这幅画最后完成,展现在卢多维科、塞西莉亚和宫廷里那些万事通们的面前时,等待的确是值得的。"我知道,距离阁下要求给塞西莉亚女士绘制画像已经有一段时间了,现在,我很高兴展示……"

接着,在场的人倒抽一口气。打赌说没有倒抽一口气?有人要打这个赌吗?油画颜料中有一种魔力,所有人都看到了,特别是塞西莉亚。她已经成为一个非常小众的俱乐部的成员:列奥纳多让她得到了永生。根本而言,她再也不可能这么美了。从此以后,会一直都是下坡路。不知道列奥纳多是否有所夸张,是否夸大了塞西莉亚的美和魅力,在宫廷绘画中美化是否甚至就是一种必然。这样一个顶级版本的自己,日后难道不会成为对时间流逝的一种谴责和审判吗？有趣的是，列奥纳多为卢多维科绘制的画像是直接画在墙上的，后来就一片片地剥落了——和《最后的晚餐》一样。想必不乏心理层面的因素，而并非只是偶然。

我们再来谈谈铜马雕塑的事情。公认的故事是这样的：在15世纪60年代晚期的某个时候，卢多维科的哥哥加莱亚佐首先有了这一想法（或是接受了别人的提议），要给他们的父亲塑一尊以胜利者的姿态骑在骏马之上的铜像，以纪念父亲弗朗西斯科创建了斯福尔扎王朝。这一任务的消息随即传开，后来也传到了佛罗伦萨，当时韦罗基奥正要开始为威尼斯城的巴尔托洛梅奥·迪·帕斯奎诺制作类似的纪念塑像。也许列奥纳多在韦罗基奥的画室里第一次听说了这个计划，他离开佛罗伦萨、去往米兰的愿望也随即更加强烈。正如列奥纳多所言："不想超越老师的人是平庸之辈。"

然而，时间已过去8年，列奥纳多在自荐信中想要得到的任务依然没有委派下去。即使列奥纳多就待在城堡里，渴望献计献策，他依旧不是卢多维科的第一选择，甚至连第二选择都不是。卢多维科一直对列奥纳多没有把握，很长时间里都是如此。事实上，很多年的时间里都是如此。

数百年之后，这依然是列奥纳多身上是最缥缈的、最难理解的部分。为什么别人会对他存疑呢？这是他的哪一方面造成的？举止、语言、个性，还是衣着？这种现象一再出现，之后还会数次重演。可无论原因是什么，这一点并没有留下记录。我猜，有可能是他身上的一种不确定性——他经常表现出这种不确定性,别人或许会将之解读为心不在焉或不够投入,不够坦率明确。人们会觉得他的作品似乎具有偶然性,是他不能控制的东西。对于他这样的人来说,日程安排这种事从来不存在。

在瓦萨里的描述中,列奥纳多非常友好、亲切,总是有笑话可讲,总是与人握手,但这听起来就不真实。当然了,瓦萨里从未见过列奥纳多,他所写的只是道听途说,不过是怀旧回忆,都是从弗朗西斯科·梅尔齐或是保罗·焦维奥那里得来的。我怀疑,瓦萨里笔下的列奥纳多很像他自己。

最后,卢多维科打消了疑虑,把这项任务委托给了列奥纳多。列奥纳多开始了行动,他不仅要思考怎样才能满足卢多维科想要的宏伟效果,还要研究骑手、马匹和底座的构图,更要进一步研究青铜铸造这门艺术和科学所有相关的内容。马匹本身就应有约 7.3 米高,骑手则是 3 米或者更高。在当时的条件下铸造这么大的铜像会遇到很多问题,即使大师级的铸工也会觉得棘手。不久后,骑手从他的图纸上消失了,他开始只专注于马匹的设计。卢多维科对此怎么想,没人知道,但他肯定是同意了的:现在只需要有马就够了,骑手日后再加上去。

如今,这匹马堪称神秘动物,没有留下半点踪迹。但是,从这个项目中我们看到了列奥纳多在自己完全做主、资金充足情况下的工作方式。为了精益求精,他要全方位地测量、推敲和构思,于是他开始在当地调查他欣赏的马,寻找模特。他找到了几匹中意的马,并进行了精确测定。这里的测定就是以一种仔细观察和掂量的方式，用眼睛来观察马的外观。

列奥纳多的方法似乎总是从寻找模特开始，找到之后，他就要花时间对模特进行提高改善。"花时间"，这一部分很关键。他的想象是逐步完成的，需要多个循环，而且往往从细节之处开始，反反复复修改。充足的时间让他的作品得以不断变化完善。

他生活的时代更为安静，他喜欢碾磨自己的想法。艾萨克·牛顿也是这样。需要不断地回去碾磨自己的想法，不断与失望搏斗，保持全神贯注。列奥纳多擅长视觉思维和用图画思考，还有联觉能力，留下了成千上万张画作和素描。牛顿是炼金术士，是数学家，他计算对数可以精确到50位，笔记本上也全是严密论证，即使对待不证自明的原理也是如此，对任何事情从不想当然。我认为，灵感乍现很重要，这种碾磨想法的特质也是列奥纳多想象力的关键部分。当然，这一过程中也不免会有无聊的部分。列奥纳多投入了很多时间，但他也因此看得更为深入。

这一时期，列奥纳多为卢卡·帕乔利修士的多面体和其他数学模型绘制了插图，从不同的角度对其进行旋转观察，展示了惊人的空间制模能力。杂技演员肯定是这样思考的，舞蹈编导也是这样思考的。不用说，工程师也同样如此。

在马丁·坎普（达·芬奇研究领域的专家）看来，除了几何学和建构数学模型，列奥纳多还特别擅长建筑内部空间的可视化。他能看清物体的体积和形状并进行处理，也就是说，他可以置身其中，四处走走。就像工程师或者舞蹈编导，他有可视化空间动作的能力。

总之，列奥纳多的天赋在于他"看"的能力，然后用绘画的方式清楚地展示他所看到的东西；实际效果就是两次"看"到了这个东西，虽然这种两段式认知会耗费很多时间。

或许他还曾制作过一些活页图画，甚至活动幻镜[1]？他似乎一直都在寻找让自己的绘图动起来的方法。他所画的一匹跃跃欲试的马，十分清楚地展示了这一点。动画是人们自古就有的心愿。拉斯科洞窟壁画上的马头以相似的动作转头望着你；法国肖韦岩洞的犀牛在摇动它的角；公元前1世纪的天才中国人丁缓[2]发明了一种与活动幻镜相似的动画机器。在当时，任何一种形式的动画都是奇迹，如果可以回放，那就是双重奇迹。无论是正常播放，还是回放，对于看客而言都是前所未见的经历，他们的感受是我们现在无法想象的。

列奥纳多工作起来似乎总是要找模特。他的想象是建立在现实之上、有先例可循的，在绝大多数情况下，是通过重复改进得来的。他非常执着于自己奇特的工作方式，我们可以称之为"强迫性的调整"。事实上，因为执念，他一次又一次专注于解决未解的问题，直到精疲力竭。创新的过程也是他自我发现的过程，是大量自我审视的结果。在很多事情上，他就是自己的模特，是自己的观众。

他知道，自己看到的每一件东西都只是其本身的一个版本，是

---

[1] 即西洋镜。
[2] 丁缓，中国西汉器具工匠，擅长机械器具制造。

可以提高改善的，因此，对于任何事情，他看到的都是其他的可能性，这是他人生的诅咒。他感到了无尽的可能性，这种感觉表现出来，很有可能就是一种冷漠、心不在焉，仿佛对所有的问题，他的答案都是"嗯"或"当然"。公爵和其他的领导人物都喜欢肯定的点头、强有力的握手，还有掷地有声的肯定承诺，而列奥纳多可能做得没那么好。

他看待事物的观点不会长期不变。他作出了承诺，可下一秒就开始修改，他内心无限可塑的部分让他表现出了一种不安定和不可靠的感觉。从这一角度而言，他的想象力是难以控制的——他不是那种制度化的人，而是超级有天赋的野蛮人，没有规矩，随心所欲。如果最初的计划过于狭隘，他就忽略掉。无论面对的是铜马、女人的脸，或者是山羊的小肠，他要寻找的是事物背后的真理。试图用绘画的方式来表达真理，即便花点时间，也在所不惜。对他而言，灵感似乎非常重要。他经常都在等待灵感，在寻找启发灵感的方式。

显然，如果不是时不时就能拿出惊艳之作，应该没有人会忍受他。与他打交道就像赌博，你不知道他要干什么。他自己是否清楚呢？我不确定。列奥纳多做事情，更像是这样："如果我这样做，我们来看看会怎么样……"就像音乐家在即兴演奏中寻找灵感。有时他们找到了，大多数时候则徒劳无功，但他们总是在即兴弹奏，而且留心听着呢。

我们知道的是，5年的时间里，列奥纳多一直在测量、掂量、咨询铸钟的匠人，画了大量的图纸梳理自己的想法。5年后，卢多维科写信给佛罗伦萨的洛伦佐，问他是否有空闲的雕塑家可以派到北方来。洛伦佐回信说，当地有天赋的人都很忙，他没有可以派出来的人手。在信中，洛伦佐没有任何肯定列奥纳多的言语。洛伦佐与列奥纳多有过交情，但也没有到为他背书或是倾力支持他的地步。而洛伦佐却给了米开朗琪罗这样的支持，因为后者非常直截了当、一目了然。换言之，即便是古怪，那也是能够看得出来的古怪。相比之下，列奥纳多显得不可捉摸。

这似乎就是问题：列奥纳多让人看不懂，如果不是非常了解他，他的方式就不能让对方产生信任感。那些非常了解他的人，比如说他的父亲、叔父、韦罗基奥，或者是现在跟他在一起的索罗亚斯特罗能够读懂他，但其他人不行。他的朋友们知道，无论什么事情，列奥纳多都是阶段性地在做，最后的结果跟最初的设想往往是不一样的。他喜欢叠加，喜欢延展。他们很明白这一点，他们知道等待。

列奥纳多生活中这种无尽的躁动，还有不断转换视角的认知方式，在陌生人看来完全是另一回事——陌生人只能看到外显的东西。如果你对这个人一无所知，在大街上看到他，第一眼看过去，你会注意到什么呢？他看着你的样子，仿佛拿你当空气一般？

此时的列奥纳多住在老城堡里，穿过广场，对面就是城中心的大教堂。这里曾是维斯孔蒂的宫殿，弗朗西斯科·斯福尔扎当权后住进了这里，之后就是他的儿子加莱亚佐·玛利亚·斯福尔扎。最终，加莱亚佐把宫廷搬到了城市北边的斯福尔扎城堡，老城堡大多数时候就没有人住了。除了偶尔在老舞厅或是内庭院举行的活动外，老城堡基本上不再被使用。究其原因，很有可能是因为这座建筑是岩石修建而成的，昏沉幽暗，有中世纪的炮台，鸽子为患，而且外面的护城河到了夏天就是蚊子的滋生地。

通过吊桥，走过庭院，就是石头门厅，还有一道道不知通往何处的门。设计可能有些僵硬，但在 14 世纪 60 年代修建这里的时候，这样做也说得通。我想，人在这里很容易迷路，或者说这是个探险的好地方。列奥纳多很有可能在城堡里进行了一番探险，也许还画了图纸，这样他的团队就知道具体地点了。

这一次，他想要有多大的空间就有多大的空间。老舞厅是他的"工厂"（他是这样称呼的）。他还用其他的房间作为书房和研究室，还给索罗亚斯特罗和学生们都安排了房间。列奥纳多制作铜马的舞厅的天花板上有弗朗西斯科·斯福尔扎下令绘制的壁画，上面有男性英雄、女性英雄，也许还有天使。我对城堡的印象是大而潮湿。但有很多房间。列奥纳多写道："小房间能集中精力，大房间分散注意力。"

那一年，他认识了弗朗西斯科·迪乔治·马提尼——那个时代的伟大发明家之一。列奥纳多有弗朗西斯科所著的《建筑、工程和军事艺术》，还与他一道前往帕维亚[1]去查看有地基问题的大教堂。这一时期，列奥纳多分别开始创作关于景观和液压工程的论述文章，最后两篇文章都没有完成。他还制作了一部戏剧，叫作《行星的面具》，讲的是亚拉贡的伊莎贝拉和吉安·加莱亚佐·斯福尔扎之间

---

[1] 意大利地名。

的短暂婚姻。

简而言之,列奥纳多很忙,忙着铜马雕塑和其他事情,但这些可能多是在脑子里进行的。

第十章

不在中心

1490 年	足利义材成为日本幕府将军。
1490 年	天主教传教士来到刚果。
1490 年	中国学者和印刷商华燧[1]发明了铜活字印刷。
1490 年	商人把咖啡从也门带到了麦加。
1491 年	彗星进入距离地球 1 406 219 千米的范围,这是彗星最接近地球的记录。
1491 年	葡萄牙传教士给刚果王国的统治者施洗。
1491 年	格拉纳达之围开始,这是摩尔人在西班牙的最后一个要塞。
1491 年	一场大火烧掉了德累斯顿大部分地区。

---

[1] 华燧(1439—1513),字文辉,号会通。江苏无锡人。明代藏书家和刻书家。

第十章　不在中心

38—39 岁

这一时期，列奥纳多绘制了如今家喻户晓的《维特鲁威人》。大家都见过这幅画，研究过这幅画，但人们都不愿意说的是：列奥纳多的这幅画里除了多出来的两条腿和两只胳膊，别的东西也非常奇怪。这幅画是什么？想要表现什么？这幅画的背景并不明确，并非表面传达的那么简单——这就是线索。

先介绍一点背景：马尔库斯·维特鲁威·波利奥是奥古斯都·恺撒的建筑师，他写过一本关于设计的书，名为《建筑十书》。这本书很有可能是建筑方面的第一本论著，接下来的数个世纪，这本书影响巨大，但最终失传了。后来，到1414年时，佛罗伦萨人文学家波焦·布拉乔利尼才在瑞士的圣加尔修道院找到了这本书经过多次誊写的版本。1452年，莱昂·巴蒂斯塔·阿尔伯蒂重新阐述了维特鲁威的文字。在维特鲁威的理念中，人是世界的模型，而通过阿尔伯蒂的著作，以此理念为基础的建筑学研究重新风靡起来。文艺复兴时期，人们对古人创造的美妙艺术和他们发现的不可思议的比例赞叹不已，并尝试去探索其背后的奥秘，建筑学方面的研究也是这种尝试的一部分。

在《建筑十书》的第三"抄本"中，维特鲁威表达了一个古老的信念：人的比例是完美的，是创造所有其他完美事物的模型。维特鲁威以其时代的统治者为例来说明这种比例的完美，这本书也是献给这位统治者的。

不用说，这一关于完美的理念太过于以人类为中心，如果动物有知，无论过去还是现在，想必都不会支持这一观点。人类随处都能看到自己的投射，觉得自己是宇宙的荣耀，这种观点与事实无关，却很好地说明了我们人类在环顾四周之际，是多么偏颇和局限。我们随处看到的都是自己的版本。但是，当时的观点就是：人类非常特别，而基督教降临之后，我们就成了上帝本人的宠儿。我们天生完美和理想的比例就是其他所有东西的模型，在建筑设计方面尤其如此，在庙宇和教堂建筑领域尤甚。

马丁·坎普认为："这一看法的前提就是人类身体是上帝最完美的设计，上帝根据实用的几何学设计了我们的身体。它是自然的重塑，遵循最基本的原则，在基督教中——最神圣的原则就是人类的身体。"

广大基督徒认为这就是真理，但列奥纳多是不可知论者，于他而言，事实绝非如此。原因非常简单：维特鲁威的假设是错误的，列奥纳多看透了这一点。维特鲁威是公元1世纪的人，他没有宗教信仰，他的作品是神话、事实和传统惯例的混合体。他所看到的理想形态不是石头建筑所固有的，而是他脑子里的神经突触结构所固有的，也就是他自己想出来的，而他把这一形态折射到了所有其他东西之上。维特鲁威自己不可能意识到这一点，但我怀疑列奥纳多猜出来了。列奥纳多肯定知道人类的认知是不可靠的；关于这种不可靠性，以及如何通过艺术来控制这种不可靠性，他进行了很多思考。人类往往会以自己特有的利己方式来看待事物，而美就属于这种服务于自我的曲解，而且是其中重要的一部分。

除了神经学方面的考虑，还有另一个问题。这个问题布拉乔利尼、阿尔伯蒂和其他一些人也意识到了：在圣加尔修道院找到的手抄本是没有配图的。维特鲁威描述的理想人体摆放在圆圈或是矩形之中，全是文字描述。即使以前的版本有过配图，但在数个世纪的传抄誊写中，由于修士们不会作画，配图也会被省略。较真的文艺复兴学者也随即遇到了一个难解的问题：怎样才能用图像来表现完美的人体模型呢？如果你测量过真正的人体，就会发现维特鲁威大多数的比例都是正确的（下巴到嘴巴、嘴巴到鼻子、鼻子到眼睛、眼睛到前额的相对距离），但他的论证（人类的比例是完美的，是对称的）并不正确。维特鲁威描述道：如果一个人仰面平躺，伸出双臂双腿，以肚脐为中心，可以画出一个圆（宇宙），或是一个正方形（大地），因为这两种形态是完美的，完美的东西肯定也是协调的。

然而，多年来没人能够绘制出维特鲁威这一想法。原因是多种多样的，其中主要的原因就是：实际上，肚脐并不在身体的中间。也许维特鲁威认为应该是，但事实并非如此。事实上，不同物种肚脐的位置也大不相同；每个人肚脐的位置也是不一样的。同一个人不可能同时既被放进一个圆圈里，又被装进一个正方形里。

一言以蔽之，完全按照维特鲁威的描述是不可能画出图来的。

但是，这正是列奥纳多开玩笑的地方。按照这些原则，没有人可以画出图来。然后列奥纳多来了，他在正方形当中画了一个人体，人体位于中心位置（很容易就能做到）；但同时他又画了第二套胳膊，这样就能画上一个圆，这个圆在正方形之上，但他不得不画一个大得多的圆圈，才装得下这个人。这个圆圈的圆心不在肚脐，而是在肚脐下方，接近腹股沟的地方，这样看上去才对。然后，他必须画上第二套腿。我敢肯定，这绝对不是维特鲁威想象的样子，也不是维特鲁维想要的样子。

接着，列奥纳多引入了重力，把画面立了起来，这就不再是维特鲁威描写的水平样本，而是垂直的。看看图中的两只脚，在重量的压迫之下，肿胀扁平。这家伙得有约 73 千克。列奥纳多在一幅抽象的图中放置了一个真实的人。这是艺术，不是数学。这幅画顿时变得非常不一样，整体都奇怪起来。而且，这幅画表面是展示维特鲁维的理念，其实根本没有。

维特鲁威主张的是对称，列奥纳多的回答是不对称。列奥纳多是暗黑界的魔术师，他用错觉创造了真实。他利用艺术，把维特鲁威描述的人装进了正方形和圆形。这又是一头飞翔的大象。

他戏弄了证据。

我猜，列奥纳多在研究这个问题的时候，卢卡·帕乔利修士也在研究如何让形态完美同时互相吻合，他是一个数学家，从数字的角度出发研究这个问题。当列奥纳多用完美无缺而且似乎合乎逻辑的答案解决了维特鲁威所有的难题，并把这个答案拿给帕乔利看的时候，后者的第一反应无疑是："你作弊了！"

列奥纳多也许会回答："是吗？"帕乔利是实实在在地看待这个问题的，而列奥纳多是从比喻的角度看待它。列奥纳多用了各种花哨的方法，似乎行得通。

看起来行得通是因为他还偷偷加了"美"这种调料，而这种东西是别人无法提供的。如果足够美，完美无缺，就会显得格外真实。关于《维特鲁威人》和完美的理念，其本质更多的是信仰，而不是科学。我认为列奥纳多窥见了这一点，他修改了证据，解决了问题。如果人类的视角看到的只有人类，那美便尤其具有说服力。这是一种真理。只要出自列奥纳多的左手，任何事情看上去都如此自然。

也许只有他那些最有水平并且事前对这些背景了然于胸的朋友，才能理解他绘图中的戏弄或者嘲讽。帕乔利可以看得懂，马提尼可以，他的好朋友安德里亚和布拉曼特也可以，但对于其他人而言，这只是一幅漂亮的素描。列奥纳多的笔记本中有很多这样视觉上的幽默。

看待《维特鲁威人》这幅作品时，我们往往忽略了其社会背景和列奥纳多完全没有感情色彩的表现。人形模特周围，列奥纳多写上了文字描述，这只是对维特鲁威原文的释义，可是却奠定了人们从现实的角度去理解这幅图的基础，这也是列奥纳多的奇思妙想之一。我敢肯定，他的朋友们看了之后，需要好好想一想，然后再看一看，才能明白列奥纳多的想法，才能大笑出来。就像一个机灵的小把戏，只可意会，不可言传。

等到他们认出这张脸，又会再次大笑，他们会问他，是否觉得自己可以成为全人类的模特。这当然是列奥纳多的脸,他把自己放进了这幅画中。一样突出的嘴唇,一样宽的眼距,一样的颧骨,那下巴,还有一直垂到肩头的浓密鬈发——或许是出于虚荣而有意夸张。

当然了,面对朋友的反应,他只会微微一笑,然后耸耸肩,做个手势,用他那种充满画面感的方式交谈。

列奥纳多把这幅画当作对维特鲁威模型的合理证明吗?对此,我们没有任何证据。看上去,他是画来给自己和几个朋友看的,然后就藏在笔记本里了。我们今天看待这幅画的角度迥然不同,因为我们没有处在当时的背景之下,而且往往迷信于列奥纳多随时随地都是天才的想法。这幅列奥纳多最著名的素描也许只是对一个虚假推论的虚假证明。

自列奥纳多接过制作铜马雕塑的任务已经过去 5 年,卢多维科另寻雕塑家无果,因此,列奥纳多相当于得到了第二次机会,想必他会加倍努力。他绘制了更多异想天开的素描,满脑子想的都是关于建模铸造的事情。此外,他还关心米兰的高地下水位带来的问题。当时,一般情况下,大型的铸造都是在地坑里进行的,而米兰由于地下水位高,只能在地面上进行。在地面上铸造需要巨大的泥土堆来掩埋模具,列奥纳多显然还没有解决这一难题。然而,列奥纳多的确制作出了一个巨大的黏土模型,约 6.7 米,正好赶上 1490 年卢多维科的侄儿吉安举行婚礼。但是,没有铜马。

显然,卢多维科已经提供了 72 吨的青铜,以备铸造之用,但青铜也许只能堆在城堡的院子里，等着列奥纳多。所有的人都在等待列奥纳多，而他就坐在城堡里忙碌着，没人知道他在做什么。

数年的时间，画图、调整、设计、建模以及各种准备，这一切都让人生疑，让人想去追查。大家都明明白白地看在眼里，他根本就没有为马背上的那个人建模。可是，如果不是因为骑马的人——卢多维科的父亲弗朗西斯科，也根本就不会有什么马的塑像。

他与别人是如何谈论这一项目的呢？学者们想象这位沉默的哲人一边思索，一边苦恼地拉扯自己的胡子，但列奥纳多更可能是直言不讳地谈论自己的问题，而且他"关于这件事情方方面面"的高谈阔论可能还让人犯迷糊。事实到底怎样，我们无法得知。

非常有趣的是，1507年，米开朗琪罗在博洛尼亚为教皇尤里乌斯二世[1]也塑了一座差不多大小的骑手青铜雕塑。动手之际，他们两个人对青铜铸造的了解都是差不多的，而米开朗琪罗只花了差不多一年时间就让骑手雕塑矗立在了基座上。从某个角度而言，这说明了很重要的一点——列奥纳多最鲜明的对比是米开朗琪罗。两位都是奇才，但两者之间的特征是迥异的：一个是试探性的，沉默寡言，受过伤害，总是在编织新的想法；另一个大胆独断，掏出凿子，说干就干。

米开朗琪罗的才能呈现出一种入世的冲劲；列奥纳多的才华则表现出一种出世的态度。米开朗琪罗身上折射出来的是社会；列奥纳多身上反映出来的是他自己。米开朗琪罗的才华沐浴在阳光之下，

---

[1] 也译为犹利二世、儒略二世或朱利叶斯二世。

得到了世人称赞的滋养；列奥纳多的才华则躲在暗处、生长在地下，是一种回应式的、暗中进行的才华，往往不能自我确定，一直处在测试中。

马匹的雕塑迟迟没能完工，原因是多种多样的（肯定比我们现在知道得多），无论什么原因，10年后，列奥纳多连雕塑的一半都没有完成，马背上的骑手也不见踪影。我认为，卢多维科已经放弃列奥纳多了。

第十一章

牵强的问题

1492年　克里斯托弗·哥伦布觐见费尔南多二世国王和伊莎贝拉一世女王，并获得他们的支持前往东印度群岛。

1492年　西班牙驱逐犹太人；约有4万—20万犹太人被迫离开西班牙。

1492年　欧洲已知的首座植物园——泰诺植物园在克罗地亚的杜布罗夫尼克附近修建。

1493年　哥伦布第二次航行，从加的斯出发。

1493年　印加帝国统治者图帕克·印卡·尤潘基去世。

1494年　阿尔都斯·马努蒂乌斯在威尼斯出版了彼得罗·本博[1]的《德·埃特纳》，这是第一本有分号（标点符号）的书。

1494年　卢卡·帕乔利编纂了复式簿记体系。

1494年　西班牙和葡萄牙签署了《托德西利亚斯条约》，瓜分了新大陆。

1494年　哥伦布经历了一次热带气旋，并做了记录，这是欧洲人第一次书面记录热带气旋。

1494年　意大利战争开始。

1495年　国王学院成立于苏格兰阿伯丁，这是第一所用英语教授医学的大学。

1495年　约翰·柯尔修士留下了最早的关于苏格兰威士忌的书面记录。

1495年　雕刻家多纳泰罗的作品《朱迪丝与荷罗孚尼》被安放在佛罗伦萨大教堂。

---

[1] 彼得罗·本博（1470—1547），意大利学者、诗人、文学理论家、红衣主教。

第十一章　牵强的问题

40—43 岁

文艺复兴时期，人的平均寿命是 40 岁。1492 年，列奥纳多 40 岁了。和当时所有的人一样，列奥纳多的外貌也显现出了他的年龄。他已经掉了几颗牙，头顶上的很多头发也没了。那个时候，大多数成年人到了那个年龄便开始掉牙了；头发则是遗传，要看运气。皮耶罗的脑袋就很有可能像早上的太阳一样闪闪发亮。

但是，列奥纳多并不知道 40 岁是平均寿命，那个时候可没有精算师和保险公司告诉他这个。可他非常善于观察，应该是注意到了在人群中他往往是年纪大的那个。和他年纪一样的卢多维科一直都处在压力之中，也日渐衰老。据说佛罗伦萨的洛伦佐·德·美第奇状态也不太好。即使对有钱人而言，生活也同样艰难。同样的外伤，现代人可能需要小心细致的治疗；而当时的人只会觉得，真险呀，又是一个教训。那时的人们生活艰难，所有的人都是如此。即便贵为公爵也不能指望长命百岁，列奥纳多当然对此也不抱幻想。

瓦萨里和之后的其他人将列奥纳多描写得无所不能，是众人瞩目的焦点，事实上，此时的列奥纳多依然是一个默默无闻的工匠，在宫廷的后台工作。至少他自己心里清楚，他的事业与其说才刚开始，倒不如说已经接近尾声。我怀疑，即使那些真正了解他的人，也需要习惯以后才能欣赏他。从佛罗伦萨传来的名声平平无奇：他是韦罗基奥的学生，有几次委托任务都没有完成，但显然很擅长弹奏提琴。在米兰，他绘制了《岩间圣母》，据说不错，但这幅画在奥地利是打官司的对象；还有《抱银貂的女子》，挂在某个地方，大家看不见。没有一幅作品可以指给大家看一看。卢多维科宫廷里的人可能了解他，或者知道有他这么一个人。在当地的艺术圈子，他的身份可能是制作人，设计过露天表演、旗帜、戏服和其他转瞬即逝的东西。最后，当然要说到公爵那匹超级大马的黏土模型，可是，出名的是那匹马，不是列奥纳多。在列奥纳多的有生之年，人们已经开始把艺术作品归在具体的艺术家名下，他晚年的时候也享受到了这种荣誉，但在此时此刻，他依然是一个没人知道，或者说没人在意的人，只是一个为公爵完成委托任务的工程师。真正的焦点是卢多维科，不是列奥纳多。

在我看来，不管从哪个角度，列奥纳多都没有真正的声望，他似乎也没有企求得到这些东西。他想要的东西恰恰与之相反。他似乎更多是在学习、研究，不想引人注目。他的研究并不是为了什么项目，更多只是为了了解、为了发现、为了学习本身而学习。有些传记作家认为列奥纳多作研究一直都是有的放矢，是在为某篇论文或是绘画作品做准备。他们没有抓住要点。如果要了解什么就要首先要有一个了解它的理由，那你的知识面就不可能宽广，并且会受限于你的想象力和常规需求。这是学院派的方法，是有规划的，对列奥纳多的学院派式思考可能便是如此。但是，对于那些一文不名的古怪之人而言，学习单纯只是为了求知、求奇，只是为了把已知的东西联系起来，然后便能感受到无限的鼓舞，而后，各种想法也无穷无尽地涌来。列奥纳多是一个真正的探索者，他这一类人没有路线图，没有行动计划。他只是即兴而为，特立独行。即兴创作是他的人生风格。

到了这个年龄，他拥有37本书，涉及不同的领域，有手抄本，也有印刷本，从一张流传至今的书目中，我们可以感觉到他的成长。时间宝贵，他随时都有可能被岩石绊倒，然后左手先着地，即便只是摔断一根指头，他也将从此沦为无用之人。在文艺复兴时期的意大利，列奥纳多的生活如履薄冰，永远都在即兴创作，还有紧急关头的救场。历史学家站在后世的角度，才会觉得列奥纳多当时就是欧洲的伟大天才之一，大步向前，才华横溢，挥洒自如……而实际上，当时真正了解他天赋的人有多少呢？应该不超过一打，即使是这些人也并不确定。他们怎么可能确定呢？列奥纳多是当地人，他们也是当地人。坦率而言，大型的综述评估本来就是以阅读和舆论为基础的，是一种现代思维，在当时不可能做到。

普遍观点认为，这一时期列奥纳多可能进行了第一次机械飞行的实验。他在老城堡的房顶上推动某个机器飞到院子里。15世纪80年代早期，他在笔记本上做了记录。从他1486年的笔记看来，他已经知道鸟儿翅膀上下的气压是不一样的，很多人据此推测他是不是在房顶上推动了某种形态的飞行器。如果他做过，那目击证人也可能只有鸽子。有没有结果？摔断了骨头，或者是受了其他的伤？我们找不到丝毫证据。也许，他后来听说了意大利工程师焦万·巴蒂斯塔·丹蒂的事（后者在 1503 年撞上了教堂屋顶）。

所以，这个一直不停捣鼓小发明的列奥纳多很有可能才是我们最陌生的。这个列奥纳多全是奇思怪想，与艺术全然无关，却在 40 岁的年龄，表现出了了不起的潜力。也许，这才是人们会在大街上碰到的列奥纳多，那个有宫廷关系的工匠，就像他的朋友普雷迪斯眼中所见那般。或者，在人们眼中，他就是那个经常穿着粉色和紫色衣袍的人，天生的异类。又或者，列奥纳多真正吸引普通米兰人目光的是，他用左手书写，这一点最有可能。

当时，左撇子非常罕见，部分原因是因为孩子很早就会被纠正，被强迫用右手；还因为人们认为左手是不洁的。人们认为魔鬼是左撇子，这在当时是常识，得到了普遍认同。犹大也是左撇子。在当时欧洲的很多地方，如果牧师是左撇子，甚至不被允许给新生儿施行洗礼。在这种氛围下，人们自然不会去自找麻烦。所有的这些因素加起来，导致剩下的左撇子格外醒目，如果是左手写字那就更醒目了。雕塑家兼建筑师拉法埃洛·达·蒙特卢波是左撇子，他说过，看到他用左手写字，"很多人非常惊讶"。有一次，他签署法律文件时，公证人竟看得目瞪口呆，还叫来了 10 个同事围观。

列奥纳多写字时，不仅用左手书写，而且还要倒着写，这在任何人眼中都会有天外来客的既视感。人们会想，他怎么会这样写字，不会是摔坏了脑子吧？他留下的那些小谜题是什么？用的是什么语言？土耳其语？

即使放在今天，如果有人在公共场合这样书写，依然会引来一大群人围观吧。

列奥纳多已经40岁了,"成功"依然与他无缘,此时的他会不会觉得自己已经失败了?他害怕吗?或者,在内心深处,他是否真的在意?他有没有认为自己的艺术生涯是失败的呢?或者他太专注于其他的事情而从未考虑过这些事情?他确实也在笔记中写过对获得名望的期待,引用的是但丁的话:"耗费一生,没有半点声望,在世上没有留下一点痕迹,就像是青烟在空中飘散、泡沫在水面破碎。"但是,当时的名望是不一样的。出土的古代伟大的雕塑,显然是杰作,但没人知道创作的艺术家是谁。毫无疑问,这件作品在当年也是有名望的,但在经过数个世纪的掩埋而重见天日,又该如何理解这神秘又了不起的"名望"呢?获得了名望,失去了名望,又再次获得了名望?我认为,列奥纳多并不信任名望,那太像摇摆不定的风了。

当时的世界还处在口述文化当中。人们当然也阅读和书写,但是,大多数人所知道的名望只存在于街头巷尾和沙龙里的闲谈。在列奥纳多的有生之年,人们知道他,要么是因为他的作品,要么是因为他的名声,或者两者兼有。这时,列奥纳多靠的依然是名声,如果有人知道他,也是因为他设计的露天表演;或者因为他是公爵的能工巧匠——至少是其中的一项吧。

这一时期,他忙于研究,忙于即兴创作。任何即兴创作过的人都知道,必须想出10个创意,才或许有一个能用。列奥纳多习惯于提出若干可能性，虽然最后大多数都被弃之不用。真正的"工厂"就在他的脑袋里。也许他会咨询索罗亚斯特罗的意见。我们想象中的列奥纳多沉默寡言、经常陷入沉思；但是，他同样有可能是成天对着别人大吼大叫。也许，在他做"实验"的时候，你根本不想待在他身边。他内心有很多挣扎。不管怎样，他要把事情做出来；他的生活并不是顺风顺水，所以他不得不努力往前走。然而，他本质上并不是努力奋进的人。

关于身边的死亡和无序状态，他的态度中有多少宿命论的成分呢？他肯定是深陷其中的。如果他觉得会失败，觉得自己就像所有的事物一样会为时间和历史所吞没，那他对待名望的态度可能会更为矛盾和阴暗。如果他内心中只有一部分渴望得到承认，而与此同时，他整个人真正预期的是最终的消亡，那么他的态度就要比我们通常所知的黑暗得多。这样一来，列奥纳多也就成了非常罕见的现实主义者，他看清楚了：这个世界本质上对我们的愿望毫不在意，在这样的世界上追求名望就是虚无浮华。"如果要描写名望，"他在笔记本上写道，"就不应该用长满羽毛的鸟儿形象，名望的身上应该长满了舌头。"

但是，他为什么想要名望呢？为了得到承认？我认为，他没有那么信任人类，或者没有那么信任历史。外面的世界无知而迷信，大多数的东西都是错误的，这都令他不胜其烦。他努力是因为其他的原因，并非为了得到众人的承认。他要说服的是自己，而非他人。就像一棵终究会被砍伐的树木，他一直在开花结果，速度越来越快，但也只是为了开花结果而已。因为他能够做到。也许，他早已预见大多数果子都会掉在地上烂掉，但是也没关系。面对遗忘，面对默默无名，这就是他的应对。毕竟，他已经是一位老人家了，时光所剩无几。

1492年还发生了一些其他事情值得一提。

比如，西班牙宗教法庭成立了，大量在西班牙和葡萄牙的犹太人被流放，这件事情不能不提。即使在今天，这些悲剧的规模也难以想象。犹太人有一句古老的谚语："你杀了一个人，你就杀了十代人。"想一想那些连带的后果。

还有关于哥伦布的事情。是的，这件事情是卢多维科宫廷里最热门的话题之一。然而，列奥纳多现存的笔记中一个字都没有提及。哥伦布出生在热那亚，年纪与列奥纳多差不多。他们甚至可能有共同的熟人。当时，很多人都受到了这件事情的影响，列奥纳多也不例外，至少在小的方面受到了影响。很快，所有的人都在谈论玉米和梅毒——特别是梅毒，这一疾病很快就出现在了那不勒斯。哥伦布认为自己找到了通往日本和东印度群岛的通道，这一发现肯定是当时的头号话题，在列奥纳多其后的生命中也是如此。然而，在列奥纳多现存的笔记中，没有一个字是关于这件事情的。

在佛罗伦萨，洛伦佐·德·美第奇去世了，享年43岁。死亡一直无处不在。彼时死亡的人数更多了。

有人曾经说过，如果文艺复兴时代的人穿越到了现代，最先吸引他（她）眼球的就是活蹦乱跳的老年人；其次就是这些老年人的牙齿居然还没有掉。反过来，如果我们中有人跳上时间机器，回到了 1493 年的米兰，我们最先注意到的事情之一就是当时的人看起来比今天的人矮得多、老得多。当一定数量的牙齿脱落后，人脸的轮廓就会改变，这一点列奥纳多很清楚。阳光会烧灼皮肤，饮食、疾病和压力会让人衰老。神经紊乱会以皮肤病的形式显现出来，霉菌和细菌也会让人得皮肤病，接触了青蛙后皮肤上偶尔也会长出疣。列奥纳多肯定开始感觉到自己上了年纪，他的家里也出现了改变。

7 月，吉安·贾科莫·卡普罗蒂·达·奥雷诺来到了他家，跟他住在一起。列奥纳多把这个 10 岁的流浪男孩带回了家，后来他叫这个男孩萨拉，意思是"魔鬼"。他多次用萨拉做模特，所以我们知道萨拉的模样。《施洗者圣约翰》就是其中的一幅：鬈发，罗马鼻子，顽皮的表情。萨拉一直与列奥纳多在一起，差不多陪他走到了生命的尽头，而且一直都是亲密的同伴。他们之间的关系有多亲密？这谁也说不准。几年后，列奥纳多写道："萨拉，我想跟你讲和，不想交战。不要再交战了，我让步。"另外，萨拉似乎还是个小偷。

列奥纳多的私生活对我们来说是一个谜。所有的证据都表明他是一个孤独的人，他有很多熟人，但没几个朋友。你可以在多大程度上了解他？这就很难说了。他会直视你的眼睛，还是移开目光？他会站在别人身旁，还是敬而远之？他是低声细语，还是大声说话？在那个时代，人极少能够独自一人，所以，孤独的含义与我们现在的理解也有所不同。列奥纳多自小就独自在山野间长大，以至于之后他对他人的存在一直极为敏感。他写道："独自一人的时候，你完完全全就是你自己；而当有他人在场时，哪怕只有一个人陪伴，你也只能做一半的自己。"这就是他的内心，他看重专注和掌控的能力，他非常清楚与人闲谈必须付出什么代价。在我看来，这说明他是一个认真严肃的人。我认为，他很在意时间，不会随意花时间与人相处。他给年轻画家的建议，其实就是他自己的写照："离开你在城里的家，离开你的家人和朋友，到高山上，到山谷中，暴露在炽热的阳光里。"按照列奥纳多的说法，孤独和远离家人亲友仿佛成了画家创造性工作的先决条件。他在给弟弟多梅尼科的信中说得更甚，当时他弟弟有了儿子，列奥纳多就在想，为什么"有了死对头，你还这么高兴，儿子一心一意想的就是自由，而只有你死了，他才有自由"。一个人会写下这样的话，说明他显然是有某种未解的父亲情结，也充分暗示了他与皮耶罗关系不好。

他笔记中的其他人似乎都是有学之士。这是一个看重智慧的时代，但他与自己小圈子之外的人关系有多好，就另当别论了。我猜想，如果你也是他小圈子中的一个，那么列奥纳多就是很好的朋友；如果超出了这个圈子，他就会变得提防多疑，很有可能别人也是如此对待他的。随着时间的推移，他越来越谨慎多疑，别人对他也是如此。

接下来的这一年里，根据他笔记中的记录，一个叫卡特里娜的女人搬来与他同住。有些学者怀疑这个卡特里娜是他的母亲。这是一位年老的女性，来到他家里一年后就去世了，而且列奥纳多还支付了她的丧葬费用，我觉得此人是他母亲的可能性非常大。更有意思的是，卡特里娜在芬奇有几个孩子，为什么偏要来与列奥纳多度过最后的人生呢？因为她想念列奥纳多了，还是因为之前他们关系亲密？到米兰需要长途跋涉，路途艰难，对年老女性并不容易。也许，这最后的一幕说明了他们早期关系的亲密，说明了她在列奥纳多人生中的重要影响力。卡特里娜大概活了60岁。对任何事物都要测量一番的列奥纳多来说，对自己的人生自然更要精确测量。他的参照系越来越精细了。

同一年，他完成了黏土制作的铜马雕塑，广获好评。但除此之外，他便没有别的东西可以展示了。这匹马很棒，很大但不是青铜的，只是黏土的，而且没有骑手。但只要有进展，卢多维科就很高兴。接下来，又是等待。

1494年初，意大利战争爆发，这场战争最终彻底改变了列奥纳多的生活。他已经42岁了，铜马塑像的浇铸随时都有可能开始。这一项目，他已经做了11年；卢多维科肯定是粗声粗气地催促着他快点完工。他的母亲病了，与他住在一起，另外还有萨拉、索罗亚斯特罗和2个学生，也许是3个学生，与他同住。列奥纳多还要为城堡设计露天表演和装饰，他很可能从这份工作中获得了报酬。

他在老城堡的舞厅里做铜马雕塑，做他的第一架飞行机器，有时，会有一只或两三只蝙蝠飞进来。我猜，他对此是无所谓的，他喜欢蝙蝠。他喜欢所有飞行的东西。很有可能还有一只狗，以及一只用来捉老鼠的猫。也许还有鸡，用来下蛋。在中世纪的城堡里，生活可不全是红色的靠枕和熊熊的炉火。夏天，城堡里面又闷又热，更不用说光线暗、不透气的问题；到了冬天则又闷又冷，并且依然不透气。然而，即使是这样的城堡，也胜过城镇中心大多数的地方。

法国的查理八世为避免与卢多维科交战，暂时与他结成了联盟。查理八世派出了6万人的军队朝南进发，越过米兰攻占了那不勒斯，成为相当于当地公爵的统治者。但是法国军队染上了瘟疫，许多人因此丧命，法国在该地的统治很快不再稳固，联盟也随即土崩瓦解。法国人退回了意大利半岛，结果瘟疫也随之传播开来，法国人嘴里的"那不勒斯病"到了佛罗伦萨这里，就变成了"法国病"。无论叫什么名字，被占领的那不勒斯瘟疫横行。这真不是军队行动的好时候。

在米兰南边的佛罗伦萨，皮耶罗·德·美第奇下台了，取而代之的是多明我会[1]的狂热分子吉罗拉莫·萨沃纳罗拉，他带领佛罗伦萨走向了混乱，走向了艺术的毁灭。比萨脱离了佛罗伦萨，宣布独立。列奥纳多的好朋友、数学家卢卡·帕乔利出版了《算术、几何和比例概要》[2]，其中介绍了复式簿记。这一年，列奥纳多周围的世界处在变化和混乱中，对他本人而言，据我们所知，却是相对平静和忙于工作的一年。

接着就到了1494年11月，一切都变了。

卢多维科因失意而疯狂，他欠了岳父菲拉拉公爵埃尔克莱·德埃斯特很多钱。他决定要还债，于是把列奥纳多要用来做铜马雕塑的72吨青铜送到了帕维亚，铸成了大炮。他作出了这个决定，没有人敢与之争论，雕塑就这么被葬送了。卢多维科终于彻底放弃了这一项目。这对列奥纳多来说意味着什么？我们只能想象了。他在这

---

[1] 又译为多米尼克派，天主教会的教派之一。
[2] 也译为《数学大全》。

个项目上投入了 11 年的时间。现在，他已经 43 岁了，然而，在这个世界上还没有留下任何痕迹；而且他的雕塑也如同石沉大海，彻底消失了。

这个消息，他是从卢多维科本人那里得知的，还是办事人员告诉他的？或者是工人带着签署的命令、赶着若干马车来拉货的时候他才知道的？我们无从得知。我怀疑卢多维科在与工作人员签订协议的时候很精明：他很有可能没有通知列奥纳多就将青铜拉走了，非常粗鲁。列奥纳多的反应可能十分强烈，很受伤害，勃然大怒也是有可能的。我猜想，也许再有短短几天的时间，他就要开始铸造铜马雕塑了。

他留下的文书中有部分措辞强烈的内容，从这些内容看来，他是给卢多维科写了一封从未寄出的怒气冲冲的信件。当然，这样做是明智的。也许卢多维科后来又承诺要再给他青铜，但我们也无法得知是否如此。就在那一年，卢多维科的侄子，也就是新婚不久的吉安·加莱亚佐·斯福尔扎神秘死去，年仅 25 岁。宫廷医生说他是中毒身亡。这正是卢多维科想要的：吉安和他新婚的妻子伊莎贝拉谈论"权力"之类的事情，太闹腾。

很有可能就是在这段时间，列奥纳多开始认识到，自己要抓住卢多维科的"龙尾巴"，绝不能松手。

1495 年，他的母亲卡特里娜去世了，死亡的具体时间无法确定。他肯定觉得无所适从，本来他们是有机会再续母子之情，再次了解对方，一起共度时光的。也许他给卡特里娜做了一把特别的椅子，加了垫子，可以推着走，还配有齿轮，可以帮助她站起来。这把椅子还有嵌入式的托盘和杯托。他肯定是给卡特里娜看了那个高约 6.7 米的黏土马匹模型，当然他也希望后者能看到他完成青铜塑像、看到马匹立在底座上。卡特里娜对这一切有什么想法呢？没有人知道。妈妈为儿子感到骄傲吗？我想会的。对任何人而言，母亲的去世都是人生的分水岭，对列奥纳多更是如此。他在这一年失去的东西太多了。

这一年夏天，列奥纳多作为军事工程师，似乎得到了第一次机会。诺瓦拉位于米兰往西约 42 千米的地方。法国军队里瘟疫横行，他们在撤退的途中占领了诺瓦拉。这时，卢多维科已经撕毁了与法国的临时协议，决定袭击法国军队。他把法国军队围困在城里，很有可能是想要榨取一大笔钱才肯放他们出来。法国军队之前并没有预料到这次撤退，所以他们没有准备充足的补给食物。法国王位继承人奥尔良公爵路易也被围困在诺瓦拉城内，形势紧急。夏天过去，秋天来临，然而，面对卢多维科苛刻的条款和高额的赎金，法国军队还是拒绝投降。

最后打破僵持、让天平倒向卢多维科的并不是瘟疫，而是河流的改道。之前，这条河流经诺瓦拉，城里的人靠它至少得以活命。不知怎的，卢多维科手下的某个人，在威尼斯军队的帮助下，设法使河流改道，不再流经这座城市。但是，没有证据可以确定这位工程师是谁。河流改道之后，城墙里的人就像苍蝇一样，成群地死去。在城里的死亡人数超过 2 000 之后，法国人与卢多维科开始谈判，围城终于结束了。一位法国大使如此描述诺瓦拉城里的幸存者：

"他们骨瘦如柴，看起来就像死了一样；我真的相信，人类从来没有遭受过这样的苦难。"幸存者虽然没有死于饥饿，但在返回法国的途中，由于太虚弱经不起长途的行走，再次成批死去，死亡人数迅速攀升。对于法国人和法国宫廷来说，这就是一场灾难。路易离开之际曾发誓，即便是要千万年之后也会回来找卢多维科报仇。

虽然我们没有直接的证据，但卢多维科手下确实有这么一位工程师。13年前，他在自荐信中就曾声称可以办到这件事情："在围城的过程中，我知道如何排干壕沟里的水。"是列奥纳多让河流改道的吗？卢多维科终于接受他的建议了？几年后列奥纳多接到任务，负责改道比萨城旁边的亚诺河，排干佛罗伦萨和皮翁比诺两座城市周围的沼泽。如果这一次军事行动的工程师是列奥纳多，那他后面得到这些任务也就说得通了。

无论他日后的简历中是否有这一项成就，堆积如山的尸体肯定是给列奥纳多留下了不可磨灭的印象。2 000多具尸体，可能需要焚烧处理，从而产生很多油烟。饿死是一个痛苦的过程，年轻人和老年人都会饿死，而且死人堆上还有孩子的尸体。据我们所知，这是列奥纳多第一次接触战争，他第一次看到战争，第一次嗅到其气味。城市里到处都是死人，周围环绕着乌鸦、老鼠和蚂蚁。这一切对他意味着什么？他看见了什么？目睹这样的场景，他又想了些什么呢？

这是死亡、破坏和大规模屠杀的一年。就在这一年，卢多维科开始修建自己的坟墓了，这么做也合情合理。他选择了多明我会修

第十一章 牵强的问题

道院和圣玛利亚感恩教堂作为埋骨地，并开始了翻修工程。首先是设立唱诗堂，由布拉曼特[1]设计。接着是委托列奥纳多在修道士餐厅的北端绘制一幅大型壁画，主题是"最后的晚餐"。对列奥纳多而言，这是一项大型任务，而且他很快意识到，这里面有个很大的问题——墙面有点潮湿，而且是常态。

虽然如此，列奥纳多还是开始了创作，他迫不及待要用这场战争、这场屠杀和所有想法来创造新的东西。或者，更为具体地说，他是在应对，这种应对得到了引导，变成了有深切感受的作品。"最后的晚餐"这一主题在当时很常见，列奥纳多还有更早期的素描，说明这不是他第一次就这一主题进行创作，但这一次，他开始了全新的思考。他喜欢创作构图。列奥纳多是很细致的自我观察者，到了43岁的年龄，他已经有了自己的方法，知道如何培养自己的想法。他利用对立的概念来刺激自己的灵感。死亡很能激发灵感，他很有可能在桌上摆放了一个骷髅。

也许，生命和死亡一直都是给他作品带来生机的两个极端，而那一年，这样的刺激正好特别强烈。他失去了铜马雕塑，然后是他的母亲，接着又直接参与并导致了数千人的死亡。也许，看到这么多的死亡，他更加强烈地感觉到了自己的心跳。也许，他看到了更多腐烂的尸体，也更加坚持自己脑海中的美，仿佛是为了达到一种平衡，为了屏蔽其他的东西。他是在试图为自己辩护吗？如果是这样，他最终付出了什么样的代价？

---

[1] 布拉曼特（约1444—1514），文艺复兴时期意大利最杰出的建筑家。

他从对立的内心力量开始着手，然后 1495 年时，他心中积攒了足够的情绪让他最终酝酿出某件东西。从某种角度而言，这幅筹划中的《最后的晚餐》是一种治疗，一种对抗死亡的方式。事后看来，这似乎也是一种自我破坏，他参与了最后一两个月的围城行动，之后一直怀有深深的泯灭感和内疚感。他仿佛握着一支有毒的笔在画草图，内心的冲突催促着他拿出解决方案。他的艺术是在与死亡共舞。这种死亡不是虚幻的，是真真切切的，只要推开门，就能看到一堆堆的尸体，他在绘制素描的时候能够闻到死亡的气息。他正是在把这些东西变成艺术，这也正是他在回应的东西。这样的创造构图与美的原则没有任何关系，与之相关的是幸存。就在这里，列奥纳多开始筹划《最后的晚餐》，他开启了自己的第二次人生，也是我们今天所知道的他的人生。他即将进入公众的视野，成为传奇人物列奥纳多。

第十二章

自我交锋

1496 年　英格兰亨利七世为约翰·卡伯特[1]颁发许可，授权他去探索未知的土地。
1496 年　巴尔托洛梅奥·哥伦布（克里斯托弗·哥伦布的弟弟）建造了美洲最古老的城市圣多明各。
1496 年　列奥纳多绘制了《未知女子的肖像》[2]。
1497 年　吉罗拉莫·萨沃纳罗拉的跟随者在佛罗伦萨点燃了"虚荣篝火"，烧掉了上万件"不道德"的物件。
1497 年　教皇亚历山大六世将萨沃纳罗拉驱逐出教会，对他施以酷刑，并将其处死。
1497 年　葡萄牙国王曼努埃尔一世下令驱逐拒绝改信基督教的犹太人。

---

[1]　约翰·卡伯特（约 1450—1499），意大利航海家，居住在英国。
[2]　也译为《无名女子的肖像》。

第十二章　自我交锋

44—45 岁

　　列奥纳多内心有很多冲突，其中之一就是实际和不切实际的冲突，他一生都努力在两者间协调。他是一个不切实际的人，一直在为自己的价值而辩护，这种辩护可能早在他面对自己的父亲时便开始了。列奥纳多非常珍视的绘画，他赖以生存的绘画，在大多数乡下人看来，纯粹就是毫无价值的东西，最多只算是边缘技艺，并不实际。这样一来，绘画就成了让他充满内疚感的事情，也许这也是他日后与大众看法截然相反的注脚，尤其是他认为绘画优于雕塑这一点。这是列奥纳多在为自己提供合理化解释之前早已做过无数次的事情。

　　虽然有这些冲突（或许正是因为有这些冲突）——年老/年轻，岩石/肉体，快乐/痛苦，美德/嫉妒，但这样的对立面反而似乎刺激并统一了列奥纳多的想象力。有着如此阈限的个性，对他而言，基本的创造行为就是合成，或者说是利用世间万物的一致性。与单纯的惊讶和怪异截然相反。对于列奥纳多而言，创造行为就是寻找联系之处。这种合成和一体化的趋势不仅体现在他的机器绘图上——这些绘图以当时已有的科技为基础，而他又将两种机器的功能合二为一，还要实现自动化。此外，这种特性还体现在他的一些画作上。请想一想雌雄莫辨的《施洗者圣约翰》，或者《勒达与天鹅》。这似乎就是他这一时期思考的大体方向，或许我们可以借此看到他眼中的世界。他归根结底是个解决问题的人，他相信，只要自己足够努力，总能找到最理想的解决方案。

那天下午，列奥纳多走到了圣玛利亚感恩教堂，站在卢多维科选好的那面墙前驻足观察。可能从这时开始，他就在着手解决这一问题了。这是一面灰泥墙，光线不好，又紧邻厨房，进一步增加了墙体的湿度。他站在那里思考，他想得越久，发现的问题就越多；问题发现得越多，他就更加明白自己进退两难的处境。他不想在这面墙上作画；但他也知道，自己不能拒绝。

显然，其中有他要继续靠着宫廷生存的问题。卢多维科想要一幅壁画，列奥纳多就不能说不，虽然他很有可能试过拒绝。

还有一个关键的、无法忽略的要求：颜料必须附着在墙体表面，因此，壁画几乎无一例外都是湿壁画。但是如果是用湿壁画，列奥纳多就无法发挥他的油画技巧，无法达成他想要的绘画效果（这就是他所说的"不是我的艺术"，这句话被写在了另一封给卢多维科的信中，他也很明智地撕毁了这封信）。

那么，如何才能协调这两个不可调和的需求呢？使用湿壁画画法，他就无法画出最好的作品；但是，他也知道，其他的绘画方法无法长久保存。他接到了无法圆满完成的任务，至少是无法让他自己满意。他肯定感觉到了彻头彻尾的无助、孤立和挫败。卢多维科这条巨龙又开始抽动尾巴,列奥纳多紧紧抓住,努力应对,却不知道该怎么办,他没有多少选择的余地。

可能的选项之一就是直接让步,采用传统的湿壁画画法。列奥纳多虽然不喜欢这种方法,但肯定知道如何运用。湿壁画有一个问题,那就是没法刮了重来,也没有办法在上面再次作画。列奥纳多的天赋在于多思,最终展现出来的,也许是他的第2个想法,也许是第32个想法,反正不会是最初的想法,而湿壁画需要一气呵成。他的创作是即兴式的、也是渐进式的、应对式的,一点点地成长,这种创作方式需要多层作业,而湿壁画只能画一层。

另一个可能的选项就是像平常那样作画,唯一的不同就是画在约4.6米乘8.8米的木板或是帆布上,然后再挂在墙上,这样他就能在画室里作画。没有文字记录表明列奥纳多曾就此与卢多维科讨论过,但我怀疑,列奥纳多曾提出湿壁画"不是我的艺术",他可以在木头或是帆布上作画满足公爵的需求,卢多维科则担心画作会被偷走、被撬走,坚持要在墙壁上作画。这幅画完成后,没几年就开始剥落。一方面,卢多维科犯了明显的错误,他不肯听取意见,而且没有为这项工作选择合适的画家;另一方面,他也是对的,这幅画的确没有被偷走。

卢多维科的手上有2 000多条人命,他正在为自己修建坟墓,担忧着堕入地狱的事情,无论如何,与这样的人争执是没有好处的。

"画那面该死的墙!"

列奥纳多知道，任何的失败，难辞其咎的人都只能是他，而不会是卢多维科。但是，他别无选择，只能在墙上作画，然后看情况再作打算。不仅墙面潮湿，整个房间都潮湿。现在，这个问题变成了他要做的工作：他必须设法画出壁画，还不能把事情搞砸。事情从一开始似乎就不太妙。他开始摆弄颜料，不断进行实验，一层层地刷内涂层，想要改善灰泥墙的情况。

这当中最具列奥纳多色彩的是：他非常清楚这件事情可能会失败，他从没想过这幅画能长久保存下去，然而他依然倾其全力，仿佛正是因为这幅画无法长存，他反倒获得了全力以赴的自由，好像责任更轻了一样。

为了那匹马，他耗费了11年的时间，最后还失去了那个项目，他还能以什么样的姿态投入新项目呢？他还能信任什么，信任谁？所有的事情归根结底都是临时项目。人生也是如此，世事总是难以预料。正如列奥纳多的名言："当幸运女神降临之际，就要紧紧地揪住她的额发，原因吗？我告诉你，她后脑勺有可能是秃的。"他谈论的不仅仅是机遇，还有热情。热情也是幸运女神的礼物，而它消逝得太快。

我们眼中的列奥纳多似乎很神秘，其中一部分原因就是他自相抵消以及消极抵抗的本性，他不断地制造美丽的东西，而一旦灯光熄灭，这些东西就消失无踪了。他设计的舞台和游行；那些没人请他做、他却自发解决的机械问题；他画下的无名之辈；他掩着口鼻、干呕连连画下的、没有发表的解剖图；还有所有记在薄薄纸张上的笔记。他用文字谈论过名望，不仅仅是为了自己的学生，还因为名望是他最大的恐惧。他害怕没有名望，也害怕拥有名望。他稳稳地站在两者之间，犹豫不决着。他仿佛知道，名望实际上不过是虚荣浮华，一切都是过眼云烟。100多年后的莎士比亚亦是如此，他生前也没有出版自己的剧本。看到这样的想法，现代的美国人惊得目瞪口呆。但列奥纳多就是这样的宿命论者。他一直不停地试验各种介质、颜料（有些行得通，有些行不通），在他眼里，这幅壁画有可能就像是存在主义作品，一开始他就看到了潜藏其中的厄运。

我认为，这就是列奥纳多在摆弄颜料时的心理底线——即使行不通，也不过如此。

遗产、名望、名声——这些事情会让人裹足不前。我觉得，列奥纳多追求的是别的东西。在我们看来，他的很多事情都是稀奇古怪的，他的世界观也是如此，但是，这对他本人显然是有意义的。毕竟，他是一个谨慎多思的人。他试验的不仅仅是不同种类的颜料，还有他的人生、他的名声以及他与卢多维科的关系。从合理的角度来看待这个问题（比如，很多列奥纳多的传记作家），他是不会做出任何破坏这幅画的行为的。

罗斯·金所著《列奥纳多和〈最后的晚餐〉》一书十分精彩。在此书中，作者认为列奥纳多有很多理由相信自己壁画的油画颜料实验会成功。阿尔伯蒂在他的《建筑论》一书中提到这种做法，列奥纳多知道在佛罗伦萨至少有两幅绘制在墙上的油画作品，一幅是韦内齐亚诺在新玛利亚礼拜堂的作品，另一幅是乌切洛和帕皮在圣米尼亚托教堂的作品。

事实上，如果列奥纳多使用传统的油画颜料，效果也应该勉强可以。但是，列奥纳多就是列奥纳多，他就是要特立独行。绘制《最后的晚餐》时，列奥纳多在蛋彩画颜料中加入了油性颜料，创造了他称之为"油性蛋彩"的东西。但这东西行不通。

这是无心之错，还是他有意为之的呢？我们在悬崖上站上一分钟，从他的角度来看看：你要往下跳了，背上的降落伞有可能打不开。你会去胡乱试验降落伞吗？你会尝试没有检验过的新东西吗，或是最后一分钟临时想到的新东西？但列奥纳多确实这样干了，他当时想的是什么呢？颜料是否行得通，要花上数年的时间才能看得出来。等到他知道这颜料是否可以用的时候，已经太晚了。他在行动之前就知道这一切。他是不是耸了耸肩膀，还是跳下去了呢？

从他的笔记中，我们找不到任何证据来解读他的意图。就我们所知，他有可能是故意的，甚至可能是因为铜马雕塑的事情。他知道不应该在潮湿的灰泥墙上画油画；阿尔伯蒂主张的是在干燥的墙上画油画，但列奥纳多还是在潮湿的墙上作画了。正如他担心的那样，颜料剥落了。这些都是事实。其他的事情，我们就不知道了，但是，我们知道这一切的起因是卢多维科，他是个傻瓜。

1496年，列奥纳多制作了另一个"看过就会消失"的视觉盛宴，这一次的主题是朱庇特和达娜厄，现存的只有戏服的素描图。显然，这一次大获成功，大家交口称赞。就在这次表演之前，他的数学家朋友卢卡·帕乔利出版了《神圣的比例》，列奥纳多为这本书绘制了插图。此时他们已是挚友，年长一些的帕乔利让列奥纳多迷上了数学，特别是透视学。列奥纳多开始把透视学用于《最后的晚餐》。

但是，还有另外一件事情与列奥纳多相关，这件事情说明他并非是冷静、平和的个性。在一份宫廷文件上，公爵的秘书在1496年6月8日写了这么一条："正在进行卡梅里尼这项工作的画师今天引发了一桩丑事，之后就离开了。"我们不知道"一桩丑事"具体是什么，但听起来是意外之举，令人不安。结果是列奥纳多离开了房间，也许是防止事态进一步恶化。因为这件事情，卢多维科开始打听佩鲁吉诺，想要替换列奥纳多——这是第二次了，第一次是铜马雕塑的时候。这一次冲突爆发的原因未知，但瑟奇·布朗利认为这件事情与钱有关，列奥纳多已经数月没有领到报酬了。我认为这很有可能，列奥纳多在创作方面冥思苦想时，遇到哪怕很小的不便，也会像黄蜂一样乱蜇人，这就说明了平静表面下的各种压力。

而且，文艺复兴时期的意大利就像是一个细菌培养皿。有一半的人可能胸部感染，或者流鼻涕，或者长期腹泻。也许列奥纳多那天生病了，或者身体不适。公爵的秘书有可能也是个蠢货，能激怒任何人，甚至是平静模式的列奥纳多。

接下来就是翻天覆地的变化。

卢多维科的女儿比安卡生产的时候难产身亡。两个月之后，卢多维科年轻的妻子贝亚特里切·德埃斯，怀着身孕，跳了大半夜的舞，引发了流产，也死了。三重打击之下，45岁的卢多维科失去了残存的理智。他有可能中风了。他剃光了头，开始穿黑色衣服，整天都躲在房间里，偶尔出来，也是到圣玛利亚感恩教堂的家族神龛前祈祷。列奥纳多可能是在那里见到他的。如果他们有交谈，那肯定是卢多维科催促列奥纳多早日完工。他的时间不多了，他感觉得到。

他的感觉是对的。

列奥纳多开始绘制《最后的晚餐》的时候，房间的另一头还有一位艺术家，名字是乔瓦尼·多纳托·达·蒙托尔法诺，他要在南边的墙上绘制一幅十字架场景的大型壁画。任何手艺人都是这样，他们也会彼此观察。或者，至少蒙托尔法诺是这样做的。他对列奥纳多的油画颜料的构成了解多少？没人知道。当然了，蒙托尔法诺忙碌起来的时候，他只会关注眼前不断变干的灰泥，准确地完成自己的工作；但每天当他在做准备工作的时候，都会去列奥纳多那边看看，琢磨一下自己看到的东西。我们可以想象他们早期的对话。蒙托尔法诺出生在壁画世家，传到他这一辈，已经是第三代了。他很有可能知道列奥纳多在干什么。他知道列奥纳多在与时间赌博。

蒙托尔法诺也认识卢多维科。

蒙托尔法诺如何看待这一切，我们不知道。但是，无论他说了什么、做了什么，蒙托尔法诺这一次出乎意料地落了下风。在早期的故事中，韦罗基奥看到列奥纳多的绘画之后就扔掉了画笔，这完全是瓦萨里风格的胡说八道。但我们仍然可以想象蒙托尔法诺的真实感受，他突然就觉得自己老了、过时了。从专业的角度而言，他的确是败下阵来，他甚至从未想过壁画艺术中还能有这种手法。更令他震惊的是在构图和透视方面，天呀！相比之下，他的画作拥挤、烦琐，没有半点立体感。

但是，他知道自己的作品可以长久保留，所以房间里的这种对比只是暂时的。蒙托尔法诺一直住在米兰，最后于1503年去世。他偶尔会来看看自己的作品，因此，他很有可能看到了列奥纳多的作品开始剥落。"这就是人生，嗯？"也许走到人生尽头时，就是这样的想法支撑着他，让他多活了数月，就为了看到那幅画上出现细小裂纹，然后看它们渐渐蔓延。

第十三章

列奥纳多的分解图

1497 年　约翰·卡伯特发现了纽芬兰。
1497 年　阿美利哥·维斯普西离开加的斯,开始了第一次驶向新大陆的航行。
1497 年　葡萄牙航海家达·伽马的船队从里斯本出发,开启了前往印度的探险。
1497 年　阿尔布雷特·丢勒绘制了父亲 70 岁的画像《丢勒父亲像》,还有自己 26 岁的画像《丢勒自画像》。
1497 年　尼古拉·哥白尼记录了他的第一次天文观察。
1497 年　达·伽马到达好望角。
1497 年　约翰·卡伯特返回英格兰,向亨利七世汇报了他的"亚洲"之行。

第十三章　列奥纳多的分解图

漂浮在交织的梦境和记忆中，列奥纳多迷迷糊糊地醒过来，翻了一个身，整理了一下枕头，然后又进入了梦乡。他注意到那只鸟儿还飞翔在他身边。这是一只雄鹰，个头很大，风呼啸在耳边，这只鹰无视他的存在。这一晚大半的时间，他都在梦中飞翔。这样的梦对他而言是常事，他注意到下方是芬奇镇周围熟悉的群山。有那么一刻，他似乎清晰地看到了雄鹰翅膀上下拍打的动作。他的注意力集中在那个动作上，他开始逐渐醒来。他明白这一过程，他是不会直接睁开眼睛的，他不想突然就着陆，不想突然就醒过来；他也不想从空中跌落到地面，那样就晦气了。他令自己放松，又看了看雄鹰的翅膀，他看到了翅膀尖在空中晃动的影像，他想要再看一看，看到翅膀下方的动作细节。他还不能肯定那是什么样的动作，如果看清了，很多事情就明白了。他必须先着陆，然后再记笔记。

时间还早，阳光还没有照进外面的庭院，他不用看就知道，就像是他知道头顶上是光秃秃的木头椽子，周围是石头墙一样。几年来，他每天都在这个房间醒来，他知道从床上翻身下来，脚下就是凉凉的石头地板。但是，他还没下床。他品味着最后几秒的飞翔，他在风中扇动翅膀，慢慢转着圈降落到了地面，他身边的雄鹰也一下下地拍动着翅膀，仿佛镜中的影像一般。他可以感觉到空气的分量，感觉到空气的阻力。对他而言，空气就像是水流一样。

随着他靠近地面，雄鹰渐渐消失了，在他即将擦过树梢时，他听到了房间的另一头传来了呼噜声。这不是雄鹰，而是他的学徒朱利奥，睡在角落的垫子上。如果没有人打扰，这孩子可以睡上一整天。城堡的房间光线很暗，睡上一整天并不是难事。列奥纳多侧过脸，开始眨眼睛。他待会儿就会测定一下自己的想法。

他小心翼翼地坐起来，没有惊动睡在旁边的萨拉。他双脚踏在了凉凉的地板上，清晨的空气还有些冷，他拉起毯子围在肩头，用脚趾头寻找自己的便鞋。记忆依然非常形象——雄鹰的翅膀拍动到最下方时的样子，一瞬间的颤动，然后就向上抬起。那一瞬间的颤动不过是晃了一下，可是他觉得自己看到了其中的方向。他觉得那一下晃动是8字形的，力量是持续的，没有间断。理应如此。他知道自己怎样才能找到答案。为什么他之前没有看出来呢？翅膀的关节肯定是可以旋转的。

他弯下腰，从床底下拉出尿壶，开始撒尿。是的，他非常清楚怎么测试、怎么看，他今天就要试一试。

他一边筹划上午要做的事情，一边等待。他排空了膀胱里的尿，可是他还不了解膀胱。膀胱是如何把液体和其他废物区分开的呢？他还不清楚。肯定是某种有孔的膜皮。下一次给狗剥皮的时候，他要查看一下这东西。现在他的眼睛不如以前好使了，希望膜皮上的孔不要太小，要不会看不见。

"老师？"朱利奥从他简陋的小床上坐了起来，正在揉眼睛。这

红铅粉笔的《达·芬奇自画像》

安德烈·德尔·韦罗基奥《基督受洗》

《天使报喜》

《吉内薇拉·德·班琪》

《卢卡·帕乔利画像》,据说是雅各布·德·巴尔巴里的作品

《卢多维科·斯福尔扎》,米兰公爵。画家未知

《抱银貂的女子》

《岩间圣母》

《三博士朝圣》

《荒野中的圣哲罗姆》

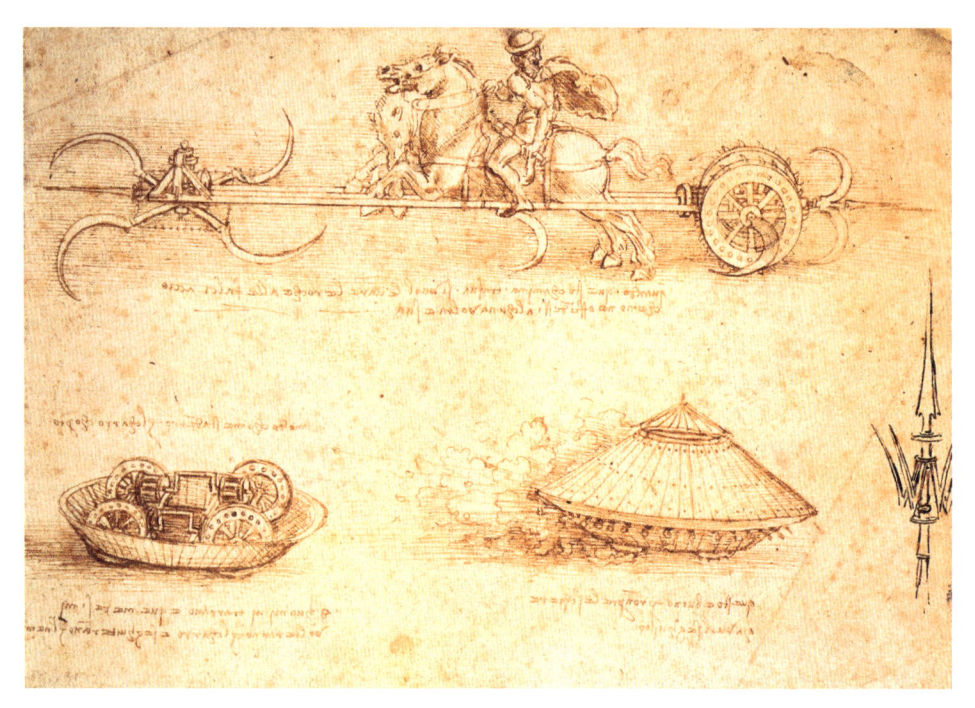

军用坦克式机器研究 [布里吉曼（即布里吉曼艺术图书馆，下同）]

飞龙攻击狮子（布里吉曼）

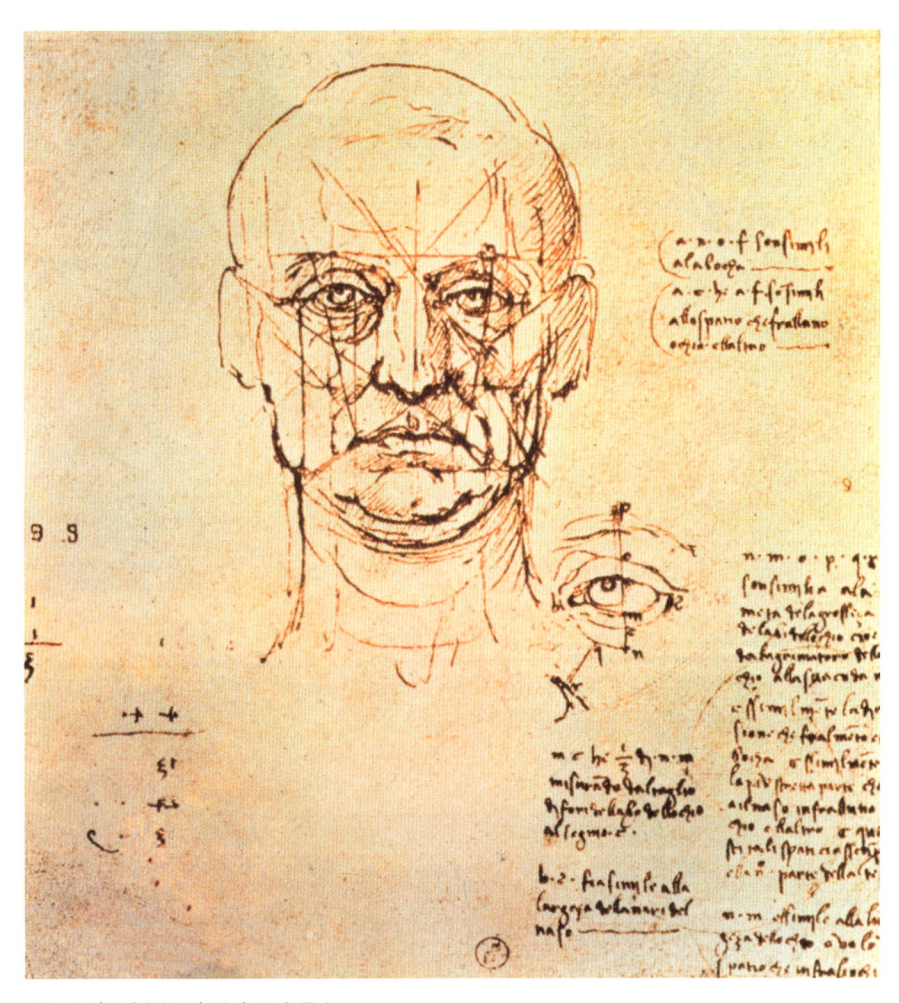

头和眼睛比例的研究(布里吉曼)

怪诞面孔的 7 种研究（布里吉曼）

戏剧服装设计（布里吉曼）

《维特鲁威人》

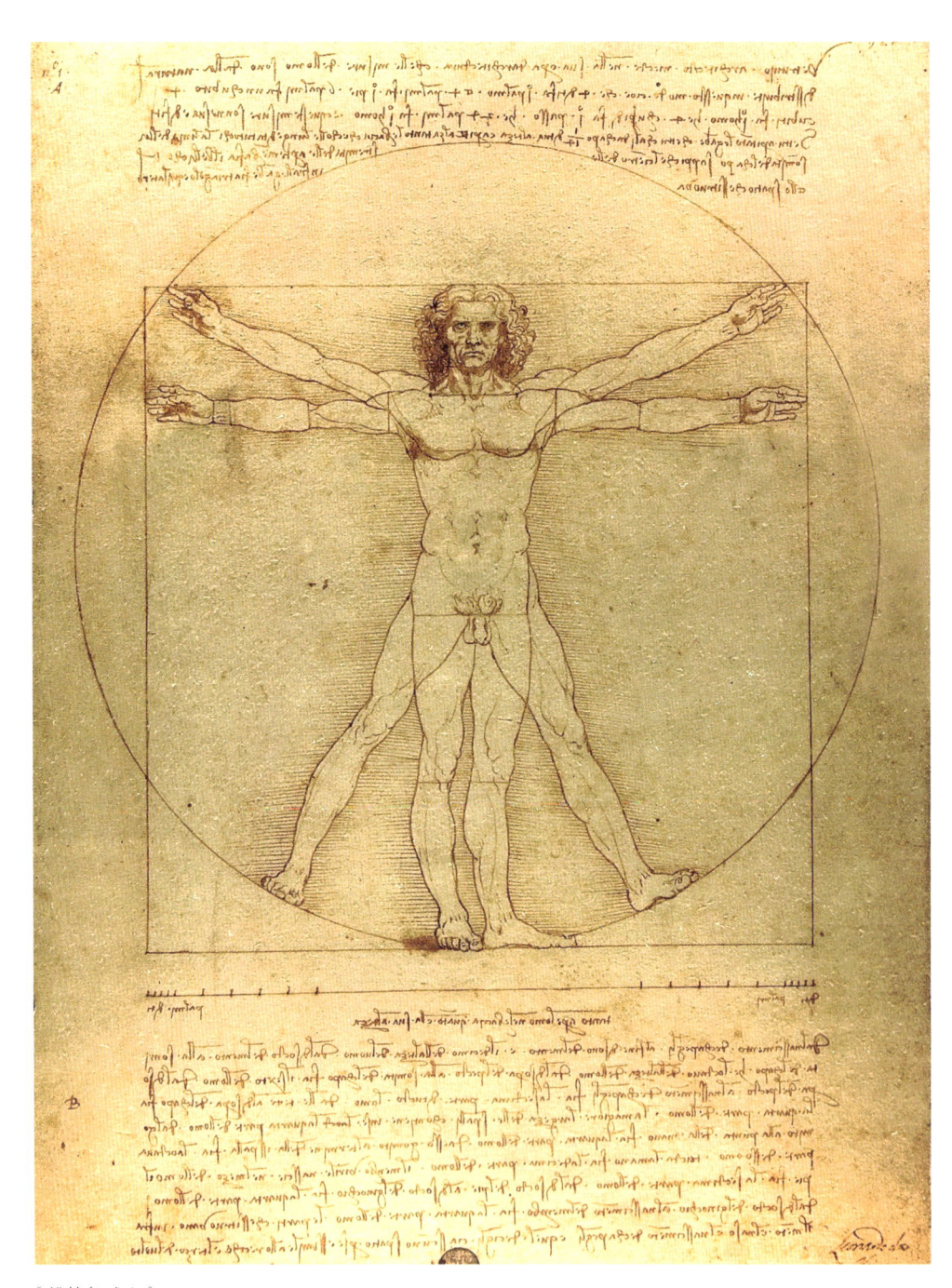

阴谋者帕西(布里吉曼)

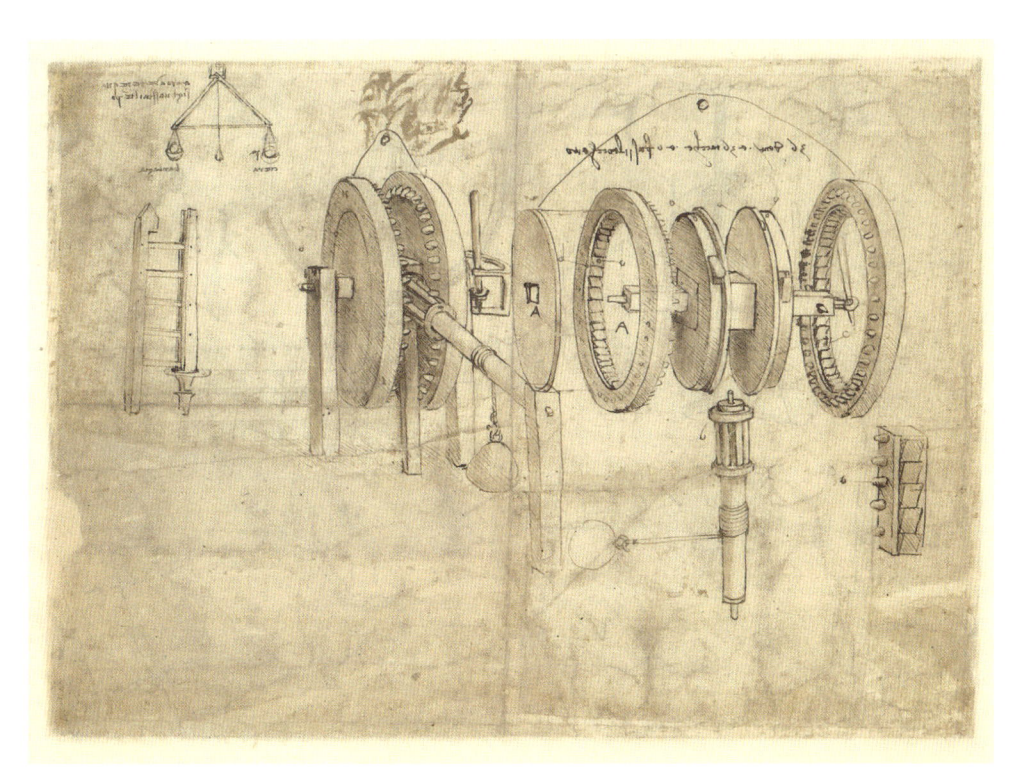

湿度计的部分分解图(布里吉曼)

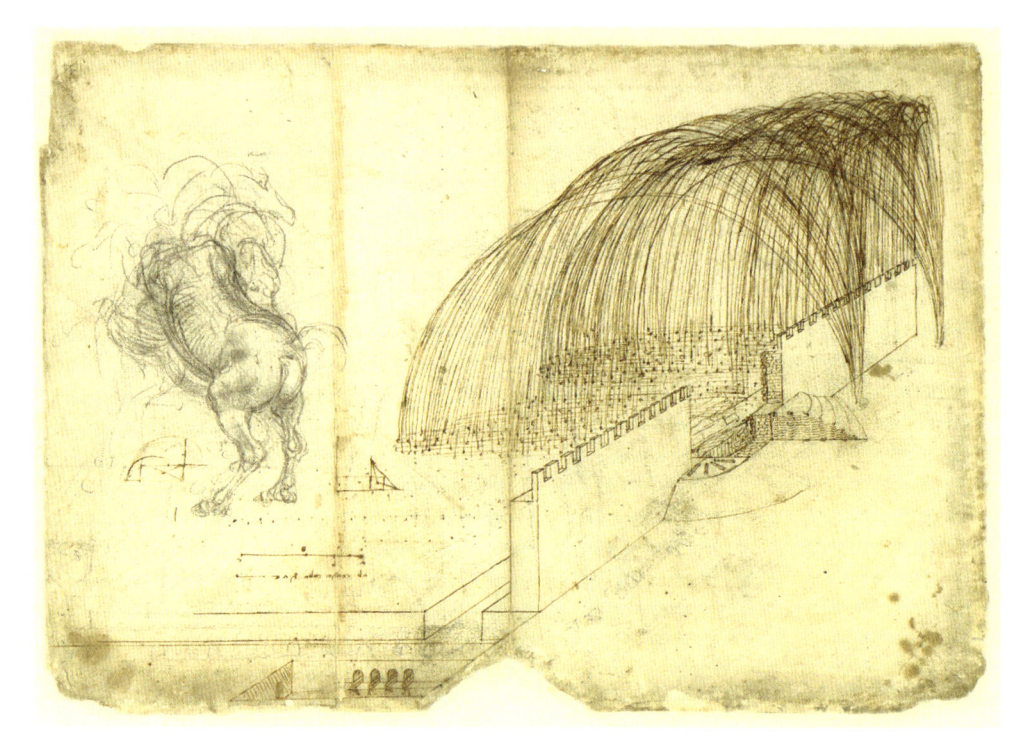

密集炮火和后腿站立的马（布里吉曼）

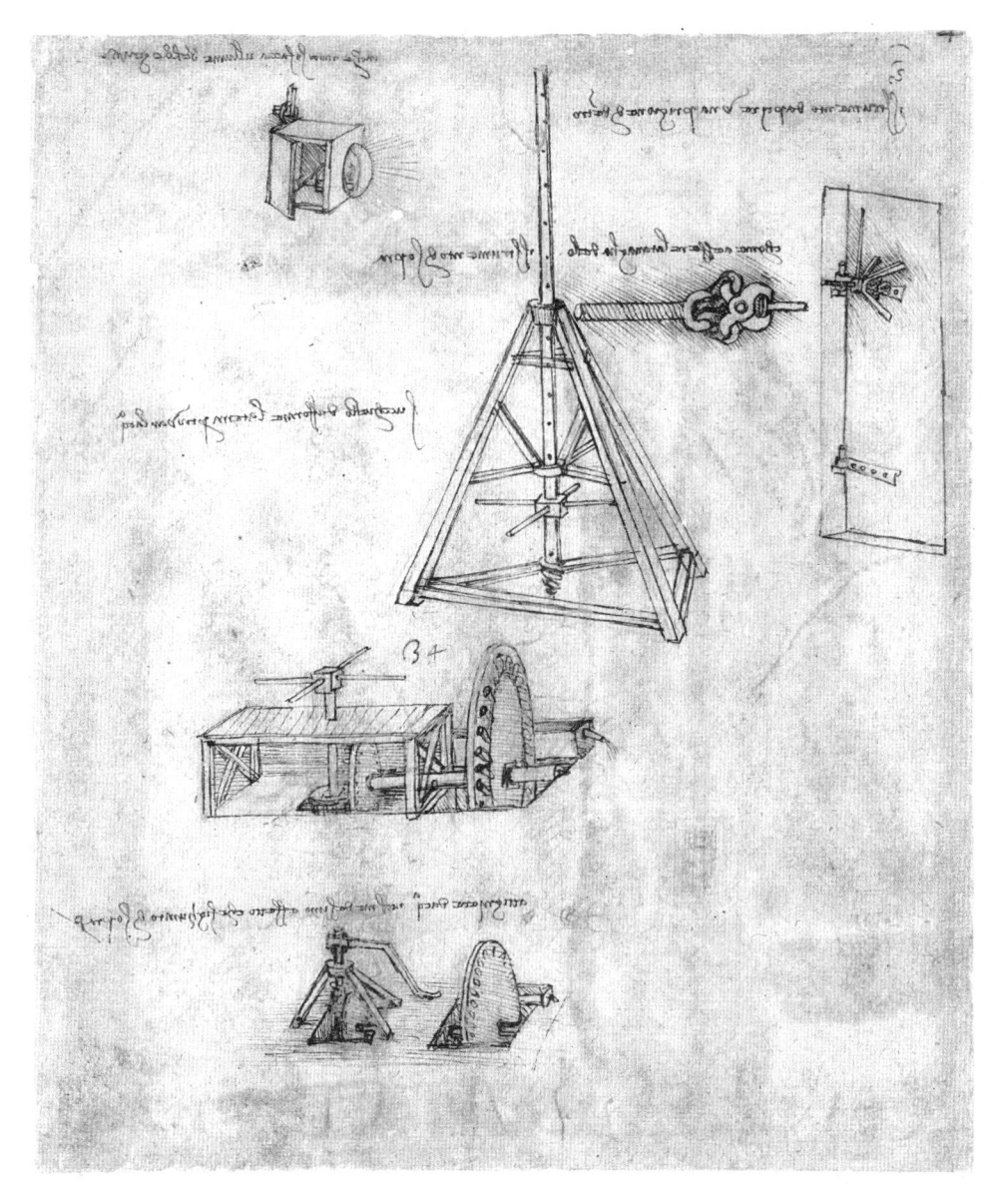

卸下地窖门铰链的装置（布里吉曼）

《最后的晚餐》

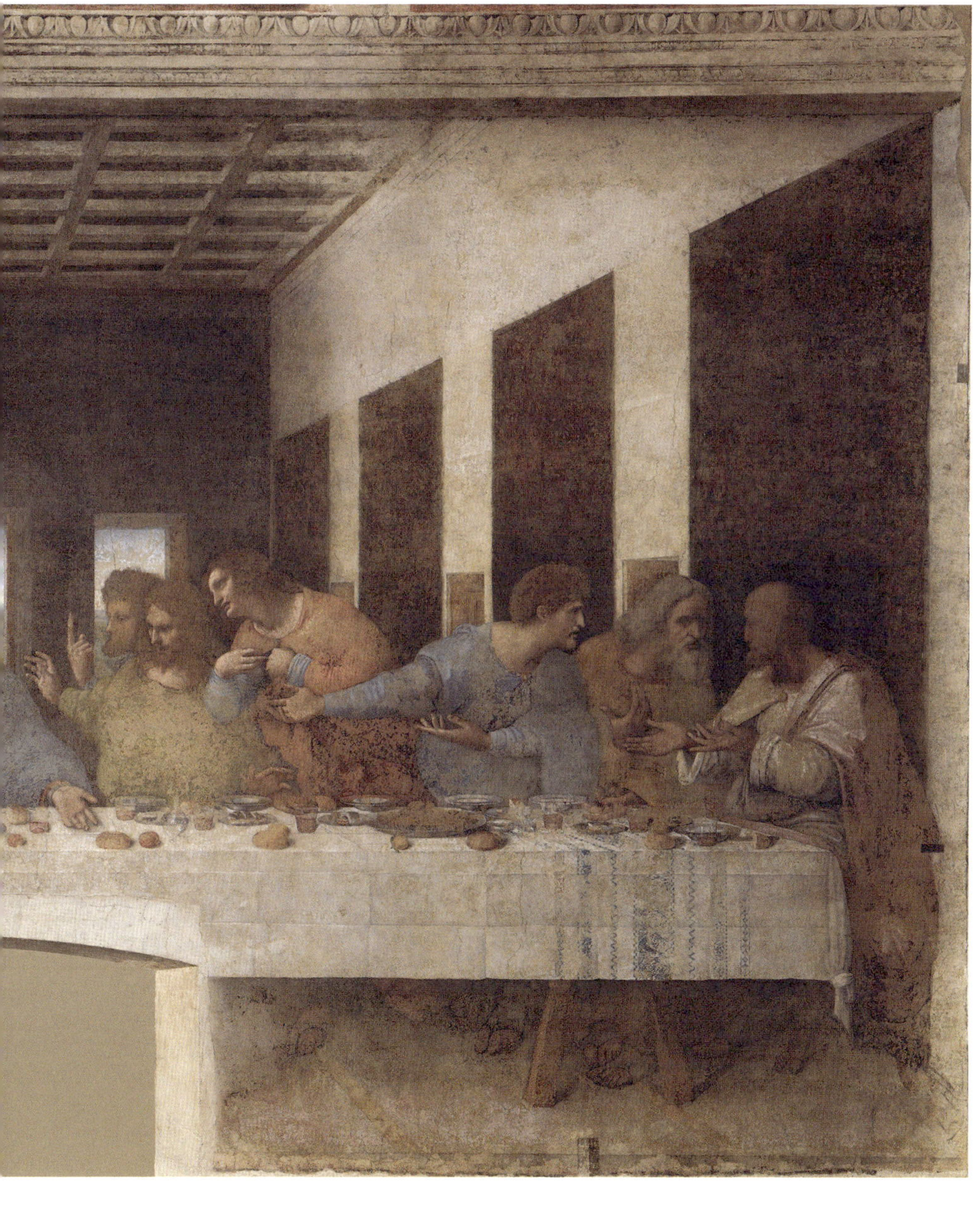

乔瓦尼·多纳托·达·蒙托尔法诺的《耶稣磔刑》

《费隆妮叶夫人》

《凯撒·博尔吉亚》

意大利小镇——伊莫拉规划图（布里吉曼）

《安吉亚里之战》复制图

《勒达与天鹅》(布里吉曼)

伊莎贝拉·德·埃斯特的画像

研究米开朗基罗的大卫（布里吉曼）

《蒙娜丽莎》

《救世主》

《施洗者圣约翰》

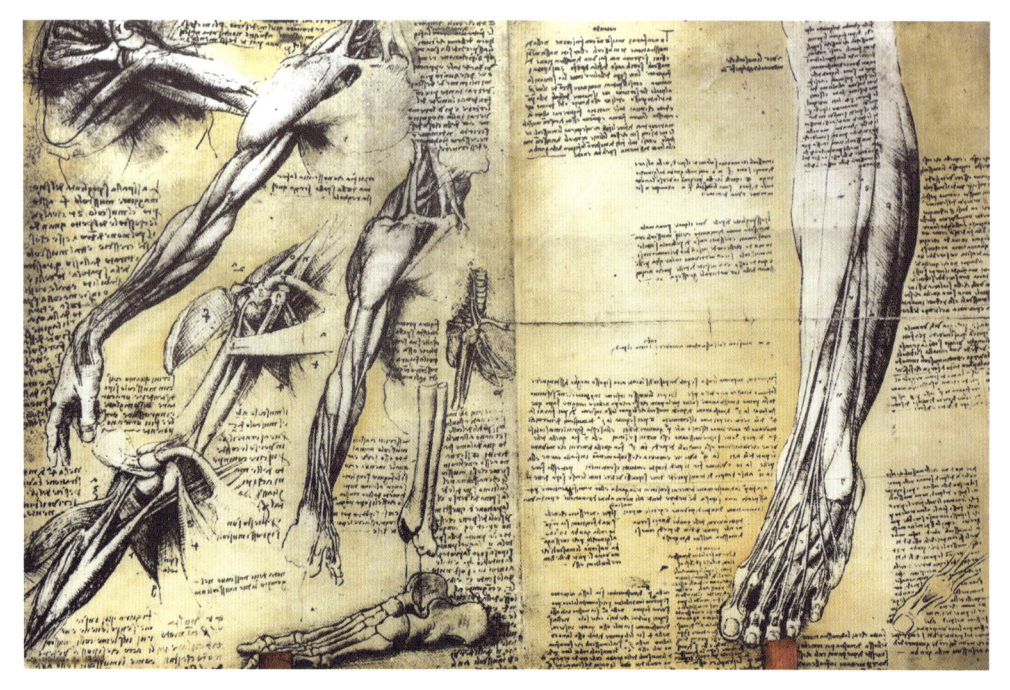

研究腿骨和手臂、肩膀的肌肉（布里吉曼）

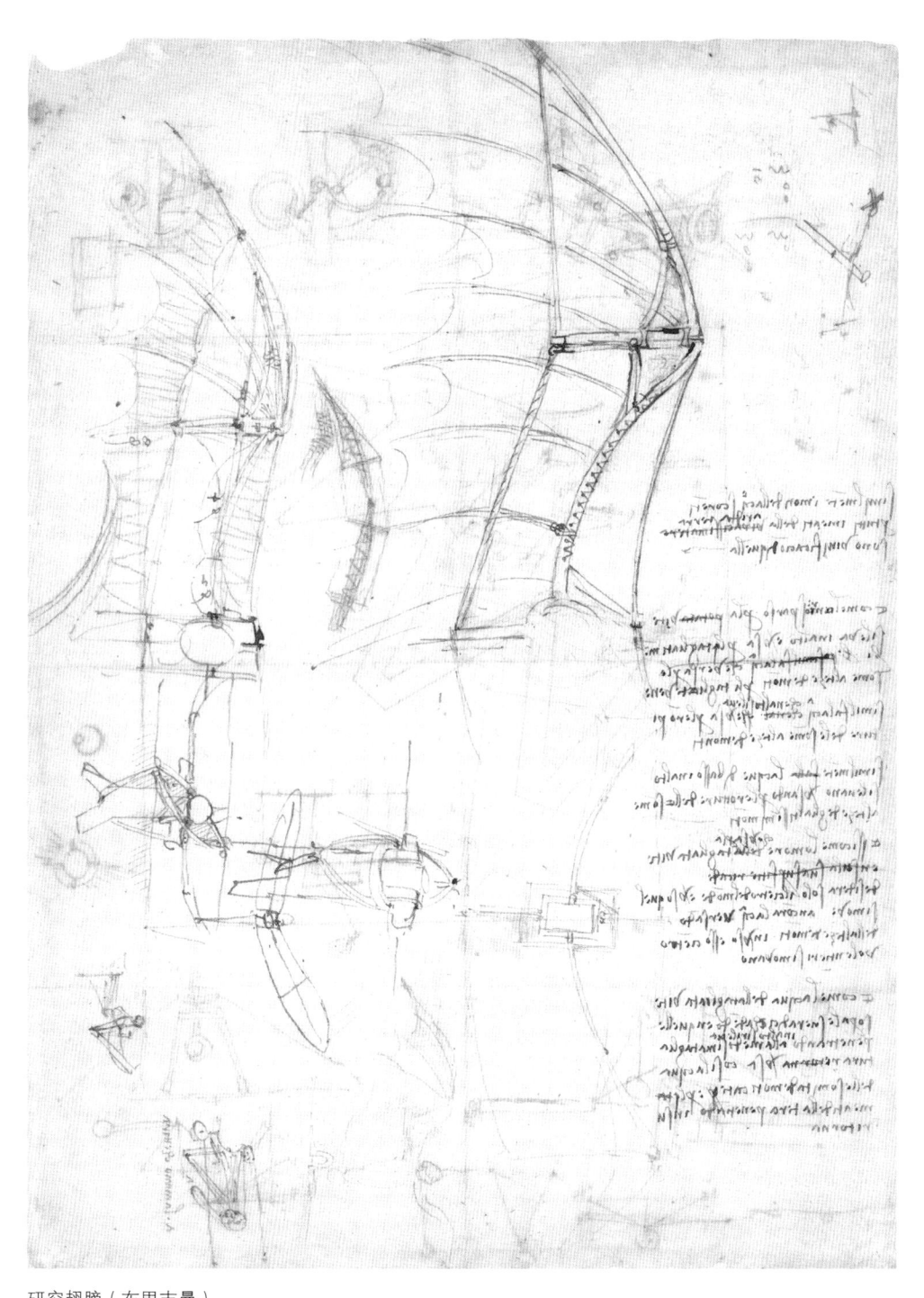

研究翅膀（布里吉曼）

《紊动水体的研究》

孩子早上醒来时，脑子里总是一片空白，必须有人告诉他需要做什么。列奥纳多还在撒尿，对他微微一笑。"先把尿壶倒了，然后跟萨利一起生火。天气潮，木头可能有些湿。"他撒完尿，扭过头看了一眼还睡着的萨拉，找到了另一只便鞋，站了起来，他动作小心，没有打翻半满的尿壶。"记着待会儿提醒他戏装的事情。"他一边说，一边走出了房间，走进了下一道门。

房间只有一个小窗户，他点燃了两只蜡烛，调整了一下镜子，然后就把大笔记本拉到跟前。昨晚睡觉的时候，他看到了一个设计，需要把它画下来。这是一种包边的设计，他立刻就能派上用场，也许可以卖给地毯编织工。早上是回忆和思考的最好时间。一大早，还没有吃东西，也没有与别人说过太多的话，这时他的思维要清楚得多、生动得多，这时在他的脑海里，自己的声音最响亮。

过了一会儿，索罗亚斯特罗出现在他的门口，看起来仿佛是被大风袭击了一般，头发和胡须同时张牙舞爪地四处支张着，他也刚刚起床。"你打发学徒去倒尿壶，他给打翻了。尿壶也打碎了。要不要我杀了他？"

"……不……"列奥纳多缓缓地摇着脑袋，心不在焉，"帮他打扫干净就行了。待会儿，我和你还有事情要做。请把我们的小箱子找出来，那个装鸟儿的。我们要到市场去。我要找一只翅膀尖尖的、白色的鸽子，然后我们再找一大片阴凉的……不过，没关系的，帮一帮朱利奥，我必须先把这里的事情做完。"

第十四章

列奥纳多的学术生涯

1498 年　达·伽马绕行非洲，发现了通往印度的航海线路。
1498 年　尼科洛·马基雅维利被选为佛罗伦萨共和国第二秘书厅秘书长[1]。
1498 年　法王查理八世（1470—1498）去世。
1499 年　达·芬奇完成了《塔楼房间》[2]。
1499 年　达·芬奇设计了中提琴风琴，一种钢琴和中提琴的混合体。
1499 年　第一次勒班陀战役；奥斯曼海军打败了威尼斯人，取得了决定性的胜利。
1499 年　波利多尔·维吉尔完成了《论发明》一书，这是近代第一本关于发明的历史书。
1499 年　达·伽马从印度回到里斯本，国王曼努埃尔一世亲自到码头迎接他。
1499 年　米开朗琪罗完成了雕塑《哀悼基督》。
1499 年　加斯帕和米格尔·科特雷亚尔到达格陵兰，并且绘制了格陵兰地图。

---

[1] 秘书厅是政府工作机构；秘书长是其机关首长。
[2] "Sala delle Asse"的英语为"Room of the Tower"或者"Room of the Wooden Boards"，是达·芬奇在斯福尔扎城堡的一个房间里绘制的蛋彩壁画。

第十四章　列奥纳多的学术生涯

45—47 岁

似乎是到了这个阶段，列奥纳多才全面觉醒。他的新作，普通人也在赞美，他也许一天要听到好多次呢。大概也就是在这一段时间，他开始小有名气。也许，这时他自我感觉非常好。他的笔记本上满是对建筑、装饰、几何学、水力学和机械学的观点和绘图，由此我们可以判断他精神头儿非常足。他大量阅读，同时也顺带进行防御工事、岩石或诸如此类东西的研究，还在"林子里抓奇怪的蠕虫"。到了晚上，他就在城里各户人家中参加辩论、讨论和讲故事比赛。同时，还要为卢多维科准备露天表演和音乐会。如果时间允许，他偶尔还要为卢多维科新晋的女朋友绘制画像。

但他主要的关注点还是《最后的晚餐》，这幅画还在绘制中。他四处寻找最合适的犹大，一点点地解决问题。他已经决定将犹大描绘成正抓着自己钱袋的左撇子，现在就是要找到合适的眼睛、合适的面孔。修道院的副院长很是讨厌，总是因为列奥纳多的脚手架挡了路而喋喋不休，让他很是痛苦，因此他考虑就用这个人的脸。耶稣的脸也还没有确定下来。这面墙花了他 4 年的时间，而另一边的蒙托尔法诺只花了 18 个月就完成了自己的作品。

无论是音乐、绘画、雕塑，还是文学，凡是艺术，都需要耗费专门的精力。列奥纳多的工作方法耗费时间，在整个项目期间需要不断整合精力。大多数人一开始都是朝气蓬勃，到最后这些精力就逐渐消磨殆尽了。列奥纳多早期肯定也是这样，但他是细致的观察者，从中汲取了经验。他学会了走开后再回来，用不同的眼光、不同的情绪，在一天之中不同的时间来观察——正是因为这些方法，他得以看得更明白，理解得更深刻。他成了自己的编辑，了不起的编辑。

列奥纳多《最后的晚餐》几乎从一开始就引起了轰动。人们开始研究他是怎么做到的。当然了，答案的一部分就是透视的艺术。但是，这一魔法背后的东西是数学，列奥纳多在数学界有个朋友，这个朋友对他影响深远，改变了他的思维，很有可能还提升了这幅画作的水准。

卢卡·帕乔利是一位到处游历的学者，是方济会修士，他穿梭于城市之间，应卢多维科的邀请来到了米兰，为的是改善这一地方的整体风气。帕乔利在历史上被誉为"会计与簿记之父"，此时，他已经出版了自己最著名的作品《算术、几何和比例概要》，是意大利最著名的数学家。也许，在列奥纳多认识的所有人当中，他认为帕乔利最像自己。

他们之间当然有所不同。帕乔利比列奥纳多年长 7 岁，肚子上的赘肉也要多一些，除此之外，身为修士他名义上是非常虔诚的。但是，他们一开始学习的都是本地方言和算术，靠着自己的聪明才智幸存下来,成了有学识的人。他们在生活中有同样的冲劲,同时强烈地热爱学习——特别是透视学研究这一方面,就是帕乔利的专长。列奥纳多就这样遇到了帕乔利,他是幸运的,因此得以准确地达成他想要的绘画效果。如果没有卢卡·帕乔利的帮助,他的数学可能不会有这么好,他的理解也不会有这么深刻。

他还有其他的益友,包括工程师、诗人和外交家。他遇到问题的时候,朋友们就会帮忙解答。"人们在佛兰德斯[1]的冰上是怎么跑的?问一问贝内代托·波尔蒂纳里吧。"当时没有资料室、图书馆,他就是这么了解事物的。在社交方面,这些年可能是列奥纳多一生中最繁忙的岁月。显然,他与这个城市有学识的人士和文化精英们的关系很好。

那个时候,除了公共演出、宫廷活动或是在黑暗的街道上步行,晚上的娱乐活动便只有所谓的家庭派对了。在米兰的最后几年很有可能是他一生中最安稳的日子,可能也是最幸福的时光。此后他再也没有在某个地方待过这么长的时间,真正认识这么多不同的人,这么多喜欢他、理解他的人。

帕乔利在他的第4本书《神圣的比例》的前言中就描述了这样一个夜晚——1498年2月19日在斯福尔扎城堡举行了一次"精彩的科学竞赛",参加的都是极具创造力的人士,其中有建筑师、工程师、发明家,甚至还有牧师和神学家。帕乔利写道,那天晚上,列奥纳多"征服了所有人"。

---

[1] 佛兰德斯是欧洲的一个历史地名,包括今比利时的东佛兰德省和西佛兰德省、法国的加来海峡省和北方省、荷兰的泽兰省。

列奥纳多具体是如何征服了所有人的，帕乔利没有告诉我们，而关于米兰这个夜晚的其他事情，他也没有提及。但是，他的确提到了列奥纳多，说"佛罗伦萨人列奥纳多·达·芬奇最有天赋，具备所有的优点"，接着还提到列奥纳多"神圣的左手"画出了他第二本书中各种抽象的数学插图。听起来，他是列奥纳多非常好的朋友。

这些在外出社交的夜晚——也许某天是辩论组，另一天又是音乐之夜——对我们理解列奥纳多的笔记有一定启发，这一点很有意思。那些散落在笔记中的各种观点，传记作家不断对其进行加工，认为那是列奥纳多对这件或那件事情的看法。我也以同样的方式在此书中几次引用这些观点。我们一直认为，这些都是列奥纳多写给自己的话，他把自己认为是真实的某种终极看法写了下来。

在我看来，他笔记中很多部分给人的感觉不是私人笔记，而是半公开的笔记，就像是摆在店里桌上的工作手册。有意思的是，帕乔利在他的《算术、几何和比例概要》中正好推荐使用这样的工作日志，建议用工作日志记录所有的交易、存货清单和待办事项列表；而列奥纳多也有一本《算术、几何和比例概要》。当时，对于做生意的人来说，这样的工作日志尚是新鲜事物；对于艺术家的工作室而言，就更是前所未闻了。这上面很有可能也留下了帕乔利的痕迹。

帕乔利还是最早一批撰写游戏和魔术的作者，他把书献给了伊莎贝拉·德埃斯特。列奥纳多和他的关系一直很好。

但是，如果他的笔记是店里公开的工作手账，那我们解读这些笔记的方式也要随之改变了。任何人都可能看过这本手账：索罗亚斯特罗、萨拉或是其他的学生。他们一旦明白列奥纳多的书写方式，就可以利用镜子来看懂他写的东西（我想，这也许是店里的秘密），看一看他正在做的事情，有没有他想要他们知道的，甚至是加上自己的观点。他们在店里也有任务，有些人可能做好了，有些人可能做砸了，某个人可能会因为太有野心而失败了。所以，列奥纳多在公开的工作手账上写道"不想超越老师的学生，不是好学生"，这是写给所有人看的。我们在解读这句话的时候，把它当作对某一大类艺术家的鞭策，还是对某个艺术家的鼓励呢？

笔记的读者改变了，意思也就变了。

同样，他的某些话看似是总结，语气直截了当，但他到底是在引用他人的话，还是在为晚上的辩论磨砺观点呢？

"我没有受过良好的教育，但我知道某些傲慢的人会据此想当然地认为我胸无点墨，可以对我不屑一顾。"他这样写道。他在另一处则写着："那些只会引用的人，因为一点二手知识就自我膨胀；他们只是鼓吹背诵他人的作品而已。"这些有可能是写给自己的便条、某处引用或是使用某个短语的提示，而在后人的眼里，它们却变成了警世劝诫——而这并不是列奥纳多的本意。甚至有可能一个星期之后，列奥纳多自己都不再同意这些看法。列奥纳多有一个特性：他总是在不断变化，经常改变心意。

列奥纳多的笔记也是一座巨大的地下创意世界，这些创意闪现其中，没有发表，没有变为现实或成为专利，但它们的的确确存在着。创意来了又去，大多数的发明都是思索了数十次之后才有了原型，接着这一原型坏掉了，然后就被忘记了。20年后，另一原型在别的地方被制作出来，这一次行得通了——可这地方是个小山村，没有人知道这个发明。这东西又被重新发明了100次，才为人所知，而且这一原型是行得通的。有人看到了，把它带到了自己的家乡，这一创意得到了传播，也得到了提升。在这一漫长的过程中，其中一个家伙就会获得发明了这一东西的荣誉，还会因为他的独创性而名垂青史。这股力量在不停地重新创造各种创意，列奥纳多就是其中的一部分。列奥纳多现存的机器草图就是证据。

他做笔记并不是单一的心理需求，笔记有太多的其他用途。有些笔记并不是个人日志，而是工作日志；有些笔记似乎就是一时的想法，几乎就像是他正好路过放笔记本的地方，转身随手写下了什么备忘录，记下某件他一直想要做的事情，某件列奥纳多风格的奇特事情："描述啄木鸟的舌头和鳄鱼的下巴。"我觉得他研究过自己的笔记本，在上面增添内容、誊写，甚至是修改和重写。他喜欢写写画画，从技术的角度而言，他还真是出生在了合适的年代。如果出生得早一些，他就得像阿基米德一样，在沙盒里画画，或者是在家里的蜡版上画。可想而知，他应该会非常喜欢便笺纸。那跟他简直是绝配。

从这个角度出发，从他的笔记本中，我们似乎可以进一步窥见他原本未知的社交和文化生活。我们感知到了他的个性，从某种程度上了解到他如何准备，然后再出发前往米兰的社交圈和斯福尔扎城堡，这是精细化的社交应酬，不过是更为广大的米兰城内生活的微缩图。

而在城墙之外，则完全是另一回事。

第十四章　列奥纳多的学术生涯

　　事情很快就要了结，我们并不清楚当时是否有人清楚认识到了这一点。卢多维科当年发动诺瓦拉围城就已经亲手开启了倒计时，现在距离他的人生巨变还有16个月。3年前，当年的王位继承人奥尔良公爵路易已经继位，成为法国国王路易十二，现在他手中握有庞大的军队，供给充足。

　　路易手里握着庞大的军队，并且想要以此办成两件事情：其一，恢复他祖上米兰公爵的地位；其二，抓住卢多维科。

　　差不多就在这个时候，列奥纳多完成了壁画最后一块地方的最后一处细节的处理，脚手架终于被拆除了，《最后的晚餐》辉煌地呈现在了众人的面前。那匹黏土制成的马、所有列奥纳多之前完成的东西，都在这幅作品前黯然失色。正是因为这一幅作品，人们知道了他。这幅作品不仅是公众的最爱，也是修士们的最爱，每天晚上这幅作品都陪伴着在此就餐的修士们。他们非常喜爱这幅画。没过多久，这幅画就成了上帝的作品，列奥纳多仅仅是中间的管道，是那只"神圣的左手"。毫无疑问，他听到了这样的议论，而且并不感到惊讶。那时，艺术家们对这样的事情习以为常。他认识的人当中，大多数都是这样的想法。

　　同时，他还抽出时间为卢多维科的另一个女朋友绘制了肖像。这位女朋友名叫卢克雷齐娅·克里韦利，这幅肖像画被称作《费隆妮叶夫人》[1]。他又一次精湛地展示了描绘复杂服饰和神秘表情的技巧。列奥纳多的肖像画通常都非常吸引眼球，但这幅画并非如此。

---

[1] 也译为《美丽的费隆妮叶夫人》。

事实上，这幅画相当沉静。人物的背景没有荒凉的悬崖或是奇峰耸立，也没有开裂的地面，这种空缺让我们怀念列奥纳多画作中背景的力量。这幅画的背景是一片黑色，因此就没有对比，或是逆光效果。与《蒙娜丽莎》相比，这就像是一幅半成品。在绘制《费隆妮叶夫人》期间，考虑到最后几个月米兰发生的各种事件，列奥纳多有可能只是时间不够。

但他依然继续在笔记本上涂画着各种军事设备或是防御工事。很显然，卢多维科此时就在城墙上向外张望，他很不喜欢自己看到的景象，并且曾与列奥纳多和其他工程师谈论这件事。3月，列奥纳多随同卢多维科一同前往港口城市热那亚，记录了那里损坏的码头。到了4月末，列奥纳多再次承诺自己9月能完成《塔楼房间》。拖延的原因我们并不知道，但他开始画这幅画还不到一年的时间。《塔楼房间》描绘的是斯福尔扎城堡的一个房间，位于楼下一个角落，属于城堡的私人部分。列奥纳多试图把房间绘制出身处森林深处的效果，他的做法很有意思。我们现今所能看到的只是留存下来的部分画面，发现于1893年，主要的内容是房间一端的几棵大树，地面上画了一些树根和石头，全部用的是蛋彩颜料。想来，也许他已经吸取了教训，或者并非如此。

那年的10月，他从卢多维科那里得到了一个小葡萄园，位于圣维托雷和感恩圣母堂修道院之间，就在城外。这是报酬之外的奖励，还是报酬的一部分（这更有可能）？无论是哪种情况，列奥纳多现在拥有了一块四方的土地，也许上面还有一座小房子。很难说他是高兴有这么一块地，还是勉强接受，但是，他很快就开始思考改善葡萄园的方法。

除此之外的好消息只有一条，来自佛罗伦萨多明我会的狂热者萨沃纳罗拉修士被罗马宗教裁判所判定为异端，架到火堆上烧死了。事实上，他被彻底烤熟了，人们又找出他的骨头，再次焚烧，挫骨扬灰，扔在了亚诺河中——但是还有某些偏激的跟随者跳到河里想要取回他的骨灰，大口吞到肚子里。波提切利就是这些偏激的跟随者之一，但没有证据表明他也曾跳到河里追逐骨灰。

回到暂时安全的米兰，列奥纳多再次幻想起他的铜马雕塑。也许卢多维科许诺给他更多的青铜，对此我们并不清楚，但列奥纳多还是没有放弃这一想法。也许还有机会呢。也许他可以把这一想法出售给其他人；或者，他只是放不下而已。他全身心地投入过，忍不住想在上面作出这样或那样的点滴修改。从官方项目的角度而言，这匹马已经死了，但它还活在列奥纳多的头脑中。从中我们可以看出，他的想象力并不只是为订单而工作。

从这一角度而言，列奥纳多是富有激情的艺术家，他的快乐在于不断提炼和重新设计他了如指掌的项目。至于有没有青铜来做它，则是无关紧要的。项目越是复杂，他解决一个个困难的小方法就越精妙。也许，他发现自己就是停不下来。他很爱自己的那匹大马，它本来可以是世界上最大的呢。

到了 1499 年的 3—4 月，空气当中飘荡着变动的气味，住在米兰的人都知道法国大军已兵临城下，法国的新国王，就是上文提到的路易十二，已经宣布拥有了这片公爵领地，并且会在夏末的某个时候抵达米兰城。卢多维科就要离开了，人们对此并不难过。他贪得无厌，多次提高税额，如果说以前还有人支持他，那么现在这些人也都厌弃他了。对此，他是清楚的。他的个性就是不断向前逼迫，永远不知道收手，直到最后搞砸。他缺少一个逆转齿轮。眼前的危机越来越大，作为应对，卢多维科举办了更多的庆典活动和宴会，想要尽其所能来赢得支持，但是这一点儿用都没有。列奥纳多感觉到了风向的变化，并开始作准备——他要离开米兰了。他与卢多维科最后一次见面是什么样的情景呢？或者根本就没有最后一次见面。对此，我们一无所知。卢多维科有可能太忙，根本就没空与工作人员道别，或者他除了收拾东西逃命，根本没来得及做其他事情。

列奥纳多清点了手里的钱，有 1280 里拉，他记下了这笔数额。他用这笔钱支付了索罗亚斯特罗、萨拉和其他学徒的工钱，也许还有其他的欠款。他还写下如果发生了暴乱，如何藏钱以免被洗劫一空的方法。他住在老城堡（吉安·斯福尔扎的遗孀伊莎贝拉住在这个城堡的另一部分），这地方虽然有护城河和吊桥，却非常空旷，而且吊桥很可能已经不能用了。况且城堡对面就是城市广场，如果有暴动，很有可能就从这里开始。

1499 年 9 月 2 日，卢多维科带上了能带走的财物，还带上了各种随从以及亲近的家人，出城前往 380 千米之外的因斯布鲁克，投奔他的前姻亲马克西米利安一世。我们可以确定的是：卢多维科离开城市的第二天，米兰就成了法外之地。史学家科里奥写道：

> 暴徒聚集在安布罗焦·库尔齐奥的房子前，将其完全捣毁，

几乎没有留下任何有价值的东西。遭到同样待遇的建筑还有：公爵的账务主管贝尔贡齐奥·博塔的花园；加莱亚佐·圣塞韦里诺的豪华宫殿和马厩；卢多维科的宫廷大臣马里奥罗的房子，这座建筑最近才开工，还没有完成。

最后的那栋房子有可能是列奥纳多设计的。他认识这些人，很有可能还去过他们家里。显然，这正是列奥纳多所担心的。他应该提前离开米兰的。但是他的拖延让他没能及时逃出城外。米兰城沦陷之际，他自己住的地方有没有遭到袭击？我们不知道。但我们知道，他身处混乱当中，很有可能待在房间里，紧锁房门，尽可能地作了各种准备。这是胆战心惊的4天。

到了9月6日中午，法国军队开始从城门蜂拥而至。最先到来的很有可能是步兵，大概有数千人，他们挤满了街道，之后骑兵就到了，再往后是马车和支援部队。几个小时之内，整个城市的人口陡增50%，到处都拥挤不堪。军队没有遇到抵抗，但过去几天的混乱是显而易见的，法国军队开始用一贯的军事方式建立秩序，他们挥舞棍棒，打得众人服服帖帖。看起来，列奥纳多似乎在法国宫廷认识几个人。他提到了让·佩雷亚尔，一位给路易十二工作的画师；德·利尼伯爵，军队的指挥官，他们之前似乎见过面；还有其他一些人，其中有恺撒·博尔吉亚。也许他想要保住卢多维科给他的那片土地。他的住所似乎没有遭殃，反正他没有提到这一点。然而，离开这座生活了18年的城市似乎才是明智之举。他觉得不安全，他与卢多维科之间的联系太紧密了。也许法国军队也在老城堡驻扎了军队,他们需要那个舞厅。现在,米兰是一座被占领的城市,混乱无序。任何事情都可能发生,甚至出去一趟都危险重重。到处都是喝醉酒的士兵。列奥纳多把钱转移到了佛罗伦萨的一家银行妥善保存,他开始收拾东西。

1499年10月6日,路易十二——之前的奥尔良公爵、现在的法国国王,带着他的朝廷和随从,威仪十足地进入米兰城,正式占领了这座城市。他为了赢得公众的支持,减少了斯福尔扎三分之一的税额。这段时间,列奥纳多在哪里?我们并不清楚。

但是,我们非常清楚的是:路易十二到达米兰几天后,他听说了《最后的晚餐》这幅画,就提出要去看看。正如卢多维科预料的那样(他们都是同一类的人),路易十二想要把这幅画带走。他询问,是否可以把这幅画从墙面上剥离下来,或者是否可以把整面墙挖走,带回法国。当然了,两个问题他都得到了否定的回答,国王陛下很是气恼,不得不把这幅画留在原处。

列奥纳多和他的工作人员在为离开作准备,他在笔记本上写道:

> 做两个箱子。
>
> 赶骡人的毯子——或者用床单更好。有三个,得留一个在芬奇。
>
> 从圣玛利亚教堂拿火盆。
>
> 从乔瓦尼·隆巴尔多处取回《维罗纳戏剧》。
>
> 购买桌布、毛巾、帽子、鞋、四双长筒袜和一件麂皮大衣,

以及制作其他东西用的皮革。

亚历山德罗的机床。

拿不走的就卖掉。

这时已是 12 月末，天气冷了，并不是上路的好时机，但列奥纳多觉得自己别无选择。跟他一起出发的有卢卡·帕乔利、索罗亚斯特罗和萨拉。同行的可能还有几个人，人数足够多才安全。显然，只要有办法，很多人都想离开米兰城。列奥纳多一行人朝着曼图亚[1]进发，侯爵夫人伊莎贝拉·德埃斯特住在那里，她是贝亚特里切的妹妹，一位年轻富有的金主，爱好艺术，而且还是列奥纳多的"粉丝"。他们之前在米兰见过面。斯福尔扎和德埃斯特是伦巴第地区最有影响力的两大家族。列奥纳多知道，自己可以找她避难。或者，至少认为自己可以找她。

这趟糟糕的旅途中列奥纳多会经历什么？我在考虑一个远比这有趣的问题：他没有带走的东西是什么呢？特别是老城堡他房间里的废弃物品。

他在这些房间里住了 11 年，房间里肯定是安顿居住的样子，也许堆了很多日积月累的东西——有意思的石头或是干枯的植物，都是他在散步时收集的，如今只有扔下不要了。墙上色彩斑斓的孔雀羽毛也只有留下来了，还有他在高山上捡到的贝壳化石。

---

[1] 也译为曼托瓦，意大利北部城市。

如果能在列奥纳多离开老城堡之后翻检他扔下的东西，那得有多美妙呀——还真有人这样做了。墙上有东西吗？是涂鸦还是提醒事项？散落的记号测量的是小萨拉的身高？索罗亚斯特罗做冶金实验时留下的污渍和焦痕呢，还有他们调制颜料时溅落的印迹？他的工作台呢？他在上面搞了那么多的创作，也留下来了吗？还有那些不要的老罐子和锅，里面焚烧过垃圾废料，残渣粘在底部，永远也清理不干净。还有为各个项目制作的木头模型，比如说他设计的米兰大教堂模型，由于太大了而无法带走。还有天花板上挂着的飞行器、妈妈的旧轮椅、壁炉里没有烧干净的纸张。考古学家可能会兴奋得疯掉。

但是，接管这里的是法国士兵。

第十五章

四处奔波

1500 年　　列奥纳多绘制了《伊莎贝拉·德埃斯特》。
1500 年　　西班牙航海家比森特·亚涅斯·平松到达巴西的北海岸。
1500 年　　后柏原天皇在日本登基。
1500 年　　第二次勒班陀战役,威尼斯再次战败,失去希腊属地。
1500 年　　英格兰的最后一头狼被杀死。
1500 年　　日全食引发大面积恐慌,欧洲的基督徒认为世界末日到了。
1500 年　　列奥纳多开始绘制《圣母子和圣安妮》《施洗者圣约翰》。[1]
1501 年　　米开朗琪罗回到佛罗伦萨,开始制作《大卫》雕像。
1501 年　　阿尔都斯·马努蒂乌斯在威尼斯的阿尔定出版社第一次使用斜体活字。
1501 年　　葡萄牙航海家若昂·达·诺瓦发现了阿森松岛。
1501 年　　伊斯玛仪一世[2]成为阿塞拜疆的沙阿[3],宣布必须信仰什叶派,否则执行死刑。
1501 年　　列奥纳多绘制了《纺车边的圣母》。
16 世纪初　第奥古·迪亚士发现马达加斯加,后又到达红海。

---

[1] 此处为作者推断,暂无定论。
[2] 也译为伊斯梅尔一世。
[3] 相当于国王。

第十五章　四处奔波

48—49 岁

逃出米兰之际冷风刺骨，此时列奥纳多心里在想些什么呢？他肯定裹着毛毯，甚至裹着皮革保暖，如今他也快要 50 岁了，却又要重新开始。他并不喜欢这样，但也不算意料之外。这就是他所了解的人生，四处奔波的人生。米兰公爵的领地很大，卢多维科很富有，但比他占有更多土地，比他更富有、更有权力的也大有人在，他们可以决定未来。尽可能地好好生活，尽可能活得长久，活不下去了，就迅速逃走。

这是一年当中最冷的时候，列奥纳多正朝着 140 千米外的曼图亚进发。这样的旅程，骑马至少要四五天的时间；走路的话，时间就更长了。路面的情况让人担忧。一夜之间就可能大雪封山。那时没有公路部门，任何事情都可能发生，旅行者走在路上，可能毫无任何预兆就会一脚踏空，掉进洞里。任何时候，都必须保持警惕。马匹可能会在积雪中摔倒，马车可能会掉轮子。一路上，随时随地都有可能遭到伏击。

伊莎贝拉·德埃斯特肯定知道自己的前姻亲卢多维科遇到了麻

烦，往北逃到了因斯布鲁克，肯定也料到了列奥纳多和卢卡·帕乔利这样的逃难者迟早会出现在她的大门口，他们是来寻求眷顾的。她自然会慷慨给予眷顾，只要对方是潜在的战利品，值得收集，她就会这样做。她看上列奥纳多已经有一段时间了，甚至还问《抱银貂的女子》的本尊借过这幅画，这样她就能把列奥纳多的作品与威尼斯画家贝利尼作个比较。她想要列奥纳多的画作，而列奥纳多则希望她能欣然地收留自己和随行的人。

伊莎贝拉·德埃斯特本人的确是名声在外。她是一位要求高的金主，如果画家的作品不合心意，她甚至会起诉对方。这一年，她只有25岁，早已习惯了这个世界对她唯命是从。无论在哪里，富贵人家的孩子都是一样的，当时她也不例外。

列奥纳多应该不会期望与她打交道，但此时他已经知道了权力和财富是怎么回事，知道了该如何应对：在唯命是从的同时，找好全身而退的方法。列奥纳多也会用这样的方法来与她周旋。

路上需要花四五天时间，那就意味着要找地方度过三四个晚上。客栈里有空床吗？在我看来很难。显而易见，这趟旅途极其艰辛，是不得已而为之。除此之外，关于这一旅途，我们一无所知。一年当中，这个时候的平均温度是34华氏度[1]，晚上的温度远远低于结冰点。列奥纳多到达目的地的时候是什么样子？我们只能猜测了。彻夜未眠、浑身脏污、瑟瑟发抖，他肯定拿出了最温文尔雅的姿态，为自己的不期而至表示歉意，然后询问侯爵夫人是否可以让他和他

---

[1] 34华氏度大约为1.1摄氏度。

的朋友们借居一隅，歇息一下疲惫的身体。如果我对伊莎贝拉的解读是正确的，那么当天，侯爵夫人很有可能拉着列奥纳多聊天到很晚，询问他的意见，完全不顾他一脸的疲惫。可以想象，侯爵夫人的壁炉燃着熊熊火焰，热浪扑来，倦意不断，想保持清醒都不容易。咖啡？那还要过100多年才能端上来。

他在那里待了不到一个月。这段时间足够他暖和过来，恢复体力。访客的身份于他而言肯定很艰难。过去10年，他都住在属于自己的几个房间里，已经习惯了独立生活，但现在他要按照这户人家、按照侯爵夫人的日程安排来生活，而且对方还是女性。作为访客，从早到晚，每天如此，不免令人疲惫。住在宫殿里，一有人进入房间就得立马站起来迎接，过上一段时间这样的生活，就会觉得住在帐篷里会更舒服。很有可能，刚到没几天，列奥纳多就开始筹划离开的事情了。

伊莎贝拉让他承诺为自己画肖像，他画好了初步的素描，也算是为自己的晚餐献艺。但是，他在那里只有几周的时间，等他踏出大门，出发前往威尼斯，肖像的绘制工作也就随之停止了。当时还是2月，还没有到冰消雪融的时候，天气更冷了。但是，无论路上的情况如何，都要好过待在德埃斯特城堡与年轻的侯爵夫人相处。脚下踏着积雪，列奥纳多朝着威尼斯的方向出发了。

如果天气好一些，一路上肯定会有很多让他感兴趣的东西。可现在是被迫前行，天气又这么恶劣，他只想快一点到达目的地。虽然心情急迫，但路上又花了四五天的时间，而且很有可能并不比逃离米兰的行程轻松。他休息过，好不容易恢复了体力，现在再次精疲力竭。

卢多维科的轻率之举也影响到了威尼斯。他鼓动奥斯曼土耳其人攻击威尼斯，试图以此牵制后者。此刻奥斯曼的军队距离威尼斯不到 80 千米，威胁要将威尼斯洗劫一空。双方的谈判正在紧张进行中。列奥纳多前往威尼斯，很有可能是希望找到工作，最有可能是想要找到建造防御工程的工作。其间他留下了一张水中呼吸装置的素描。列奥纳多甚至前往弗留利考察了这一地区，设计了可以淹没伊松佐河[1]山谷的水坝作为抵御土耳其人的防御工程，他试图说服威尼斯的十人议会雇他，可没能如愿。这一想法并不新鲜，甚至可以说古已有之。也许列奥纳多知道，布鲁内莱斯基在 1430 年就为卢卡城的防御进行过这样的设计，由于费用太高、工程太复杂，当年也同样没人买账。

列奥纳多在城里四处看了看。他非常清楚，威尼斯是书本印刷业的中心。帕乔利的《算术、几何和比例概要》就是这里最初出版的几本书之一。帕乔利是在城里签署合同的。列奥纳多有没有与帕乔利一起参观阿尔都斯·马努蒂乌斯的印刷店呢？周围到处都是碎纸片，绳子上挂着的是晾晒的纸张，他有没有站在那里看着古登堡[2]印刷机工作呢？他有没有摆弄纸张？有没有查看装订好的书？有没有考虑自己也出本书呢？

古登堡印刷了第一本书，一本精装版的《圣经》。两年后，列奥纳多出生了。没过多久古登堡就破产了，之后的很多印刷商都是

---

[1] 也译为索查河。
[2] 欧洲活字印刷第一人。

如此——出版书，然后破产。在列奥纳多的有生之年，印刷术是最为重要的创新之一。他处在变革潮头，到手的书既有手抄本，也有机器印刷本。

与此同时，随着铜版制图技术的发展，为书配上插图首次成为可能。列奥纳多知道这些，也考虑过，但最终什么都没有做。他脑子里有一本关于绘画的书，已经为之收集了笔记，但是，这本书还没有整理好。他还提到过其他想要写的书，或是已经开始写的书，比如关于鸟儿飞行或是水流运动的书，可这些书只存在于他的脑海里，散落在他的笔记本里，还没有准备好付梓。

值得一问的是：为什么他不在威尼斯待上几个月，趁这个机会整理一下笔记（比如绘画的笔记），写出终稿然后出版呢？毕竟这是冬天呀。他还可以自己制作铜版，他需要钱，而这项新科技肯定可以让他声名远扬，甚至可以传到罗马，委托任务会雪片一般飞来。画上一两幅肖像画，整件事情的经费就都来了。但是，他只待了几个星期，休息好后就再次离开了。他肯定是深深地感到不安稳，无法专注。他的生活发生了翻天覆地的变化：他被冲出自己舒适的领域在荒野上乱跑。于他而言，这不是创作的环境。

为什么列奥纳多一生都没有出版作品？与技术限制或是缺少机会无关，原因就是他自己。

要与这么多陌生人打交道，列奥纳多觉得很艰难。在米兰，他至少不用一次又一次地解释自己的意图。但在这里，其他人看在眼里的，只有他的古怪反常，而没有他过去的成就。他们对他一无所知，或者所知有误，然而他们依然对他进行判定，让他活得艰难。

列奥纳多在威尼斯这段时间,没有什么收获。他听到米兰传来消息,说法国的弓箭手用他的黏土马匹雕塑来练习射箭,雕塑已经被毁掉了。他的壁画很有可能就是下一个目标。

还有其他的消息传来,有可能只是些只言片语,而且还是来自不同的消息源。人们特地找到列奥纳多,把听说的消息告诉他——卢多维科出资请来了瑞士士兵,重新夺回了米兰,继而要把法国人赶出他的公爵领地。至少在4月10日这一天,他到达了诺瓦拉,但是之后有人说他的军队遭到痛击,有人说士兵拒绝作战,还有人说他的军队被收买了。卢多维科想尽办法逃走,他装扮成仆人的样子,躲在人群中,尽量掩人耳目,想要逃出城去,可是最终还是被法国士兵团团围住。他被抓住了。一个瑞士士兵认出了他,法国人将他一举擒获。接着他们将他押回了米兰并很快进行了审判。

听到消息,列奥纳多在他的笔记本中写道:

城堡的统治者成了囚犯。

比斯康蒂被拖走,他的儿子被杀死。(维斯孔蒂,列奥纳多的一个朋友)

吉安·德拉·罗萨的钱被抢光了。(卢多维科的医生和占星师)

博尔贡佐利开始改变心意,因此背离了幸运的眷顾。(毁灭)

公爵失去了他的城池,他的财物,还有他的自由。他想做的事情,一件也没完成。

这样看起来，列奥纳多离开米兰还真是及时。此刻，他还不知道自己的密友建筑师贾科马·安德烈亚的遭遇。这位建筑师留在了米兰，结果被扔进了监狱，很快就要被砍头分尸。后来，他的人头被悬挂在了城门上。这时，列奥纳多可能也还不知道卢多维科被捕之后遭遇的残酷命运。当然了，流言自然是满天飞。

事实上，卢多维科被带到了里昂，戴上锁链，被当作"野生动物"般游街示众，一路上他自然是桀骜不驯的样子。他肯定是怒火中烧，同时也惊讶万分。他很有可能想的是支付赎金，然后重获自由。现实却未能如他所愿，法国人对他又捅又戳，疼得他嗷嗷直叫，接着他们用各式各样的方式羞辱他，最后把他扔进了法国中部地区的地牢。

得知这一消息，卢多维科的前岳父、神圣罗马帝国的皇帝、马克西米利安一世愤慨不已。他亲自求情，请求对方释放卢多维科。可是路易十二很享受报复的快乐，拒绝考虑这一请求。被捕后的几周里，卢多维科被关在狭小的监牢，周围除了石头墙壁再无他物，还不断受到看守的折磨，他就像是一颗发生内部爆炸的超级恒星一样，四处喷射心中的怨气。

非常有趣的是：权力可以让一个人变得如此愚蠢，为了夺回权力，即便是在非必要的情况下，也会不惜一切代价。仿佛是对权力上了瘾，无法停止。大多数人一旦品尝到了绝对权力的滋味，就再也没有了抵抗力。卢多维科还有财富，还有家人，而且还能住在奥地利大公马克西米利安的宫殿里避难。换言之，他可以一直待在那里，舒舒服服地再度过二三十年人生，每天莺歌燕舞，喝着美酒，做一个有故事的老恶棍,最后寿终正寝。但是他不肯这样,他把手里所有的钱都砸出来,还借了更多的钱,找来瑞士雇佣军,希望以此打败法国军队,夺回米兰和其他的公爵领地。我猜,他还幻想法国人会接受被打败的事实,就此回家,永远忘记这件事。但事与愿违,法国人收买了他雇来的士兵,逮住了他,然后把他扔进了地狱。

报应不爽。

根据列奥纳多笔记本里的内容,他研究了威尼斯的水流,特别是潮汐。面对大海的感觉完全不同于身处高山之中。站在海边,会感到更为广大的世界——除了自己狭隘的存在,还有其他的事情。从某种角度而言,他到达了边缘,陆地的边缘,也是他人生的边缘。这只是他第二次看到大海,却是他第一次真正有机会研究大海。帕乔利也是内陆人,也许他们两个人曾一起苦苦思考潮汐,思考潮水如何而来,又如何退去。是什么引发了潮汐?难道真如西留库斯[1]认为的那样,潮汐是月亮与地球的相对距离引起的?这样的说法有道理吗?或者是像阿尔佩塔西乌斯宣称的那样,潮汐是某种形式的呼吸,是地球和天空宏大脉搏的一部分?若果真如此,那又是怎样形成的呢?两个人畅游在诗意的迷惑中,都在用比喻的方法思考。

威尼斯不同于列奥纳多去过的任何一个地方,甚至连空气的味道都不一样。不同的氛围,不同的政府,不同的自我感觉。这里非常富有,需要取悦的统治者也不止1个,而是10个。列奥纳多的方

---

[1] 古希腊天文学家。

案很有可能让他们赞叹，却不足以达成交易。他们需要实际的方案来解决真正的问题，而不只是天马行空的奇思妙想。在威尼斯，列奥纳多唯一真正的成功是征服了其他的艺术家，特别是乔尔乔涅和帕尔马·韦基奥，他随身携带的作品和他左手展示出的精湛技艺都让他们感叹；但也只是为数不多的几个人而已。

4月底，天气暖和了一点时，他和帕乔利再次上路了。他们有可能是走路、骑马或者是坐在颠簸的马车里，朝着博洛尼亚进发。他们将在博洛尼亚休整一番，然后继续赶路，前往佛罗伦萨。

从日出到日落，一天又一天，即便是没有冷得发抖，行进在布满岩石的路上，旅途也是极其艰苦的。终于，他来到了佛罗伦萨的外城墙边，筋疲力尽、浑身酸痛，靴子上面沾满了灰尘。也许，他会与老父亲住在一起，皮耶罗这一年已经74岁了（迎娶了第4任妻子，膝下还有11个孩子）；或者也可以待在洛伦佐·迪克雷迪的家里，后者以前也是韦罗基奥的学徒。

他得开始找工作。修建圣明尼亚托教堂的钟楼和维修圣萨尔瓦多教堂时，他提供了咨询服务。菲利皮诺·利皮听说了他的困境（利皮显然是个好人），就把圣母领报堂祭坛画的委托交给了他。列奥纳多开始在那里绘制《圣母子和圣安妮》，也得到了修士们的接待。他的画立刻引起了轰动，人们排队前来观看。在此期间，他还去了一趟芬奇，把自己3个箱子中的1个放在了芬奇，里面装的应该全是旧笔记和画作，还有信件的草稿，都是米兰时期的东西。这么多年了，他也想去探望自己的叔父弗朗西斯科。也许，列奥纳多对叔父谈起了卡特里娜、米兰宫廷里的生活、他住的城堡，还有那些外交官、侍臣和傻瓜们。坐在芬奇的院子里，看着远处的天际线，他肯定觉得这些东西都是很遥远的事情了。

此时在佛罗伦萨，一位修士正给他的顾主伊莎贝拉·德埃斯特写信，说列奥纳多似乎"得过且过""厌倦了画笔"。当然了，她只关心自己的画像怎么样了。

第十六章

马基雅维利来了

1502 年　第一批记录在案的非洲人被带到了"新大陆"。

1502 年　在佩德罗·阿尔瓦雷斯·卡布拉尔的带领下，葡萄牙探险家们驶入了巴西瓜纳巴拉湾，误认为那里是河口，并将该河命名为 Rio De Janeiro（意为"一日河"）。

1502 年　哥伦布离开西班牙的加的斯，开始了他前往"新大陆"的第 4 次、同时也是最后一次航行。

1502 年　葡萄牙航海家若昂·达·诺瓦发现了无人居住的圣赫勒拿岛。

1502 年　由多纳托·伯拉孟特设计的坦比哀多礼拜堂竣工，该建筑位于罗马的圣彼得教堂之内。

1502 年　意大利画家、雕塑家、建筑师、理论家和军事工程师弗朗西斯科·迪乔治·马提尼（1439—1502）去世。

50 岁 第一部

世人对恺撒·博尔吉亚的形象褒贬不一。有些人认为他有最完美的王子派头，聪明地规划了人生；也有人认为他不过是手握军队的精神病患者。如今从历史的角度来看，他似乎是个牛皮大王，并且运气一直不错，只是到了最后，运气离他而去。世事往往如此，你不能一直靠运气，运气总有耗尽的时候。列奥纳多与他签订协议的时候想的是什么，我们不知道。但是，我认为，在这一番经历之后，列奥纳多觉得这一切很肮脏。

博尔吉亚的人生就是一个奢侈、纵欲和绝对腐败的故事——他家族的故事也是如此。比如其成员之一——教皇亚历山大六世，生活荒淫，还出售赎罪券，这些行径一步步助推了宗教改革的进程。博尔吉亚家族是意大利历史上的污点，其恶劣程度远远胜过了卢多维科。

列奥纳多已效力过卢多维科，那么他给恺撒·博尔吉亚提供技术支持，帮助他征战四方也再正常不过。可为什么会这样？

体面的原因就是：正常人不会雇用列奥纳多，但乖戾的疯子会。

这就是列奥纳多人际关系的"炼金术",他身上的某些特质,有些公爵官僚喜欢,有些则不喜欢。为什么他会给一些人留下这样的印象?也许是像有些作家提及的那样,是他佩戴的戒指和长指甲造成的;也可能是因为他夸张的衣服,或是他举止行为里的某些东西?要喜欢列奥纳多,是需要培养的。

为什么这样的关系偶尔又行得通呢?很有可能是因为列奥纳多能够抓住金主的想象力,他左手的魔法让一切看起来如此美好,进而推动对方的想象力走进完美的境界。他为卢多维科绘制的稀奇古怪的武器图就属于这种类型,推波助澜地让卢多维科去做不可能实现的美梦。"阁下,请让我成为你的手,你的胳膊。"

自由职业者对这样的把戏一清二楚并一直沿用至今。这样的把戏,随便一位建筑师都了如指掌。大多数人没有什么想象力,统治者的想象力往往更为匮乏,正因为如此,列奥纳多很少能够找到既有权又有钱的人为自己投资。还有很多人就是直截了当地不喜欢他。卢多维科是一个异类,如果能得到想要的东西,就是亲吻毒蛇他也是愿意的;但威尼斯人没有这种特质,对他们而言,列奥纳多就像是在兜售云彩。

这就是为什么像列奥纳多这样的人重新安顿下来特别困难。他们依靠的是别人的了解、别人的接纳,以及在此基础上建立的社会关系。如果待在一个地方不动,一次成功的共振效果可以长达数年。列奥纳多到处都有关系,但大多数只能为他提供食宿而已。除了米兰,他关系网最广的地方就是佛罗伦萨了;而他很有可能就是借助这些关系走向了恺撒·博尔吉亚。

第十六章 马基雅维利来了

他们至少见过一次面,那是在1494年,法国国王查理八世拜访米兰时,恺撒就在他的随从人员当中。恺撒对列奥纳多的第一印象很有可能是在卢多维科吹嘘自己的工程师时形成的。卢多维科赞美列奥纳多,实际上是在赞美他自己,他邀请恺撒亲自去参观列奥纳多的工作室,眼见为实。列奥纳多身边是才华横溢的建筑师多纳托·伯拉孟特,当年后者也在卢多维科的手下。几年后伯拉孟特设计了梵蒂冈圣彼得大教堂。他旁边是著名数学家卢卡·帕乔利,另外还有数位诗人、画家、学者和各类哲学家,人才济济。卢多维科很有可能是第一个向恺撒推荐列奥纳多的人。也许诺瓦拉战役成了列奥纳多作为军事工程师引以为豪的事迹;也许恺撒真的参观了列奥纳多的"工厂",看见了各种进行中的项目;也许他就站在大舞厅的中央,看到房间一侧的黏土巨马,另一侧的木头飞行机器,还有房间里摆放的数十个其他物件,以及列奥纳多的助手在其间穿梭。他闲逛了一圈,得出了自己的看法:这真是个聪明人。

8年后,即1502年,意大利的政治局势陷入前所未有的混乱。新晋的法国国王路易十二又来了,这一次带来了更为庞大的军队。重新夺回米兰之后,和1494年的查理八世一样,他觊觎起南边的那不勒斯。此时情况已不同于从前,如今教皇也是其中的玩家,而且比之前强大得多。因此,教皇亚历山大的私生子恺撒·博尔吉亚也晋身玩家之一,正在罗马涅地区为自己谋取一处公爵领地——而罗马涅地区正好与佛罗伦萨的疆域毗邻。

恺撒是一大威胁,佛罗伦萨害怕他会前来进攻夺城。他已经在这一地区制造了两起屠杀,佛罗伦萨不想成为下一个。为了避免这种可能性，在流放美第奇家族后，独立为共和国的佛罗伦萨派出了两位代表与恺撒谈判，其中一位是主教皮耶罗·索代里尼，负责管理代表团；另一位是尼可罗·马基雅维利。整件事情概括说来似乎是恺撒怀疑佛罗伦萨人许诺的忠诚和友谊，要求他们拿出实际行动来证明诚意。钱财和自由通过佛罗伦萨领地的权利并不能使恺撒满足，他想要的是技术支持，于是列奥纳多也被拉进了这场交易中。

列奥纳多事前是否知情，我们并不清楚。保罗·斯兰森是这方面的学者，他怀疑列奥纳多是后来被马基雅维利拉入这场交易的，事出突然。有可能是马基雅维利一路快马加鞭赶回佛罗伦萨，说服列奥纳多加入其中。博尔吉亚想要列奥纳多，于是马基雅维利就打出了手中的这张牌，把列奥纳多摆到了恺撒面前。

对于军事工程师来说，这简直是梦想中的舞台。恺撒在进行军事活动，战役安排挤满了日程表，他需要一个了解防御工程、修桥架梁，在需要的时候还能改变河流走向的人。无论列奥纳多是如何回应的，到了7月，他已从佛罗伦萨出发，开始巡视恺撒现有的领地了。显然，马基雅维利带来了指示，但列奥纳多和恺撒真正见面则是几周后的事情了。

看起来，列奥纳多还另有任务，那就是监视恺撒，把恺撒的行踪和计划报告给佛罗伦萨，很有可能是报告给马基雅维利，他似乎是这一计划的策划人。但是，监视恺撒谈何容易，稍有不慎就会丢胳膊断腿，甚至丢掉性命。可列奥纳多是否照办了呢？那就不清楚了。我们没有找到他用隐形墨水写下的消息，马基雅维利也没有留下线索。但是，我还是愿意接受学者们的判断——他们认为列奥纳多在恺撒军营工作的时候的确为佛罗伦萨做了间谍工作。佛罗伦萨帮助他找到了这份工作,作为回报,他们想得到用于防御的重要信息。鉴于当时的恶劣环境,想必所有的人或多或少可能都是两面派。同时我也非常确定,列奥纳多并不会因为顾虑恺撒就限制自己,但他肯定会先照顾好自己。也许他是个间谍,也许不是。我倾向于认为列奥纳多不会干这种非法行径,但他同样可能出乎我的意料。恺撒似乎可以引出所有人身上最恶的特质。

可以确定的是,列奥纳多又开始四处奔波了。这一次是骑马行动,还带着随从(很有可能是萨拉和索罗亚斯特罗)和负责保护他的卫兵。现在是夏天,列奥纳多要赶往海边的皮翁比诺。接着,他考察了附近的沼泽,想出了将其排空的办法。列奥纳多走的是恺撒规划的路线,所以他肯定对这一港口城市有计划。接着,列奥纳多又前往内陆山地,到了锡耶纳城,他在笔记中谈到了当地教堂里悬挂的钟,觉得很有意思。几天后,他到达了阿雷佐,这一处防御工程由恺撒的副官维特洛佐负责。列奥纳多为他绘制了这一地区的地图,作为交换,维特洛佐把战利品之一的阿基米德手稿给了列奥纳多。到目前为止,列奥纳多一直跟着强盗到处跑,似乎还泰然处之。显然,他想要这份手稿已经很久了。卢卡·帕乔利之前告诉过他在哪里可以找到这份手稿。

列奥纳多在路上,他的装备中除了头上的软帽、身上的袍子,还有脚上方便走路的靴子,很有可能还有腰间的皮带,可以在上面挂东西。在我看来,列奥纳多似乎是那种喜欢在口袋里装东西的人,但袍子通常都没有口袋,所以他必须在腰带上挂上袋子和小笔记本,这样他才能在上面记录他看到的景象，还有其他东西。也许他腰带上还挂着一个小酒壶，脖子上挂着一个小一点儿的袋子，装着零钱，免得与粉笔以及在路上收集的死虫子，还有好玩儿的石头混在一起。还有一个袋子，装的是他自己制作的眼镜。考虑到他所生活的时代，腰间也许还别着一把匕首。匕首可以用来切割食物，如果路上看到新奇的动物尸体，列奥纳多还可以用匕首来扒拉一下。

之后，他又回到了亚平宁山脉，为日后需要绘制的地图做了笔记，他还第一次看到了位于布利亚诺河上游的五拱桥，他画了素描，之后放进了《蒙娜丽莎》这幅画中。

作为旅伴，列奥纳多肯定是极其招人烦的。尤其是身处敌方地盘，你想着赶紧离开的时候，就更加讨厌他了。为了他的旅途安全，恺撒给他配了士兵，这些士兵是久经沙场的战士，见惯了流血杀戮，很有可能是西班牙雇佣军。在必要的时候，他们是可以保护这位工程师的。而现在，这位工程师却在画一座绝对平淡无奇的桥，所有的人都站在周围等着他。想象一下，天气可能很热，苍蝇一群群地飞来，等了那么长的时间，其他人也许会有一种想要把那本该死的笔记本从他手里夺过来、一把扔到河里的冲动。

到了7月末的某个时候，列奥纳多一行人转向乌尔比诺，恺撒已经打发掉了这里的老爷和统治者（他们或是被杀死，或是被扔到地牢里），他的部队正在洗劫这一地方，把抢来的东西都打包装好，准备运走。强奸、掠夺！列奥纳多在他的笔记本中写道，"无数金银珠宝即将被装上驮畜，运往各个地方。"这样的记录看起来仿佛他也参与了抢劫一样。乌尔比诺的公爵不久前已经被打发掉了，列奥纳多画下了他宫殿的阶梯。"设计得很好，值得记住。也许日后有用。"这也是他自己的小小掠夺。

距离恺撒和列奥纳多上一次见面已经 3 年了，这次他们是在乌尔比诺碰面。马基雅维利记录了他与恺撒的第一次见面，列奥纳多的这一次也可能如出一辙——恺撒就喜欢这种见面模式。显然，他喜欢用逆光照明，烘托出戏剧冲击力，模糊自己的面孔。当年，马基雅维利和索代里尼被引进了一个黑暗的房间，马基雅维利是这样记录的：

> 仅有一根蜡烛，烛光摇曳，只能模糊地看到一个高高的身影，从头到脚都穿着黑色的衣物，没有任何珠宝或是装饰。平静的白色面孔如同希腊雕像一般，也如雕像一般一动不动。也许这大理石一般的冷峻面孔已经开始出现了脓疱，因此他日后通常都戴着面具。

这里，他提到了恺撒日益严重的梅毒问题。1502 年的意大利，到处都是梅毒的身影。感谢哥伦布！仅仅几年前，恺撒还是"意大利最英俊的男人"，但现在他只能在晚上孤独地哭泣。

然而，他还是精心安排了自己与列奥纳多的再会。恺撒肯定与列奥纳多坐在一起，问了他很多关于军事防御的问题，询问他如何改进，授权采购物资并下达命令。他可能还与列奥纳多讨论了战术问题，谈论了路上可能遇到的困难。也许他还提起了自己的副官维特洛佐，并询问列奥纳多后者是否有任何不忠的迹象。恺撒谁都不信任，他需要各种可能的信息。他并没有骑马出去自己看，他依靠别人来汇报，而且要准确地讲述——并不仅仅是他想听的内容。只听自己想听的内容，对于任何领导人而言都是毒药。在乌尔比诺的那几天，列奥纳多和恺撒·博尔吉亚很有可能并肩工作，但记录这段工作经历的笔记本已经永远地丢失了。

再过几天，恺撒就要离开了，但在这之前，有一两个晚上，在乌尔比诺易主的公爵宫殿里，大家围坐在宴会餐厅中，列奥纳多画下了恺撒的脸，这些素描被留了下来。其中一幅，恺撒看起来像要睡觉的样子。也许这些画是列奥纳多偷偷画下的，在没人盯着的时候，赶紧画几笔；也有可能恺撒对此心知肚明，有意放任列奥纳多给自己画肖像；也许列奥纳多是为了更好地了解恺撒才画下这些，绘画一直都是列奥纳多研究事物的方式。这个男人到底是什么样的？也许这些素描就是列奥纳多对此的哲学思考，也许这个问题让他感到困扰。他一头扎进了这场战争，前路不明。

第十七章

巨龙出没

1502 年　威尼斯出版商阿尔都斯·马努提乌斯出版了希腊语版本的希罗多德的《历史》。

1502 年　德意志的彼得·亨莱因发明了第一块可携带钟表。

1502 年　哥伦布船队经过了今天的巴拿马、哥伦比亚和哥斯达黎加的海岸。

1502 年　萨菲王朝的创建者伊斯玛仪一世加冕为波斯沙阿,一直统治到 1524 年。

1502 年　安妮·博林[1]出生。

1502 年　拉斐尔开始绘制《被钉在十字架上的耶稣》[2]。

---

[1] 亨利八世的第二任王后,伊丽莎白一世的生母。

[2] 也译为《基督受难》。

50 岁 第二部

虽然列奥纳多的事业一开始有诸多不顺，几个项目半途而废，也不乏各种失策，但到目前为止，他人生中最后悔的事情还远未到来。瓦萨里认为列奥纳多对自己的天赋还懵然不觉，甚至可能有所误解。在这一点上，我同意他的观点，证据即将显露出来。

列奥纳多又上路了，跟他一起的有萨拉和索罗亚斯特罗，还有半打拿着长矛和佩剑的家伙。大家都骑着马，一路上皮革嘎吱作响，马匹打着响鼻，所有人的脑袋都随着马蹄的节奏摆动。他们一路来到了佩萨罗，接着去了雷米尼和切塞纳，这时列奥纳多在笔记本中写道："这里的人是白痴，不知道如何做出轮子可以转动的马车。"

8月，在切塞纳，列奥纳多收到了恺撒的一封信，这封信确认了他的资格：

> 承上帝恩泽，身兼罗马涅和瓦朗斯公爵、亚得里亚亲王、皮翁比诺领主，以及神圣罗马教会的行政长官和将军，法国的恺撒·博尔吉亚，向其所有的副官、城主、队长、雇佣兵、官

员、士兵以及看到这封通知的人宣示：这封信的持有者，我们最杰出的、深受爱戴的建筑师和总工程师列奥纳多·达·芬奇，受我委托考察我们所有的领土和防御工程，以帮助我们根据具体情况以及他的建议加强防御。现命令如下：所有的人必须允许他免费通行，免除任何公共税项，不得收取他或者是他同行者的任何费用，要友好接待；要按照他的意愿，允许他视察、测量和检查任何东西。为了达到效果，你们要根据他的要求提供人手和各种帮助，满足他的请求。我希望，在我领地内，所有的工程，其工程师都必须先咨询他的意见，遵照他的判断来执行。任何人不得擅自行动，否则等待他的就是我的盛怒。

一般观点都认为这封信证明了恺撒和列奥纳多之间的亲近关系，但我对此表示怀疑。这些关于"我们最杰出的、深受爱戴的建筑师"的措辞，在我看来，更像是黑手党的拥抱。然而，有了这封信，就可以在整个区域畅行无阻，这可以说是列奥纳多人生中的高光时刻。多年来，列奥纳多一直都想要这样一纸文书，现在他拿到手了。

9月初，他在切塞纳蒂科挖运河。他计划的运河长度是16千米。他还设计了一台机器，挖掘工人把泥土挖松后，这台机器可以把泥土铲起来，装进大口袋。他甚至还可能真正动手制造了这样的机器，但我们没有证据。几周后，他回到了伊莫拉，恺撒想在这里打造自己的都城。列奥纳多绘制了方案图，其中有各种各样的奇幻项目、一所大学和"正义宫殿"。显然他有很多时间与恺撒待在一起，很有可能以私人的身份参与了所有的一切：规划、激烈的争论以及大项目中不可避免会上演的诸多难题。

某个时候,他爬到屋顶呼吸新鲜空气,注意到整个地方一直都刮着风,便想象用风车来驾驭风。50年后,一个荷兰人有了同样的想法,而且真的制造出了风车。各种想法就飘荡在空中。对于那个荷兰人来说,这很有可能是他好不容易才有的想法,他不可能放弃。而对于列奥纳多来说,这不过是无数个想法中的一个。

那是列奥纳多在"抓拍":一旦有很棒的想法,他就会立刻写在笔记本上,然后紧紧合上本子,一个人也不告诉,告诉别人就是自找麻烦。这世界上到处都是笨蛋。他只是把这个想法存起来,以供日后之需。这就是他的方法:记下自己的想法,等待日后的机会。他是一个自由职业者,他的财富就在这些存储起来的发明中。笔记本里装满了各种想法,满是美丽的图画。以现代美国零售业的观点来看,这样做太过于被动了。但我认为,于他而言,关键的事情是有想法,而不是兜售、捍卫和解释想法,也不是创立品牌,或者其他庸常头脑中的各种想法。一个显而易见的想法解释起来都很费劲,兜售想法就更费劲了。新的想法应该是一种快乐,而不是一种负担。如果只有他一个人知道这些,生活就会轻松许多。

但就在此地,有件事情发生了,不过身处伊莫拉的列奥纳多和恺撒二人对此毫不知情:在罗马涅的另一端,恺撒的几个指挥官私下会面,决定抛弃恺撒,转变立场,成为他的敌人。其中有维特洛佐·维泰利,还有召集大家见面的红衣主教奥尔西尼、奥尔西尼的三个侄儿,以及潘多尔福·彼得鲁奇、詹保罗·巴廖尼、利韦沃托·费尔莫和其他一些人。他们想趁着恺撒还没有夺走他们的领地时发动政变，杀了这个混蛋。不用说，这些人与恺撒是一样的货色，确切地说，他们只是想维护自己的利益，而不是出于什么公共利益。整整9天的时间，在不断地讨论和各种混乱之后，他们终于决定了，要进攻并杀死恺撒。

恺撒几乎立刻就得到了消息。他勃然大怒，但也不得不等待时机。黑暗中，也许可以听到他的呼吸声，听到他咬牙切齿，听到他往地上吐唾沫。他的脑子在高速运转，但你听不到他说一个字。列奥纳多有可能与他一起坐在黑暗中，分享同一根蜡烛的光芒，想着自己的事情。这一阴谋甚至传到了罗马，传到了教皇，也就是恺撒父亲的耳中。他们建立博尔吉亚公爵领地的计划危在旦夕。恺撒开始整合力量。

在罗马涅的另一边，维特洛佐、奥尔西尼家族和巴廖尼也在整合力量，一场看似无法避免的大战即将爆发。

两周后，恺撒在伊莫拉收到消息，已经公开叛变的维特洛佐·维泰利正带领2万人的军队朝乌尔比诺进发。恺撒并没有死守乌尔比诺，反倒是下令让他的主帅堂·米凯莱战略撤退。这一明显示弱的举动在附近的福松布罗内城中引发了反抗恺撒统治的叛乱——这说明恺撒对民众的控制其实非常薄弱。

这种"打地鼠"游戏一般的局面，是恺撒所不能容忍的，于是他让堂·米凯莱转而对付福松布罗内的叛乱，要一次性彻底解决起义活动。然而，可以预料的是，这座城市肯定会紧闭城门，如何进去成了问题。

但是，堂·米凯莱和他的军队通过"秘密通道"进入了城内，

第十七章 巨龙出没

他们控制了这座城市，然后就开始屠城。起义的人大多数都是拿着草叉和铁锹的农民，面对堂·米凯莱带领的流氓西班牙雇佣军毫无还手之力。这是真正的屠城，传达的意思很明白：恺撒·博尔吉亚不容背叛。

有趣的是，此时列奥纳多就在福松布罗内，正在改善防御工作，加固城墙，以抵御大炮攻击。开始工作之前，他视察了所有的城墙，这是他的工作方法。那个秘密通道就在他视察过的城墙里，他有可能是知道的。

尚不清楚的是：城外的堂·米凯莱是怎么发现这个通道的？似乎一直没有人知道这个问题的答案，但最有可能的答案显然是列奥纳多。毕竟他们都为同一个人工作。但是，他们是怎么交流的呢？夜深人静的时候，列奥纳多派萨拉带着消息穿过了秘密通道？他觉得自己有责任通知堂·米凯莱秘密通道的事情？如果他真这样做了，他预料到接下来会发生什么吗？

不管怎样，如果列奥纳多真的协助军队进入了福松布罗内，他肯定会觉得自己在某种意义上要对接下来的屠城负责。对于他这样精通数学的人来说，这就像是一个逻辑严谨的方程式一样简单明了。谁应该对堆积如山的尸体负责？堂·米凯莱？是他的军队把这些人砍死的；或者是列奥纳多？是他把军队放进来砍人的。

列奥纳多在笔记本中写道："杀戮的不是剑，是用剑的人。"也许，他写下这句话的时候，就在分析这种困境。也许，他是在用这一道理为自己开脱，让自己的双手不要沾染上血腥，至少在最开始的时候是这样的。

到处都是尸体，那他对这些尸体有无兴趣呢？肯定有几具尸体已经被开膛破肚查看了。他忍不住要看。24小时之内，数千米之内的苍蝇都会循着气味蜂拥而至。我猜，列奥纳多把秘密通道的事情告诉了堂·米凯莱，这让他感觉很糟糕，他只想赶快离开这个地方。也许，战争的一切都让他感到烦躁不安。

军队待了两天的时间，他们揩干剑上的血迹，清理干净靴子，忙着抢劫、吃喝、找女人或其他诸如此类的事情。这时消息传来，维特洛佐、奥尔西尼和巴廖尼组合的军队再次行动起来，正朝着这座城市进发。

身边就是一堆堆发臭的尸体，堂·米凯莱很有可能不想继续碰运气，因此他弃城而走，带着军队朝西边进，进入了安全地带。

维特洛佐一行人全速追赶，他们没有在福松布罗内停留，而是继续追踪。半夜的时候，维特洛佐的军队在卡尔马佐突袭了堂·米凯莱的队伍。面对比自己强大得多的部队，堂·米凯莱和他的指挥人员（列奥纳多也在其中），还有他的小部队溃不成军，各自逃命去了。堂·米凯莱的同级指挥官蒙卡达被抓住，成了俘虏，被抓时很有可能还在忙着穿裤子。

溃败是很糟糕的情况。想象一下，半夜三更突然听到呐喊声，在黑暗中醒来，撩开帐篷往外一看，外围已经被突破，敌人举着成百上千根火炬，潮水一般涌入营寨，逼近眼前，根本没有思考的时间。幸运的是，列奥纳多没有纠结裤子的事情，他看了一眼，脑子立刻高速运转，感到自己随时都有可能送命，于是立刻跳上马背逃走，萨拉和索罗亚斯特罗一定是紧随其后。

列奥纳多此时的形象还真是出乎意料。他这个人，平日里每个细节都要犹豫：收拾行李，要花上一天的时间；无论做什么，都要迟一些。可在这时候，他一瞬间就骑上了马背，半裸着身体，头发横飞，脚后跟用力地踢着马腹的两侧，飞奔出城——逃命去了！

对此，大家意见一致：列奥纳多是很好的骑手，如果是不得不狂奔的情况，他还真可以飞奔在队伍的最前头。

令人难过的是，这一晚他仓皇逃命，不得不扔下了行李，里面有他的个人日记和梦想日志。谁能预料呢？溃败可是要命的事情。堂·米凯莱四处逃散的部队最终还是得以在法诺的路障后面重新集结。接着，他们一路回到了伊莫拉，大多数人都没有受伤，但很有可能都如惊弓之鸟，一路不停地往后张望。

10月15日，堂·米凯莱和他悲惨的部队到达了伊莫拉，活着就算是幸运了。接下来的6周时间，列奥纳多、恺撒，还有马基雅维利，他们都会待在那里。马基雅维利是佛罗伦萨派来的密使。另外就是那些流氓西班牙雇佣军，以及军队召集到的乌合之众。

这样四处奔波，对于一个50岁的人而言是很艰苦的。恺撒27岁，马基雅维利34岁。但列奥纳多并不习惯这样的生活，特别是骑了一天的马，还要在半夜从床上跳下来，跃上马背继续飞奔。身处战区，没有打盹的时间，也没有午饭后树荫下的休息。所有的人都急匆匆的，一路上没有机会停下来研究任何东西，也不可能在马背上记笔记。

在伊莫拉，他们得以休整，但供给短缺。马基雅维利病倒了，一病就是数周，必须有人照顾。列奥纳多很有可能帮忙照顾了他。

很有可能是马基雅维利靠着枕头躺在床上，而列奥纳多就在房间里飞玩具鸟儿或是气球，供马基雅维利消遣。

每当看到这种历史时刻，我就希望自己能变成一只苍蝇，作壁上观。病人躺在床上无所事事，关注的东西也随之天马行空起来，列奥纳多和马基雅维利很可能谈了很多重要的事情：信仰、理想和目标。列奥纳多认为，我们研究科学应该包括艺术，两者同样都是对知识的追求，只不过方法不一样；马基雅维利认为政治也应该在科学的基础上进行，列奥纳多肯定是受到了马基雅维利类似观点的影响。他们都是聪明人，显然互相欣赏。两个人都被困在了一座冰冷的城堡里，这也相当于是围城了，维特洛佐的军队就驻扎在城外几英里的地方，列奥纳多他们都可以看到对方军队在城外巡逻，就等着城里的人出来呢。马基雅维利烧得厉害，这也是冬天的常见病症。显然，这一期间，列奥纳多很健康，因为他正忙着给恺撒制造战争机器、绘制地图。

他当时绘制的地图，大多都失传了，唯一流传至今的是伊莫拉的城市地图，这幅地图肯定是让恺撒和他的将军们大为惊讶的。他们从来没有见过这样的地图——鸟瞰图，想想吧，制作这样的地图，需要什么样的想象力。要准确画下这样的地图，他在脑海里需要飞上约1829米的高空，像鸟儿一样与气流对抗。他一定玩得很开心。显然，他是以一种完全抽象的视角，做着一项他所热爱的工作，只不过全是在为恺撒服务——想到这一点，这份工作顿时几近屈辱，尽管这张地图如此出色，堪称杰作。

这背后全是列奥纳多式的调查工作，但速度非常快。他必须制作一种测量设备来步测街道，很有可能是他在笔记本中画下的、称之为"路程计"的东西。它的形状就像个手推车，前轮上有链齿轮，根据距离计算点击数，到了一定的点击数就在间隔处的锅子里扔下一个球。只需要清点球的数量和多余的点击数，就能知道走了多长的距离。利用这一工具，列奥纳多（或者更准确地说，萨拉或索罗亚斯特罗）走遍了伊莫拉的每一条街道（很有可能有士兵陪伴，街道上到处都是喝醉酒的雇佣兵），然后根据测得的长度、宽度和方向绘制了这幅地图。通过消化、思考和再想象，他绘制出了这幅令人惊讶不已的地图——鸟瞰图。在这之前，绘制地图的角度都是站在附近的一座山上，大多数地图上都会有很多屋顶和教堂，也许只有城墙。但是，列奥纳多从空中俯瞰，准确地展示了城市的每一部分，特别是街道，非常清楚。换言之，这是一幅现代地图。

这幅伊莫拉地图上有他反着写的字，字迹潦草，肯定是他给自己复制的副本。后来恺撒弃城而走，列奥纳多交给他的这幅地图很有可能被扔下，或者遗失了。

你也许会问，为什么这么美妙、能给战争带来莫大帮助的地图会被丢弃？保罗·斯特拉森在他的《艺术家、哲学家和战士》一书中认为，这幅地图是列奥纳多对周围混乱的治疗性回应。在伊莫拉的这6周，天气寒冷；恺撒情绪不定，在大厅里咆哮怒吼，列奥纳多肯定也没有好好休息，也许休息更少了。心烦意乱的时候，他就工作，不去想那些事情。这也是列奥纳多的工作方法之一。他要么在画地图，要么就是在为恺撒设计攻城机器，之后到了罗马再进行制造。如果行为能够反映精神状态，那么这一时期肯定发生了什么激烈的事情。

正如马基雅维利回到佛罗伦萨后报告的那样，到了最后，待在伊莫拉的1.2万人"除了石头，其余的东西都吞到肚子里了"，眼看城里就要发生饥荒了。11月10日，恺撒突然带领部队在暴风雪中撤离了这座城市，前往切塞纳。人和动物组成了约16千米的队伍，在冷风中前行，列奥纳多和马基雅维利也在队伍中。我很希望列奥纳多想出了什么保暖的妙招，但很有可能并非如此，他与其他人一样在寒风中哆嗦着。

到了切塞纳，恺撒重整队伍，召唤跟随他最久、他最信任的指挥官之一——拉米罗·德·洛尔夸。这位指挥官当晚就骑马从佩萨罗赶来，与恺撒进行商议。早在学校的时候，洛尔夸就认识恺撒了，他们相识多年，他过去曾多次担任恺撒的执行者。除了堂·米凯莱，洛尔夸是恺撒最亲近的指挥官。洛尔夸是酷吏，他在恺撒控制的多个城市多次展示过他的残忍手段，人们都知道他的本事。但是，大家都认为他忠诚而顺服。换言之，他并不比恺撒本人好或者坏，只是严格执行恺撒的命令，或者照着恺撒的作风有样学样而已。洛尔夸的年龄比恺撒大一倍，大家都知道他眼神凶狠，大黑胡子也很吓人。他就是一个无情无义的恶棍，这一点更为人所知。然而，当他出现在博尔吉亚的宫廷中时，他在下马之后并没有受到接待，反而立刻就被逮捕，扔进了地牢。

恺撒的这位老朋友双臂被吊了起来，有人请他品尝了几块烧红的烙铁，他就什么罪行都招供了，其中就有他知道密谋造反这件事。原来，他对他们所有的计划都知情，他全部都招了，很有可能是希望恺撒看在多年交情和亲密关系的分上宽大处理，或是原谅他。

第二天，马基雅维利赶紧给佛罗伦萨的执政团写信："今天早上，人们在广场上发现了洛尔夸四分五裂的尸体，现在尸体还扔在那里，所有的人都看得见。没有人知道他的确切死因，但可以肯定的是，这是公爵的意愿，他想让所有的人都知道，他可以随心所欲地抬举和打压任何人。"

随着晨曦的第一道光芒升起，有人发现洛尔夸躺在城堡前的城市广场上，身上盖着他最好的斗篷，带着小羊皮手套的双手被齐刷刷地砍掉，就扔在他身边。他身边的地面上插着一根长矛，长矛的顶端挂着他的头颅，长胡子就那么垂着。他很有可能从脖子到腹股沟被砍成了两半，这在当时是广为人知的做法。

马基雅维利提到的"所有的人都看得到"，列奥纳多也在"所有人"之列，可能就站在他的身边。列奥纳多肯定在想这对自己意味着什么。看过福松布罗内的情景后，也许多一具死于非命的尸体并不会给他造成太大的影响，但他毕竟认识洛尔夸这个人，他们年龄相仿。我们可以想象，不会有人扑在洛尔夸的尸体上哭泣，可是无论列奥纳多是否喜欢这个人，他也因此看到了公爵的残忍，这很吓人。血流成河，列奥纳多就在这条河里游泳，看不到尽头。

4天之后，切塞纳这座城市也弹尽粮绝，只剩下石头了，恺撒带着军队再次上路。两天后的12月31日，他们来到了西尼加利亚。天气非常寒冷。

大多数人一听到恺撒·博尔吉亚的名字，就会想到西尼加利亚。他冷酷的背信弃义成为历史上最黑暗的一幕，这个地方也因此而臭名昭著；马基雅维利从中获得灵感，把恺撒当作自己书中的模范统治者，这本书同样声名狼藉。书的内容虽让人不快，但也堪称大师之作，如果你信奉背叛，也许会喜欢这本书。

意大利战争开始之前，维特洛佐是有机会杀死恺撒的，但他搞砸了。原因有很多。维特洛佐也身患梅毒，甚至比恺撒还严重。他与恺撒一样，经常都感到腹股沟部分像火烧般疼痛，非常痛苦，骑马几乎成了奢望。

其中也有钱的问题。维特洛佐没有教皇的钱袋供他使用。当时，他把恺撒困在了伊莫拉，却没法购买更多的大炮，或是让更多的雇佣兵长时间围城。大多数历史学家认为恺撒的弱点很明显，如果维特洛佐把所有的财力都投进去，他就能攻下伊莫拉，俘获恺撒，那今天我们所讲述的故事也就完全不一样了。

但是，他没有这样做。接下来，只过了几周的时间，恺撒就重建了部队并很快再次投入战斗。维特洛佐和其他指挥官眼见大势已去，认为此时最好的选择就是向恺撒提议再次结盟，重新获得他的好感。于是，他们给恺撒写了信，恺撒也装出样子，伸出双手，同意与他们结盟。他回信说，自己很想念老伙计维特洛佐、奥尔西尼家族的三个人、巴廖尼和利韦沃托·费尔莫，很高兴看到他们回来，重做互相信任的朋友。是的，他是很高兴。

维特洛佐这拨人同意了，为了表示友好，他们先于恺撒占领了西尼加利亚，在那里静待恺撒的到来，他们要亲自把这座城市交到他手里。恺撒同意了，向他们表示了感谢，只是请求他们把部队从堡垒调出去，这样他的军队才有安营扎寨的地方。这样简单的请求，他们当然同意了，于是把部队调到了城外，分散在周围的田野中。

在恺撒到达西尼加利亚之前，他的高级卫士提前骑马赶到城堡，从护城河的桥上一直排到城堡的前门，形成了一道警戒线，这是恺撒进城的排场。

与此同时，维特洛佐、奥尔西尼家族的人，还有费尔莫骑马出城迎接恺撒。毫无疑问，恺撒就像是故友重逢一样与他们见面，与他们拥抱、互拍着后背，他们微笑地看着彼此的眼睛，紧紧握手，发誓永远忠于教皇、忠于恺撒。恺撒发自内心地感谢他们，甚至眼睛都有点潮湿了。他询问他们是否要跟自己一起以胜利者的姿态入城，当然，他们都同意了。

他们一起骑马进入西尼加利亚。城中有座中世纪的城堡，周围是护城河，还有高高的炮塔。他们朝着城堡走去，过了桥，两边是列队而待的仪仗队士兵。从桥到城墙大门，大约有 46 米的距离，士兵们骑在马背上，分立道路两侧。恺撒走在最前面，接着就是维特洛佐和奥尔西尼家族的人，还有费尔莫，他们紧紧跟在恺撒身后，迫不及待想取悦他。恺撒的卫兵从两边围上来挡住了他们各自的亲卫。

这个时候，出于习俗、荣誉和政治的考虑，他们只能鱼贯而入。等维特洛佐、奥尔西尼家的人和费尔莫刚通过大门，进入庭院，大门就在他们身后关上了。他们下了马，被引入房子里，没有了自己的卫兵，他们紧张地四处张望。就是这么简单，他们被隔开了，没了自己的手下，独自与恺撒和他的暗杀小分队在城墙之内，而恺撒和他的手下都面带微笑，两眼看着前方。城墙里面的这几个人很快就被缴械；而城墙外的人马也遭遇了恺撒庞大军队的攻击，屠杀开始了。

紧跟着在宴会厅里几个阴谋者互相责怪。特别是维特洛佐，他低三下四，哭得像个婴儿，没完没了地请求恺撒饶他一命。但拿着绞刑具的堂·米凯莱就"用西班牙的方式"把维特洛佐和费尔莫绞死了。奥尔西尼家族的三个人被关押起来，恺撒要与罗马方面沟通一下。

与此同时，城堡外发生了两件事情：第一，恺撒的军队就像是杀人狂魔，在西尼加利亚城中疯狂地烧杀抢夺，四处纵火，不问缘由地滥杀乱砍。

第二，恺撒的后勤人员终于到达了，马基雅维利和列奥纳多就在其中，他们骑马走进了遭到血洗的城市。幸运的是，恺撒正好在场，他正骑着马，试图控制混乱的局面。他看见这两个人，就招呼他们到自己身边去，也许是为了保护他们，同时还能给马基雅维利讲一讲那几个人阴谋叛变的事情，还有他自己谋划已久、今天终于实现的报复。这场政变已经被中途扼杀。就在当天下午，马基雅维利听了多少，就在给佛罗伦萨的信中写了多少，还加上了：

> 城市还处在洗劫之中，距离日落还有一个小时。我极度担忧，我甚至不知道是否能找到可以信任的信使。之后我再给你详述。

他写道"我极度担忧"，我觉得这句话既是他的心声，也是列奥纳多的心声。列奥纳多亲历了数次屠杀，如果算上几年前的诺瓦拉和上个月的福松布罗内，这一次已是第三次。之后他还将经历更多的屠杀。

第二天，也就是1月1日，恺撒带着军队离开了西尼加利亚，随行的有列奥纳多和马基雅维利，以及奥尔西尼家的三个人。他给在罗马的教皇父亲写了一封信，教皇给红衣主教奥尔西尼送去了一张非常具有欺骗性的便条，邀请这位"亲爱的朋友"（此次密谋的幕后教唆者）来与他一起庆祝拿下西尼加利亚。奥尔西尼红衣主教以为这是因为他的家族在这次胜利中立下了大功，得到了认可，便急忙赶往梵蒂冈——结果被一把抓住，扔进了梵蒂冈的地牢。

老故事，新玩家。奥尔西尼红衣主教被誉为欧洲最富有、最有权力的人物之一，锒铛入狱之后，他的房子被洗劫一空，他的妻子、母亲和女儿们被扔到了大街上，除了身上的衣服外一无所有。他们的朋友担心自己性命不保，拒绝给予帮助。他的家眷们与乞丐睡在一起，浑浑噩噩，肮脏不堪，在城市里到处游荡，直到某天消失不见。红衣主教奥尔西尼在教皇幽暗的地牢里发了疯，满嘴胡言乱语，6周后，他死在了那里。他年纪大了，很容易就崩溃。奥尔西尼家族长期以来都是博尔吉亚家族的对手，曾经差点阻止亚历山大登上教皇的宝座。这一次针对恺撒的阴谋就这么瓦解了，比雨中的面包垮得还快。

恺撒在野外听说了这个消息。当时他又上路了，正在往北朝德拉皮耶韦城进发，他接到罗马的消息——"一切安好"。他停了下来，留出足够的时间让堂·米凯莱在附近的山谷把剩下的奥尔西尼家族的三个人绞死，从而将该家族的这一分支彻底斩尽杀绝。很快，恺撒的复仇便传遍了意大利，马基雅维利甚为感叹，他写道："与公爵相伴的是独一无二的好运，以及凡人不能及的胆量和自信，他觉得凡是自己想要的，都能成功办到。"

啊，文艺复兴时代。

根据帕乔利的记录，很有可能就是在这一次战役中，列奥纳多修建了一种桥梁，可以让部队和大炮过河，而且不需要钉子或是附件，只需要把木条用互锁的方式组合起来。承重越大，桥梁越坚固。我认为，这种桥梁技术不是列奥纳多发明的，更有可能是他从别处学来并记录下来，然后在这里派上了用场。

恺撒继续带领军队朝北进发，目标是锡耶纳，他要缉拿最后一位背叛他的人——潘多尔福·彼得鲁奇。这人是个老狐狸，比恺撒聪明得多，一直都在溜。

恺撒的军队一路前行，席卷一切，摧毁了一个又一个的村庄。列奥纳多很有可能与恺撒一起骑马走在队伍的前头以避免尘土，成百上千匹马扬起的尘土是相当可观的。他迟钝地瞪着四面八方，血腥继续上演着。这一时期的事情，列奥纳多没有留下记录，马基雅维利也没有，但罗马的约翰内斯·布尔哈德（亚历山大六世的司仪）于1月22日在日记中写道：

> 消息传来，最近这几天，公爵占领了萨尔泰阿诺、卡斯特尔皮耶韦和圣奎里科。他们到达圣奎里科的时候，村里只剩下

两个年老的男人和九个上了年纪的女人。公爵的士兵用绳子拴住他们的胳膊,把这些人吊起来,在他们的脚下生火,让他们交代当地的财宝藏在哪里。这些可怜的女人,什么都不知道,或者是什么都不愿意说,痛苦万分地死去了。士兵把村子里所有的东西都砸烂了,然后放了一把火,把村子烧成了平地。

列奥纳多在现场。他看到了这一幕,所有人都看到了。这些村子与他长大的芬奇没什么两样。这些老人就像是他认识的某个人。恺撒,这个教皇的私生子,看起来真的像魔鬼本人。

就在这一路,列奥纳多的心理似乎发生了变化。他不得不离开这场战争。他看得太多了。恺撒或是看出了这种变化,或是看到了列奥纳多埋头呕吐,直接吐在了靴子上。不管怎样,恺撒放手让他的总工程师离开了,打发他回罗马,去制作攻城的机器。

也许就是从这个时候起,列奥纳多开始把自己与人类区分开了。人类自相残杀的残忍,从方方面面让他感到排斥。后来,他在自己的笔记本中称之为"pazzia bestialissima",也就是"野兽般的愚蠢"。人类不再是连自然都要以之为模板的完美创造物,我们并不是任何神的宠儿。人只是另一种动物,行为也与动物一样,而且还不断地哄骗自己,说自己不是。要尊敬人,太难了,尊敬一匹高贵的马更容易些。

我认为,对于他人的意见、规矩和做派,列奥纳多本来还有一丝顾虑,可就在这个时候,最后这一点顾虑也消失了,列奥纳多慢慢开始变得不一样,变化之一就是他不再剪头发。

另一个变化是，他不再吃肉。一直以来，大家都说他是素食者，但并不清楚他是什么时候停止吃肉的，我认为就是在这一路上的某个地方。烤焦的人皮气味太生动，让他无法忘记。只要能不穿皮革，他就不穿皮革。他不想让死亡挂在自己身上。正如他后来写的那样，他不能允许自己成为"其他动物的坟墓，死尸的客栈……腐败的容器"。索罗亚斯特罗也是如此，"无论出于什么样的原因，他都不肯捏死一只跳蚤；他喜欢穿亚麻的衣服，不想穿与死亡有关的东西"。

这在当时的意大利（或者欧洲）实在太过罕见，列奥纳多是素食者这件事情几乎成了人们对他最为深刻的记忆之一。对于有些人，他们可能只见过列奥纳多这一个素食者。1516年，一位意大利旅行家去了印度，见到了古吉拉特人，他描述他们是"温和之人……不吃任何带血腥的食物，也不允许任何人伤害任何动物……"接着，仿佛是为了解释其中的奇怪之处，他补充道："……就像是我们的列奥纳多·达·芬奇。"

1月24日，列奥纳多告别恺撒，去往罗马。他绕了好大一圈，为的是避开还握在奥尔西尼家族手里的领地。旅途中很有可能有武装的卫兵保护他，使他免受伏击和抢劫。这又是好几天的骑马旅行。

这段时间如此煎熬，即使列奥纳多的健康情况很好（对此我并不确定），他每天要面临的压力也足以让人头脑麻痹。站在这个时间点，我们回望他在米兰的时光，那真是他人生中罕见的美好时光，充满安全感，吃住不愁，还受到了卢多维科的雇用和喜爱，更不要说那时他的健康状况也更好。那段时期，他有条件去发明创造，有条件去深思，也有精力和专注力去做很多事情。他想念那段时光，非常想念。现在，自从卢多维科垮台后，他就一直在四处奔波，很少有时间坐下来思考一下这个世界，更不要说去思索那些让他痛苦不已的问题。现在，他根据别人的日程、别人的安排来生活，每一天、每一个小时都是如此。跟大多数人一样，他因此感到愤怒和疲惫。在米兰，他有很多私人时间去思考、工作和成长；跟着恺撒四处奔走的日子里，一天当中没有一分钟是他自己的，每天都在杀戮、破坏，或是在目睹各种不可言状的东西中度过。

苦恼和痛苦之余，他很有可能已经请马基雅维利帮忙想办法，彻底辞去恺撒的委任，回到佛罗伦萨。佛罗伦萨正在与比萨交战，正是需要他的时候。

他刚到罗马，就见到了教皇亚历山大。教皇给他看了一封来自苏丹巴耶塞特二世的信件，这位苏丹想要找一位工程师去修建一座跨越金角湾的桥梁，一座约 180 米的桥，如果建成了，将会是当时最长的桥。在列奥纳多眼里，这一项目肯定是非常有吸引力的。

几百年后，人们发现列奥纳多真的给这位苏丹写了一封信，表示愿意为他效力。人们在土耳其语的文件里发现了这封信——已经被翻译成了土耳其语。这封信与 20 年前他写给卢多维科的那封自荐信非常相似，他同样也列出了自己的各种技能，可是这次他没有提到自己的军事工程才能。奇怪的是，他也没有提到绘画，也许是不想得罪反对圣像崇拜的摩尔人。他只想修建那座桥，或是其他民用工程项目，比如说青贮饲料水泵或者风车。关于这座桥，他在笔记本上画过一幅小小的素描图，在为恺撒进行调查的时候，他在里奥堡看到一座正在修建中的桥，那地方在伊莫拉西南方向 19 千米之处,就在亚平宁山脉的山脚下,也许这幅素描就是以此为基础画的。我认为在很大程度上,列奥纳多只是想尽可能地远离意大利和自己在意大利的生活,修建一座大桥就是最好的借口。

因为母亲卡特里娜,列奥纳多与奥斯曼帝国之间算是有种特殊的联系,这也可能是他想去那儿的原因之一。也许,他觉得可以在那里找到自己身份的某个方面,某种类似于文化根源的东西,某种异域却看起来熟悉的东西,某种他到了51岁还在寻觅的东西。最近两年的生活对他来说是一种摧毁,他也许想再次重建他的人生,他需要一位金主……

但是,他身在罗马,还在为恺撒·博尔吉亚工作,正在监督制作至少两个攻城设备。一个是可以连续发炮的武器,很可能与他为卢多维科画的那个很像;另一个是可以保护300名士兵爬上并翻过城墙的装置。在今天看来,那就像是有轮子的楼梯,顶上还有屋顶,士兵把这个东西推到城墙外面,就能从上面爬上去,而不用担心利箭穿透他们没有盔甲防护的身体。

到了2月底,恺撒离开了他正在围攻的切里,这里距离罗马只有大约32千米,是奥尔西尼家族的一个据点。他来到罗马,要与父亲及他的总工程师商量。他整个过程都戴着面具——他的面孔肯定是一团糟了。

不知道用了什么办法,列奥纳多从恺撒那里获得了自由,终于踏上了归程,目标是290千米之外的佛罗伦萨。考虑到他可悲的处境,7天的旅程真是太长了。列奥纳多再一次处在人生的转折点上。

时值冬末，也许还在下雪，他骑着战马，旅行袋里装满了脏衣服和笔记本。萨拉和索罗亚斯特罗很有可能跟他在一起，也骑着马。他再次思考了自己与恺撒在一起时所经历的事情，展望佛罗伦萨的生活。8个月前，他离开了佛罗伦萨，现在他回来了，与从前判若两人。

第十八章

回到佛罗伦萨

1503 年　位于卡斯提尔的塞维利亚获得了与"新大陆"的独家贸易权。
1503 年　切里尼奥拉战役成了历史上第一次使用火药以少胜多的战役。
1503 年　诺斯特拉达姆士[1]（1566—1566）去世。
1503 年　苏格兰和英格兰之间签订了《永久和平条约》，其效力维持了 10 年时间。
1503 年　西班牙女王伊莎贝拉一世下令禁止用暴力对待"新大陆"的当地部落。
1503 年　达·伽马在印度科钦建立了第一个葡萄牙人的要塞。
1503 年　经过了 433 年的修建，坎特伯雷大教堂终于完工了。
1503 年　欧洲的上流社会开始普遍使用手帕。
1503 年　列奥纳多开始绘制《圣母子和圣安妮》。[2]
1503 年　直至 1650 年，每年都有 1 600 万千克白银和 18.5 万千克黄金从"新大陆"流入塞维利亚的港口。

---

[1] 法国占星家。
[2] 此处为作者推断，暂无定论。

第十八章　回到佛罗伦萨

51 岁

　　回到佛罗伦萨，列奥纳多仿佛进入了另一个世界，这里有艺术、有创意，也从来不缺诽谤中伤的风言风语——这就是他记忆中往日的佛罗伦萨，那种辉煌与污浊并存的地方。同时，一种观念上的变化正悄悄发生着，之前他四处奔波，无暇留意，直到此时才有所察觉。这消息于他而言想必如晴天霹雳般震撼。

　　阿美利哥·维斯普西也是佛罗伦萨人，列奥纳多之前很有可能见过他。他在巴西海岸抛锚停靠时，一天晚上，他在观察星星时，突然意识到哥伦布在计算经度的时候犯了一个错误，一个很大的错误。阿美利哥·维斯普西抓耳挠腮，重新计算了哥伦布的数据。从1493年哥伦布回到西班牙到1502年的此时此刻，人们都认为哥伦布到达了日本的东海岸，然后又到了中国。哥伦布是这样想的，他也是这样告诉众人的，毫无疑问，列奥纳多也是这样认为的。这样一个错误的观点是从何而来的呢？一是因为对地球圆周的错误认识，另外还因为哥伦布蹩脚的测算能力，再加上人们对日本和中国一无所知。不管怎样，维斯普西更精通天体观测仪，这天晚上他意识到了这一点,他改变了欧洲,继而改变了周围的世界。他用自己的眼睛观察星星,突然意识到自己根本不是在日本的海岸边,眼前这个巨大的黑色陆地上到处都是鸟儿,这是一片新大陆。新大陆!在任何时代,这都是大新闻。这一新闻1504年在欧洲着陆时引发巨响,并且在多年里余音轰鸣。简直令人难以置信。

这就是为什么美洲被称作美洲:它是以阿美利哥·维斯普西的名字命名的[1],为的是纪念他振聋发聩的想法。不过幸好没有叫作维斯普西之地,这本来也是选项之一。

对此,列奥纳多是怎么想的呢?就像是在月球上登陆一样,这样的新闻改变了一切,影响了他看待周围世界的方式。于他而言,这就改变了语境,改变了框架。我想,这样一来,之前庞大无比的东西都变小了:教会、国王、公爵、人类机构、某些学者的言之凿凿,尤其是恺撒·博尔吉亚,都缩成了跳蚤大小。恺撒只是山丘上的另一只臭虫,他和他的父亲都是。列奥纳多有那种深层的时间感,一种地质时间的感觉,从他的笔记本就可以清楚地看出这一点。我认为,他也是用这种方式来看周围事件的,视角深邃而广阔。他不会脱离语境来看待事物。

他生活在一个转折的时代,但他自己无法知道这一点。他看到的是万物的虚幻,已定真理的不确定性,以及新事物的可能,旧事物的坚持。

新大陆也改变了他对自己的看法。这一改变如今当然已无迹可

---

[1] 美洲的英语为America,阿美利哥·维斯普西的名字是Amerigo Vespucci。

寻，但是，还有别的可能吗？在现存的笔记本中，他没有提到过一句话，但这并不能说明任何问题。无论他有没有用文字表达自己的看法，我们依然可以确定，他讨论过这一话题。那是因为他必然会与别人交谈，而别人都在谈论这件事情。新大陆！你无法不去谈论它。他所处的世界突然就大了很多，人们渺小了很多。

我还觉得，这让列奥纳多不再怀疑自我，他因此变得更加多疑了。教堂内外、宫廷内外有太多表情严肃的权威，他们对世界的认知都是错误的，新大陆就是证据。他们关于夜空的看法可能也是错误的。

这很有可能全面启发了列奥纳多的想象力。这一传奇而浪漫的伟大发现，推翻了之前所有的东西，就在他身边，随处可见。同样，人们也谈论在新大陆可以捞到的金子、那里的机会，还有丛林中无数的野蛮人。还有谣言提到人吃人的事情。美第奇家族又往西边派出了一条船。阿美利哥·维斯普西的这一重大发现，就是站在美第奇家族的船上完成的。

大约也是这个时候，列奥纳多在他的购物单上加上了玉米这一项。大发现的时代已在他周围展开，他必须得跟上。一个自学成才又需要重新开始的人，正好需要这样的刺激。探险家们从远方归来，带来各种消息，肯定影响了他对各种事情的看法。列奥纳多听说恺撒攻下了奥尔西尼家族的据点切里。有人说，恺撒这次攻城使用了一种独一无二的新型大炮，他向这座城市发射了6000枚燃烧的炮弹。这可能都是列奥纳多的功劳，但我怀疑，他现在对此一点儿也骄傲不起来。他又开始思考艺术了，这是他应对战争恐惧的方式。

有证据表明，大约在这个时间，他开始为一位名叫丽莎的女性绘制素描。

这幅素描本来可能会变成另外一个无名之辈的画像。此时，他有伊莎贝拉·德埃斯特（很有可能还有其他人）这样的金主给他达克特，请他绘制画像，他却选择为这位年轻的母亲、商人弗朗西斯科·德尔焦孔多的妻子作画，这人碰巧只是住在他父亲皮耶罗的街对面，而且显然没有支付任何报酬，这是为什么呢？在我看来，这更像是控制欲的问题。要想掌控一切，要想随心所欲地画，要想按照自己的理由而画，他就必须绕开贵族、绕开其他专横的人。他画这幅画，不欠任何人的恩情。没有收据、没有付款记录，也没有争论。这幅画究竟是怎么开始的？我们所知的也只有推测和间接的信息。这幅画源于列奥纳多体内的某种冲动，这种冲动没有被恺撒扼杀掉，如今重新焕发出生命力。这幅画是他为自己而作的。

这一次，列奥纳多全面融入了佛罗伦萨的生活，参与程度远远超过了他年轻的时候。他大步行走在城里，与各种各样的人再次联系。现在，他是公认的大师了，他在米兰创作了《最后的晚餐》，有些人看到过这幅画，而且他还创作了圣母领报堂的《圣母子和圣安妮》。

他是恺撒的总工程师，他发明的武器制造了前所未有的恐惧。有关他的谣言早已飞到人们耳中。从某种角度而言，恺撒的名声变成了他的。提到列奥纳多的名字，你就会听到："哦，是的……博尔吉亚的工程师？尽干脏事儿，对吧。"无论是好是坏，恺撒的污名也已不可避免地挂在了列奥纳多的身上。列奥纳多回到佛罗伦萨之后，马基雅维利和其他人肯定立刻盘问了他，打听恺撒的目标和行事方法。

那个夏末，从罗马传来了意外的消息。

很有可能是为了纳凉，8月6日，恺撒和他父亲亚历山大到红衣主教阿德里亚诺·达·科尔内托的宫殿花园就餐。花园对面有个池塘，里面滋生了很多蚊子。有只蚊子一头扎进了亚历山大教皇软绵绵的肉里，戳了一口后飞走了。恺撒和红衣主教也被叮了几口。神圣的报应？我们无从知道，但这三个人确实都染上了疟疾。恺撒和他父亲都接受了当时的疗法。亚历山大因为高烧，被浸泡在油和冰的混合物中，结果皮肤开始脱落。亚历山大的医生开始给他抽血，当时称为"放血"。一天内，医生给他"放掉"了约369克血，本意是为了治疗。整整12天，这对父子都挣扎在死亡的边缘，其中一个靠得更近一些……

后来消息传开，教皇亚历山大死了，他邪恶的儿子也气若游丝，街道上看不到半点悲痛的景象。没有人会想念亚历山大。亚历山大出任教皇后，凡是他触摸过的，都被玷污：他兜售教会职务、以吨出售赎罪券，赚取了无尽的财富；他纵酒狂欢、享受艳舞、购买一箱箱的珠宝；不仅如此，他还赤裸裸地滥用职权，造成的影响至今都未消除。亚历山大教皇发布了一系列的训谕，将新大陆一分为二，分给了葡萄牙和西班牙，当然了，他把大的一块给了自己的出生地西班牙。接着，他又支持奴隶制，亲手批准了在美洲大陆绵延300年的人间苦难。而初衷只是为了推动新大陆的发展，为自己在西班牙赢得影响力。

教皇的遗体被陈列出来,供罗马的神职人员和公民瞻仰,但遗体腐烂得太快,只好在上面覆盖了"一张旧挂毯"。拉斐尔·沃尔特拉诺写道,"那具尸体面目全非,已经发黑了,并且肿胀恶臭,看上去非常恶心。他的口鼻上覆盖着棕色的黏液,嘴巴张得很大,舌头因为毒素而肿胀,伸到了下巴上。按照习俗,人们应该亲吻他的手或脚,但没有人敢这样干",除了是疯子或是死忠分子。

葬礼之后,在将他的棺椁送回寝宫的途中,他的侍卫们开始争夺黄金烛台,亚历山大腐烂的尸体意外地从棺椁中掉了出来,落在大街上,整整一个晚上,尸体就躺在那里,没有人愿意碰一下。

接下来就是一片混乱,恺撒(听说奥尔西尼家族剩下的人正朝罗马赶来)只剩下半口气,躺在担架上,身后跟着很多辆马车,满载着一箱箱教皇的金子和珠宝,出了罗马城。接下来的几个月充斥着欺骗和迷茫,恺撒·博尔吉亚四处出击,但先是失去了新任教皇尤利乌斯二世的支持,继而又失去了统率教皇军队的权力,最终因为过往的罪行被扔进了牢房,喂臭虫去了。

再次回到佛罗伦萨,列奥纳多又开始思考战争。他没有选择,这就是他生活的年代,到处都在打仗。佛罗伦萨也处在与比萨的争斗中,结果失去了入海口——这对城市商人影响比较大。大多数学者认为,马基雅维利一开始从列奥纳多那里得到了启发,才制订了让亚诺河转向、不再流经比萨的方案,列奥纳多也随即被推为总工程师和策划者。他们一起在伊莫拉的时候,列奥纳多很有可能讲了很多事情，他在诺瓦拉的第一次战役的确是消磨夜晚时光的好故事。如果马基雅维利认为列奥纳多同样能改变亚诺河的河道，那么，早在几个月之前他就已经有了这个想法，早就可以向执政团提出建议，这不仅可以结束与比萨的战争，还可以帮助他的朋友列奥纳多摆脱恺撒。但是他并没有这么做。

佛罗伦萨与比萨的交战由来已久。10 年前，佛罗伦萨与比萨的交战中，列奥纳多一个同父异母的弟弟就死在战场上。同样地，佛罗伦萨想改道亚诺河，通过饥饿来制服比萨人也是"老皇历"。这是一个古老的想法，他们之前就曾尝试过。但丁甚至希望整座城市都毁灭才好。但是，列奥纳多的方案不一样，他把自己的想法绘制出来，给人一种肯定的幻觉，一切看起来都是那么真实。他的绘画一直都带有这样的魅力，他也曾一次次地利用这一点来达到自己的目的。但是，这也给他带来了麻烦，因为不仅别人信以为真了，连他自己也认为有可行性。瓦萨里抓住了这一特点，他肯定是从了解列奥纳多的人那里听说的。列奥纳多的左手会施魔法，甚至他自己也经常中招。他的绘画不仅仅是了解事物的过程，还是加工的过程，这就需要他自己也相信，甚至需要移情。他自己是否意识到了这一点？我不清楚。这会不会是他内心的一种方法——通过相信来让某种东西存在呢？

在影像尚未普及的时代，列奥纳多就是无中生有、让事物活灵活现地出现在众人眼前的艺术家或者魔法师。对于普通人而言，仿佛他的思考要比其他人更加真实，也更加具体、更加生动，当然也就更具有说服力。

但是，那些很美、很细致的计划真的能够实施吗？

只有实践才能知道答案，但是，看起来真的可以——这一点才重要。我们称为"逼真性"，即看起来是真的，这是贯穿列奥纳多人生的分界线。他的左手可以欺骗任何人，包括他自己，并且实际上也的确多次欺骗了他人，同时欺骗了他自己。也许，他已经对自己的魔法有所警觉。

对其他人而言，这样美妙的艺术是非常有冲击力的，如果之前从未见过这种类型的东西，就更是如此。如果一个人能够轻松做到这一点，就要提防这个人了，他能让你相信任何事情。

很不幸，佛罗伦萨城没有提高警惕（再加上马基雅维利雄辩的说服力），列奥纳多的魔法再次应验。他们接受了改道亚诺河的方案，正式采纳了他的计划，计划等到夏末就开始挖掘工作。

马基雅维利是列奥纳多的朋友，处于高位，可以给他找到舞台。现在，这位朋友给他安排了一项任务，为韦奇奥宫[1]新近扩建的议会大厅绘制一幅壁画。主题是安吉亚里战役——1440年佛罗伦萨人打败米兰人的一次胜利。列奥纳多自然是很感激，他需要这笔钱。恺撒似乎失信于他，没有支付之前的工程款项。

列奥纳多开始在头脑里构思整个画面，他要用一瞬间捕捉到战争所有的挣扎，就像他绘制《最后的晚餐》时那样，他要寻找一个意味深长的象征性时刻。他的脑子里满是过去一年的意象。他不缺

---

[1] 也译为佛罗伦萨旧宫、维奇奥宫。

少战争的意象，问题反而在于意象太多了。他要选择有深度、有复杂含义的，而不是通常那种肤浅、浪漫的陈词滥调——比如说，为了旗帜而战。他似乎花了好长时间寻找恰当的灵感，就这样，几个月过去了。

但是，他意识到，如果他选择惯有的为旗帜而战的陈词滥调，然后对其进行颠覆，让它显得无比真实，找到其中极致的恐惧点，他就能得到与自己对话的意象——而且面对不同的人，这样的意象还能传达不同的意思。他需要这样的战斗场面：随便看看的人，会点头称赞；但那些更深入研究的人会看到画面下暗藏着其他的东西——颠覆性的东西。列奥纳多喜欢那种展现了动作并能通过动作推测出观看者想法的灵感。你死我活的战斗，只为了一根拴了块布的木棍，简直是完美的想法。他向我们展示了战场的绝对疯狂与低能，实现了他要的颠覆。从常规的眼光看来，这是无比英勇的时刻，同时又愚蠢到无法用语言表达。这不是歌功颂德的画作，它讲述的是荣耀中的疯狂。列奥纳多对战争的情感已经发生了改变，这种改变在这幅画中得到了体现。

我认为，他到了人生的这个阶段，面对这样的主题，任何一种其他的表现方式都会让他感到窒息。然而，他仍需在纸上呈现出这幅画，在这个过程中，他用上了自己的艺术、技能甚至自己毕生所学。他发现自己在美化他所憎恶的东西。不知不觉中，《安吉亚里之战》是如此赏心悦目。面对这一冲突，我不知道他是怎么想的，他的心里是否因为自己美化了死亡和疯狂而感到混乱呢？他觉得手里的画笔越来越沉重，仿佛陷入了某种进退两难的困境。

有人认为列奥纳多是一位冷峻而且善于分析的艺术家,在创作的时候冷淡而平静。这种看法是错误的。他的艺术和他的情感是捆绑在一起的,而且在很大程度上依赖于他的情感。跟大多数的艺术家一样,列奥纳多也受情感的驱使,其程度毫不逊色其他艺术家。他知道这一点——"如果精神与手无法合作,就没有艺术"。没有情感(或者是有太多的情感),他很难把艺术继续下去。无论处于何种心境,他都能制造机器;艺术还需要另外的东西,而他并不是随时都拥有这样东西:他要跳入其中,成为他创造的主题,真切去感受,同时身处两个不同的空间。他依靠的是灵感,他一直都是这样。没有灵感,他就只能找借口,怪天气不好。

他要绘制的是战争主题,这幅画就是要鼓舞执政委员会。他慢慢构思,反复斟酌,直到最后才找到了这样一个纯粹而又模棱两可的瞬间。然而,他仍然在构思自己最想忘记的事情,那就是战争的惨状。为了完成草图,他一遍遍地重温记忆中战争的惨烈。显然,他是在强迫自己做这项工作。

他需要钱。他已经两次从存款中提取了50个达克特。为议会厅绘制壁画的工作,使他每个月可以领到15个达克特,他非常需要这笔钱。

第十九章

作　　战

1504 年　哥伦布用他在月食方面的知识说服牙买加部落成员为他提供补给。
1504 年　札希尔·乌德丁·穆罕默德占领了喀布尔。
1504 年　威尼斯大使提议奥斯曼帝国修建苏伊士运河。
1504 年　德意志人马蒂亚斯·格吕奈瓦尔德绘制《耶稣磔刑》。
1504 年　拉斐尔绘制圣坛画《圣母的婚礼》。
1504 年　菲利皮诺·利皮（1457—1504）在佛罗伦萨去世。
1504 年　西班牙发生干旱和饥荒。
1504 年　米开朗琪罗完成雕塑《大卫》。
1504 年　希罗尼穆斯·博斯完成《充满尘世快乐的花园》。

52 岁

列奥纳多得到了圣母玛利亚教堂的教皇大厅作为画室，用于绘制全尺寸大小的《安吉亚里之战》。但是，这地方又破又旧，需要好好修缮之后才能使用。窗户坏了，房顶漏了，看起来十分破败。破败到甚至可能会有落叶穿堂而过。列奥纳多很有可能睡在这里，还有萨拉和索罗亚斯特罗，谁知道呢？他把所有的东西都搬到那里了，其中就有他到当时为止已经拥有的 116 本书。这在当时是名副其实的图书馆了，书堆得到处都是。他在笔记本里记下了一份书目。此处还有这样的记录（可能是萨拉或索罗亚斯特罗所写）："最近钱真是太紧张了！"为了支付账单，列奥纳多不得不专注于安吉亚里战役屠杀的细节，而他脑子里已经有太多这样的细节了。他可以嗅到细节的味道，这些味道还残留在他的鼻孔里。现在，他要做的就是把这些细节整理安排出来。

就在这样的混乱中，他终于开始绘制这幅画中心位置的内容：噩梦一般的混乱中，纠缠的躯体在撞击、搏斗，竭力把对方置于死地，头顶上是高举的利剑，正准备砍下最后一剑。就在这团冲撞的肉体旁边，在一处不易察觉的地方，他画上了一只疯狂的眼睛，这只眼睛来自一匹惊恐的马，而且正直愣愣地盯着你。

这样的构图，可以成为极品的雕塑。其中的人和马，每一副面孔，每一个动作，似乎都栩栩如生、刻骨铭心。这样的构图肯定让他心力交瘁。这就是狂暴杀戮的真实模样，你可以嗅到它的气息，你与它如此接近，身上几乎要溅上唾沫和鲜血。这就是地狱的景象。甚至马儿们也在互相撕咬。这是完整而彻底的消亡，而且是自寻灭绝。这一切，只为了一面旗帜。

此处，列奥纳多似乎没有任何推测想象，没有半点夸张的编造。他不需要填补任何知识的空缺，也没有需要测量的东西。他见识过特写镜头下的疯狂。这样的构图有一种圆润熟思的质地，表明了作者对战争场面非常熟悉。他看到了，并且重新回想了他看到过的东西，然后一次次地作出修改，努力提取某种美、提取某种生于苦痛与死亡的艺术。

或者，在他的个人世界里，这就是执政团让他做的事情。当然了，执政团不会请任何画家这样做，但是对于列奥纳多而言，这就是他的工作：拿出你觉得最憎恶的东西，把它打扮得美美的，放在贪得无厌的佛罗伦萨议员和公证人面前，然后他们说，"谢谢你，这是15个达克特"。

他真的努力了，我相信这一点，但是，他画这幅画时依然感觉不自在。他很难专注起来。他在自己的画室竭力完善草图，可进展却不尽如人意。事实上，他现在想要的是宁静祥和的东西，比如说他放在角落里的《蒙娜丽莎》。有空的时候，他就会想象《蒙娜丽莎》，这才是他真正感兴趣的东西。他每天都在画，至少是在脑海里酝酿。怎样才能捕捉到那种生命跳动的感觉呢？它很庞大，却又很脆弱，过去的几个月或者几年当中，他一次次地瞥见这一幕。现在我们知道，列奥纳多做了很多实验——如今我们看到的这幅画前面还有3个早期的版本，他对这幅画的野心越来越大，他的洞察越来越深邃。

虽然他的经济来源是《安吉亚里之战》这幅画，而且负责画这幅画的确很有面子，但他的心并不在此。他逼着自己往前走，可分散他注意力的事情至少有20项。他又开始设计机器了，有各种乐器、挖掘机、多西亚瓷器碾磨机，还有芬奇湖的水闸。根据自己在米兰的经历，他为绘制壁画设计了一种工作平台，可以通过折叠装置实现上下移动，这一折叠设计是由可移动的旋转横梁构成的。看起来，世间万物都能激发他的灵感，只有那幅壁画是个例外。这么多转移他注意力的东西，足以说明他启动了应对机制，不想面对那幅画。他的周围还萦绕着太多的死亡，他想要远离这些死亡。这看起来就像是他自己都解释不清楚、也无法用语言表达的事情。他卡住了。

更不要说他花了多少时间独自琢磨他的《蒙娜丽莎》。

然而，他还没有完成草图，还没有开始真正的壁画绘制，佛罗伦萨的官员们开始担心了，毕竟，距离工程开始已经快6个月了。于是，他们派马基雅维利来跟他谈谈。

也许列奥纳多试图解释，或者他只是含糊其词。也许他给马基雅维利看了已经初步上色、快要完成并可以转移到墙壁上的草图。或者是等他完成了这部分草图，就马上上色。他们肯定是在房间里转来转去，但最终还是签订了新合同，这份合同对列奥纳多很慷慨，并且对他的拖延既往不咎——只要他开始绘制壁画就好！如果他能够上点颜色，如果他能够抹上内涂层，也许再画上底稿，他甚至可以有更多的时间绘制草图。拜托了，有点行动吧。

大概在这一时期，发生了一件罕见的事情：列奥纳多出席了一次公开讨论活动，这一次讨论有文件记录。佛罗伦萨城召集了艺术家、发明家和其他手艺人来集思广益，想一想米开朗琪罗的大卫雕塑应该放在哪里。这座雕塑刚完成，还放在米开朗琪罗没有屋顶的工作室里。这个工作室在大教堂的作坊里，同时也是此次聚会的地点。

这次聚会是1504年1月佛罗伦萨艺术界一次历史性的集合。米开朗琪罗站在角落里，皱着眉头看着所有的人。除了他，还有一屋子的天才在到处走动。天气非常冷，他们说话的时候，白色的呵气都看得见。再过一两周的时间，亚诺河会冻住，人可以从冰上直接走到河对岸。列奥纳多为了保暖，肯定是裹得严严实实的，就像是沙尘暴中的贝都因[1]牧人。房间里的每个人列奥纳多都认识，他们也认识他。有波提切利、洛伦佐·迪克雷迪、佩鲁吉诺、大卫·基兰达约和菲利皮诺·利皮，菲利皮诺·利皮看上去身体不太好。甚至还有一位钟表匠和一个叫作"卷毛金匠"的家伙。这是让人肃然起敬的一群人，群英荟萃。他们在亲切地交谈，用手遮挡着嘴巴，低声讲着笑话；他们相互打量，挑剔得要命。这样的聚会往往都是

---

[1] 阿拉伯游牧民族。

这种景象。

米开朗琪罗巨大的大卫雕塑正站在角落里。最初设想的是要放在屋顶上，但现在因为这雕塑太美，不应该安放在屋顶那么遥远的地方，所以众人要在佛罗伦萨市政广场[1]给它找个位置。但是，具体放在哪里呢？艺术家们被召集到一起，帮助执政团做决定。

我觉得，虽然有的艺术家会时不时表现出狂野的个性，但作为一个群体，这群艺术家的共性大于他们的差异性。他们都有服务于市场的价值观，他们都信奉遵守权益和条款的处世之道，他们的宗教信仰也是土生土长的。波提切利是个狂热的基督徒，是萨沃纳罗拉的追随者；米开朗琪罗也是虔诚的信徒，他把自己看作上帝的工具。所有这些人都迷信，都属于他们所处的时代——只有一个人例外。那个家伙穿着紫色的袍子，裹得像贝都因人，手里拿着速写本。所有人都注意到了这个人。

在一群艺术家面前掏出速写本，开始画画——特别还是这么一群杰出的艺术家——这需要些肆无忌惮的个性。在场的其他人肯定也注意到了。他把眼前巨大的大卫雕塑画下来了，至少是一种版本的大卫：列奥纳多描绘的大卫是个暴徒，有点蠢的样子，全是肌肉，没有大脑，但这幅素描流传了下来。虽然他的解读很疯狂，但他准确地画下了这尊雕塑的形态，每一块肌肉的虬结都捕捉到了。坐在列奥纳多旁边的家伙看了看，点头微笑。米开朗琪罗就坐在角落里盯着。房间里火花四溅。

---

[1] 也译为西尼约里亚广场。

讨论开始了，首先共和国的第一传令官致辞，他发表看法，认为多纳泰罗的《朱迪丝和荷罗孚尼》给佛罗伦萨带来了厄运，现在还占据着大教堂前面的中心位置。接着，他描述了如何亲眼看到多纳泰罗的雕塑带来的邪恶从天而降，进而解释了为什么多纳泰罗的雕塑必须挪开，而米开朗琪罗的雕塑将取而代之。大卫雕塑给世界发出了正确的信息，能保佑所有人平安无事。这似乎就是官方的看法，认为《朱迪丝和荷罗孚尼》带着巫术，数年来一直给这座城市带来厄运（至少，这说明了文艺复兴时期艺术在人们心中的力量）。

第一传令官想要说服众人，并试图通过引发恐惧来达到目的。这一招很有可能奏效了，至少对有些人是这样。一些人表达了谨慎的态度，认为大卫雕塑看上去咄咄逼人，放在如此醒目的位置，不是一样会给这座城市带来麻烦吗？有人担心天气的影响，建议放在门廊下，这样就不会受到风雨侵蚀，并且也不碍事。与会的29人基本上分成了两派，一派认为放在门廊下好，一派认为取代《朱迪丝和荷罗孚尼》的位置好，但各有各的理由。

只有一个人因为观瞻方面的考虑，反对把大卫雕塑放置在中心位置："出于'得体装饰'的考虑，我同意朱利亚诺说的位置，放在门廊下，但应该放在矮墙那里，对面的墙上有挂毯。"意思就是说，放在门廊下，再加上遮羞布，这东西就不那么碍事碍眼了。房间里所有的人都在微笑，他们可能都明白是怎么一回事。

这个人如此正统，关心公共场合的体面，他是谁呢？某个站在房间后面、特立独行的监管？肯定不会是我们的列奥纳多。

——不，他就是列奥纳多，他在维护公共道德，鞭挞邪恶。

到底是怎么回事？

列奥纳多和米开朗琪罗之间似乎有些嫌隙。这是从什么时候开始的？不清楚，但很可能已经有一段时间了。此刻，列奥纳多正在回敬对方之前的无礼之举。乔纳森·琼斯在《迷失的战斗》中认为列奥纳多是第一个提出了"得体装饰"的人，他播下的这颗种子，很快就生根发芽，并在讨论会结束之前就得到了认可。与会人员认为（折中意见），为了避免破坏官员们的威仪，应该用青铜制成的皮带把大卫雕塑巨大的阳具遮掩起来，皮带将由 28 个小无花果树叶组成。

米开朗琪罗有没有火冒三丈？有没有抗议、反驳、发脾气、控诉般地指着列奥纳多，或者大步离开？我们不知道，这份文件没有记录这些。根据一位化名"马格里亚贝奇亚诺"的作者的说法，到了这年夏天，才有了后续的事情。这很有可能发生在大卫雕塑被运到大教堂广场之前，而这段时间米开朗琪罗一边给自己的宝贝作品安装皮带，一边在心里狠狠运气。

根据"马格里亚贝奇亚诺"的说法，有一天，列奥纳多正在斯皮尼大宅与几个人聊闲天，谈论的是但丁，显然大家对一段话有争议。这时米开朗琪罗正好从旁边走过，离他们很近，列奥纳多就做了个手势，说："也许米开朗琪罗可以给我们解释一下。"

此刻，米开朗琪罗猛然转身，"马格里亚贝奇亚诺"是这样写的："他想要咬他一口。"接着，米开朗琪罗大声叫道，其他人都听到了——"'你自己解释吧。你，设计了一匹马要做青铜雕塑，却没能做成，你耻辱地放弃了。'说完，他转身背对他们，就离开了。列奥纳多站在那里，脸都气红了。"

这是非常有趣的一刻：其一在于，一个关于但丁的简单问题，竟招来米开朗琪罗这样张牙舞爪的回答，体现了他某些被压抑的愤怒；其二是疯狂的人特有的那种聪明劲儿，米开朗琪罗知道怎么样才能伤害到列奥纳多，怎么样才能让他"脸都气红了"。他指责列奥纳多耻辱地放弃了青铜雕塑。

正如乔纳森·琼斯指出的那样，列奥纳多生活在以耻辱为惩戒基础的社会，而我们的社会是以有罪为惩戒基础的，两者截然不同。有罪针对的是个人，而耻辱则会波及整个家族，甚至是祖先。

我觉得，从很多方面而言，佛罗伦萨是个小镇，人们彼此都知根知底，在艺术界更是如此。此时列奥纳多的父亲就要死了，或者已经去世了。我们不知道列奥纳多是否与父亲达成了和解，但有一点很清楚，那就是皮耶罗忽视了列奥纳多的存在，把自己的财产和田产留给了合法出生的儿子，列奥纳多没有份儿。我认为这两件事情发生的时间很近，足以产生共鸣，对米开朗琪罗如此，对列奥纳多也是如此。而米开朗琪罗与自己父亲的关系非常亲密。耻辱无处不在，列奥纳多脸红了。谁知道呢？

对于列奥纳多而言，1504年的夏天非常糟糕。他的父亲就要死了，并且至死都与这个私生子关系不好。列奥纳多还在努力构思壁画的草图，但佛罗伦萨委员会已经在抱怨了，壁画怎么还没有动工呢？他们再次派遣马基雅维利跟他谈话，这位好朋友为了他可是处境艰难。如果他开始动工，就能有更多时间完成草图，就像我们之前说过的那样。大家都不想过分。列奥纳多，加把劲儿，为了佛罗伦萨，为了你自己的声誉。而且，已经签订了合同，列奥纳多。执政团很着急，他们可不想市政广场一直处于未完工的状态。列奥纳多呀，所有的那些事情，他们都听说了。这幅画必须完成。

列奥纳多同意再试一次。显然，他遇到了很大的障碍，正在挣扎中。肯定是因为他觉得很难在屠杀、流血和空洞的事业上发挥想象力。谁又能怪罪他呢？他抑郁了。就在这段时间，他记录下自己的一个梦境。他梦见自己是个婴儿，一只鸟儿朝着他的摇篮俯冲下来，用尾巴拍打他的嘴巴。他又开始构思自己的机械鸟儿了。他还绘制了一幅素描，内容是勒达下了一个蛋。

他父亲下葬了，他有没有去帮忙处理遗体？别人允许他插手吗？他们最后一次见面是怎样的情景？已经有尸体了，他满脑子都是尸体。他想要逃跑，想要飞走。

列奥纳多并不是马基雅维利那样遵守制度的人。对于马基雅维利而言，项目比人重要，这也许就是他们两人最大的区别之一，这也是列奥纳多和大多数现代人最大的区别之一。在列奥纳多眼里，佛罗伦萨委员会只是他认识的人；他们期待这项工程完工，只是他们不了解情况，实际情况与他们的预期并不一致。还要再等等。

不管怎样，他是签订了合同的。他还是要再次烦躁地勾画草图，这时另一颗炮弹落下来了：执政团的八人委员会决定在列奥纳多和狂人米开朗琪罗之间展开竞赛，让他俩同时为市政广场的议会大厅绘制壁画。

列奥纳多听到这个消息，会怎么想？这不难猜。他肯定觉得受到了突袭，挨了一记重拳。竞赛与艺术完全是两回事。你雇了他，然后又搞起了竞赛，本来只是难事，现在变成了不可能完成的事。列奥纳多肯定对马基雅维利这样说了，但他们已经无能为力。这是执政团的最终决议。列奥纳多已经没有心思作画了。他觉得自己现在是在战斗。他害怕失败，而房间另一头摩拳擦掌的米开朗琪罗更是让他惶惶不安。这个夏天糟得不能再糟了。

经常有人说（最开始是瓦萨里），这场竞赛是佛罗伦萨文艺复兴的秘制酱料，所有的人都会从中获益。对此，我并不太认同。我认为，瓦萨里更像是在谈论他自己。在我看来，竞赛和冲突在让列奥纳多兴奋的同时，也同样让他感到反感，很多人都是这样。逼迫他参加竞赛，是一个真真切切的错误决定。

几周后，米开朗琪罗的大卫雕塑穿过佛罗伦萨的街道，来到了市政广场。这是40个人推着14根抹了油的圆木，花了整整4天才完成的。

第一天晚上，就有人朝雕塑扔石头，之后不得不派卫兵看守。没有证据表明这位神秘的罪犯是谁。

这一年秋天，亚诺河改道的工程开始了。列奥纳多只是这个大项目的总设计师，并不是现场的工程师。在现场负责的是一个叫科隆比诺的人，显然他在多处重要的地方修改了方案，所以，列奥纳多也许不应该对即将发生的灾难负全责，他也不应该因此受到责难。

挖运河，修建水闸，需要2000多人整天挖个不停，另外1000多名士兵在旁边保护他们不受比萨人的袭击。比萨人看得到他们在干什么，自然也不可能欢迎他们的做法。一天，狂风暴雨突至，灾难也随之降临。墙垮了，水库空了，洪水四处泛滥，冲毁了田地，淹死了80个人。佛罗伦萨付出了巨大的代价：最终损失高达7000个达克特。主管工程师科隆比诺追求进度不断赶工，并且偷工减料，终于招致灾难。列奥纳多的声誉也因此坠入泥淖——再次坠入了泥淖。欢迎回到佛罗伦萨。顺便问一下，我们的那幅画在哪里呢？

这一年太糟糕了，到了年末，列奥纳多重新接了一份军事工程师的工作，暂时离开了佛罗伦萨。他去了海边城市皮翁比诺，为这座城市设计新的防御工程，但最终并未建成；同时，他还顺道去芬奇探望了叔父弗朗西斯科。离开佛罗伦萨一段时间，对他是件好事。去海边，呼吸一点咸味的空气，看着海鸥在头顶盘旋，清空脑子，什么也不想。他研究过大炮打在垂直石头墙体上的效果，他最终设计的堡垒就是这一研究的成果。他没有用垂直的石头墙，而是使用同轴的土墙护堤来分散炮弹和士兵的进攻。这一设计非常激进前卫。米开朗琪罗肯定是看到了这些方案，因为20年后，他为佛罗伦萨设计了类似的东西。

离开皮翁比诺之后，列奥纳多顺路去了一趟芬奇，看望他的叔父。他的叔父已经68岁了，也许身体不太好。事实上，这一次探望后不久，弗朗西斯科就去世了。弗朗西斯科修改了遗嘱，把所有的财产都留给了列奥纳多，而非其他合法出生的侄子。最后这件事还闹上了法庭，但这一举动很能说明问题：一是他们关系亲密；二是列奥纳多与生父关系极其糟糕（可以把这看成弥补他父亲铁石心肠的举动）。

在我们看来，1504年是列奥纳多人生中的一段史诗，但在他自己看来呢？也许，他是坐在芬奇的门廊下，与叔父弗朗西斯科斜靠在一起，躺在阴影中回想这一年的萧条吧。

第二十章

跳下悬崖

1505 年	葡萄牙人洗劫了东非岛屿城邦基卢瓦,杀死了没有进贡的国王。
1505 年	瓦西里三世继伊凡三世之后,成为莫斯科大公。
1505 年	葡萄牙人在非洲东海岸建立了有防御工事的贸易站。
1505 年	西班牙探险家胡安·德·贝穆德斯发现了百慕大群岛。
1505 年	被闪电吓到的马丁·路德立誓成为修士。
1505 年	拉斐尔绘制了《美惠三女神》。
1505 年	波兰禁止农民离开土地,建立了农奴制。
1505 年	中国弘治皇帝(1470—1505)去世。
1505 年	费拉拉公爵埃尔科莱一世·德斯特(1431—1505)去世。

53 岁

回到佛罗伦萨之后，为了履行《安吉亚里之战》的合同，列奥纳多购买了所需物资，并终于组装好了他定制的平台。接着，他准备好了墙壁，虽然草图还没有完成，但他还是开始把中间部分的画面转移到了墙面上：为条款而战。等一切准备就绪，他真正开始作画的时候，一个新问题出现了——他的颜料有问题。

看上去，他又在做实验了，就像他在米兰绘制《最后的晚餐》时那样，这一次甚至更糟糕——颜料根本无法附着在墙上。这一次，据说因为他用了变质的胡桃油，可事实并非如此，罪魁祸首就是不停胡乱摆弄颜料的他自己。

但是，让列奥纳多不再折腾就像叫鲨鱼不要游泳那样难。他想，也许这一次能找到正确的颜料配方，他觉得也许应该用亚麻籽油，或者用其他的东西……结果又失败了。他不得不重新来过，再次准备墙面。答案就在那儿。他总会找到答案的，只是需要更多的时间。

问题一个个冒出来。事实上，问题铺天盖地地朝他涌来。看着他跟自己搏斗，肯定让人惊奇。

大多数传记作家认为，大概就在这个时候，列奥纳多准备试飞他某个版本的飞行机器。毫无疑问，他现在有了教皇大厅作为工作室，可以制造这个东西了。从5年前离开米兰开始，直到现在，他才再次拥有了这样的空间。当年，他制作了某种机器，从老城堡的屋顶上飞下来，吓飞了鸟儿，但我们并不清楚其中的细节。上一次试飞之后，他苦思了很长时间，为下一次制造飞行机器的机会作准备。如今，他终于把这只大鸟建好了，他在笔记本中做了记录，仿佛是特意留给别人研读一样。乔纳森·琼斯指出，这一记录是鸟类和人类精神萨满教式的混合物：这只巨大的鸟儿会从一只巨大的天鹅背上首次起飞，震撼世人，名垂千古，从而给这只鸟儿诞生的鸟巢带去永远的荣耀。

这一宣言带着一种狂欢的味道，就写在笔记本的封面上。这是他用来研究鸟儿和飞行的本子。这条宣言还在他所谓的《鸟类飞行法典》笔记中出现过，记录日期是1505年4月14日，他53岁生日的前一天。他想要在生日这一天试飞？也许这次试飞是他送给自己的礼物。他最初很有可能是把这句话写在了笔记本里面，但是他太喜欢这一宣言了，就抄写到了封面上，进行了一点编辑改动。列奥纳多什么事情都要编辑修改：他说的每句话、他看见的每件东西，很有可能还有他至少一半的念头。这就是他的默认模式，总是在调整中。

他必须把这个"设备"从教皇大厅里拖出来，从北边出城，运到塞西里山的顶部，也就是众所周知的"天鹅山"。这么大的动静，人们不会不知道，而且还很有可能会争相前往，一睹为快。这东西怎么保密呢？

我们知道，从后人的试飞经历来看，首次试飞总是困难重重。要么就是运输过程中某个零件坏掉了，要么就是有东西忘在工作室了，要么就是绳子松动了，要么就是机翼撕破了。即使到达了起飞地点，事情也不会像你希望的那样顺利，往往到了最后一秒，还需要临时想办法把帆布固定在框架上，然后把一些部件摆置正确。所有这一切都让人抓狂。如果你是历史上第一个尝试的人，那就更抓狂了。你自然希望事情顺利一点，但所有这些东西都有可能出错，想到这里，列奥纳多心中既有疯狂的希望，又有郁闷的愤怒。

虽然没有确切证据表明，但这次试飞进行得并不顺利。我猜，以当时的技术条件，机器要飞起来，就不可能载人。如果真的成功了，列奥纳多肯定会逢人就讲，而且他肯定会在《鸟类飞行法典》上增加一个章节的内容来介绍他的成功，甚至会把题目改成《鸟类和人类的飞行法典》。到时候他可能会想将其出版吧？但是，他并没有成功。我觉得他根本就没有飞起来。我怀疑，当时在山顶上，飞行机器弹出来的时候，躺在上面的是比他年轻、比他强壮的索罗亚斯特罗。

谢天谢地，当时还没有照相技术，否则我们对他的整个看法都要被颠覆了。想想吧，他探着身子，看着飞行机器的残骸，而索罗亚斯特罗扭曲的身体就躺在岩石中。

没有人知道为什么他的飞行机器会失败，因为他有数个设计方案，我们并不清楚他具体试飞的是哪一个。他最有可能飞起来的设计是他的滑翔机，但这个设计没有垂直的尾翼，如果真的弹到了空中，就会疯狂地旋转下坠，最后一头栽进下方的泥土，从头到尾都会伴着索罗亚斯特罗高低起伏的尖叫声。

可怜的索罗亚斯特罗。我敢打赌，靠着这个故事，好多年里都有人请他吃饭。

的确有一条记录提到了列奥纳多的这一次试飞。他一个朋友的后人，法齐奥·卡达诺，在1550年写道："芬奇白费功夫。"

所以，列奥纳多没有得到荣耀。他回到画室准备颜料，重新着手绘制《安吉亚里之战》，其间索罗亚斯特罗一直在角落呻吟，分散他的注意力。也许，列奥纳多给他提供了葡萄酒和印度大麻，也许还给他用了别的什么东西；或者，更有可能的是，索罗亚斯特罗自己在用药缓解疼痛。他本身就是相当不错的草药师，列奥纳多也是。

这是他最后一次尝试画那幅壁画。接着发生了一件事情，之后他就不画了，这件事显然令他十分挫败，他离开了大厅，没有再回来。发生了什么呢？

可能是收到了委员会的信件，责问他为什么不画；或者是他觉得自己马上就会收到这样一封信，于是他准备好了答复，写在笔记本里，免得忘了：

> 1505年6月6日，星期五，钟声敲响了13下，我开始在宫殿作画。正准备落笔，就在这一刻，天色暗下来，钟声敲响，请人们前去商议。草图撕毁了。水罐打破了，水洒了一地。突

然，天气大变，下起了倾盆大雨，一直到傍晚才停。天黑得就像晚上一样。

这封信读起来有点混乱，乱七八糟的因果关系，也许是想打乱事实，迷惑对方。我读这封信，感觉这是他写的草稿（或者是请人帮他写的），就是想解释自己放弃这幅壁画的事情。有人认为，这封信似乎是想说兆头不好、运气不好，即说明列奥纳多本质上是一个非常迷信的人。我并不这样看，我认为他只是在描述一种无法控制的愠怒。我觉得，在这一刻，他甩手不干了，类似于他之前在米兰与卢多维科秘书的冲突，他一下就冲出了房间。

这一类事情通常不会记录在他的笔记本中——他很少解释或是叙述自己的行为，所以当他真的这样做时，就很能说明问题。这有可能说明列奥纳多已经到达了与人相处的极限，无法控制自己的脾气和感觉。有人觉得他处事冷静，这种看法是不对的。之前，他与恺撒相处了一段时间，现在，这是他反弹的表现之一。这段日子里，他对胡说八道的耐受力非常低。

如果画不下去，就是画不下去。我不干了。

但是，值得注意的是，这样丢下未完成的壁画一走了之，把他的朋友马基雅维利置于非常不利的局面，也许还影响了马基雅维利作为公务员的事业——比亚诺河那件事情对他声誉的影响更甚。列奥纳多让很多人都感到为难，他自己也很为难，但《安吉亚里之战》这幅画，他就是画不下去了。这个拥有超常的感知力，同时又极其敏感的男人生活在大理念、小动作和朦胧氛围组成的半阴影之下，这种时候，无论是什么样的心理状态，他就是焦躁不安、筋疲力尽。今天，我们将这种状态称为 PTSD[1]，这是我们的诗意表达。我更倾向于阿尔布雷特·丢勒的说法：抑郁症。列奥纳多很有可能也会这样表达：抑郁。

8 月，他们就不再给列奥纳多支付报酬，列奥纳多可能自此也不待在教皇大厅，而是带着团队搬到了别的地方。我希望他们找到了新的地方，最好是在一楼，不用爬上爬下。他又开始作画了，都是些小作品，比如他的《蒙娜丽莎》，乖张的《勒达与天鹅》。他在写"地球体"和"鸟类的灵魂"之类的东西，忙着解答数学问题，想要"化圆为方"，从这一点来看，他很有可能又与帕乔利一起消磨时间了。换言之，他就是在转移注意力，不去关注外面世界的合同、朋友和冲突。他要关注小而可控的空间，在这样的空间里，他可以正常生活，感觉自己还活着，觉得世界广阔舒坦。他所谓的"抑制让艺术呼吸，自由让艺术窒息"，表达的就是这种感觉。

琼斯认为绘画能让列奥纳多进入恍惚入迷的状态，但我认为其他的东西也有这样的作用。解答数学问题、解剖蠕虫和老鼠、研究暴雨后冲刷而过的雨水，弹奏里拉琴——任何东西，真的，只要能将他从天马行空的思考中解救出来。当时有些人肯定就是这样对抗压力的。当年艾萨克·牛顿觉得无聊的时候也是这样的——无事可做时只好重新计算对数。在他的工作笔记里，高等数学看起来真是

---

[1] 创伤后应激障碍。

悲伤孤独到了极点。

但是，我们不应该忽视的是，这样的无聊往往是创新的前奏，牛顿的时间没有浪费，列奥纳多的时间也没有浪费。今天，我们有无数分散注意力的东西和无数心照不宣的观念，很大程度上，我们已经失去了他们这样的节奏，我们通常都是按照别人的节奏做事。这是列奥纳多重新找回工作状态的过程，这是他成长的方式。他知道灵感来自何处，他知道在纷乱的人群中是没有灵感的。

第二十一章

我要离开这里!

1506 年	至少有 2000 名犹太人在葡萄牙里斯本遭到屠杀。
1506 年	克里斯托弗·哥伦布（1451—1506）在西班牙的巴里亚多利德去世。
1506 年	洛伦索·德·阿尔梅达到达马尔代夫和斯里兰卡。
1506 年	罗马出土了古典雕塑《拉奥孔》。
1506 年	瑞士卫队到达梵蒂冈，成为永久性的宫殿卫兵。
1506 年	教皇尤里乌斯二世为罗马的新圣彼得大教堂奠基。
1506 年	教皇尤利乌斯亲自带领自己的军队进入了博洛尼亚。
1506 年	特里斯坦·达·库尼亚发现特里斯坦-达库尼亚群岛，并以自己的名字为之命名。
1506 年	卡斯蒂利亚的腓力一世（1478—1506）去世。
1506 年	列奥纳多绘制《岩间圣母Ⅱ》。

第二十一章 我要离开这里！

54 岁

列奥纳多想要逃离佛罗伦萨，却因被执政团拒绝而没能如愿。这时候，大家都知道他过往的事情了。甚至在议会大厅壁画项目签订之前，人们就知道所有他放弃的项目了：最开始是1482年的《三博士朝圣》（仍然没有完成，还收藏在乔瓦尼·德·班琪，也就是吉内薇拉的兄弟家中），接着就是几年前米兰卢多维科的那匹大马。马基雅维利必定十分擅长说服别人，有他作保，再加上列奥纳多自己的保证，与执政团的合同才签下来。一年半的时间过去了，墙上还只是一幅令人捉摸不透的半成品。这下执政团对列奥纳多的容忍已然消失殆尽。

画完那幅该死的画！

你可以想象列奥纳多面临的压力。无论他走到哪里，都有人提醒他这幅画的存在："大厅的事情怎么样了，快完成了吗？"

他很难专注，什么事都干不成。有太多的事情分散他的注意力。米兰的老问题又冒了出来，需要他回去解决，可他首先要得到允许。也就是说，他必须向执政团保证他一定会回来解决壁画这个烂摊子，只要等他把米兰的烂摊子解决了,就马上回来。所有人都明白个中缘由,但是,他们就是不肯放行。

列奥纳多,把壁画画完。都这个时候了,本来也应该完成了。我们已经付给你很多钱了。画完它吧。

毫无疑问,列奥纳多继续作出了努力,想要完成这幅画,或者至少是想要完成中间部分。于是他又一次置身于刀光剑影、血流成河的回忆。他的确是作了努力的,后来的来访者和他们留下的素描表明中间的大部分画面已初步成形,但显然没有完成,背景部分几乎连草图都还没有画上。

列奥纳多放着《安吉亚里之战》不画确实有些怪异。他人就在城里,距离不远,然而他就是不画。人们时不时地会在其他地方看到他:或是疾步走在小街上,或是在城外的牧地和树林里晃悠,比着手势,情绪激动,自言自语;但是,就是看不到他画画的时候。人们觉得不解,也觉得困惑,其他画家更是如此。他自己似乎也是同样不解。

我们对这一时期知之甚少,唯一知道的就是列奥纳多没有回复伊莎贝拉·德埃斯特的信件,后者为了能够与他联系上,甚至找到了他的一位异母兄弟。他很有可能是在养精蓄锐,在积攒力量;也许他生病了,或是在精神上崩溃了;他也许又画了一点《安吉亚里之战》,也许没有。他在做绘画笔记,修改他对于马提尼的解读和他的机器设计。在这些日子里,他生活在自己脑海中的世界,似乎完全不过问世事。

但是，对他而言，知识就是财富，就在这种不确定的时候，他再次退回自己的世界，重新积累这种财富。他一直都在学习，永远都在学习，即使最失意的时候也是如此。学习于他似乎是一种狂热。肯尼斯·克拉克称列奥纳多是"历史上最具好奇心的人，不顾一切地好奇"。如果真是这样，那也许是因为好奇和思考能吸引他的注意力，屏蔽周围的混乱。

他无法控制外部的世界，但他可以研究宇宙学、水流、天文学，进而研究他眼前所有的东西：建筑、解剖、几何学、鸟类的飞行和光学，他可以进行整理、加注，然后再重新安排。每当列奥纳多感到抑郁、愤怒和压力的时候，他就会深入研究，不停地思考。

如果列奥纳多经济独立，继承一点财产，他的生活会是什么样的呢？我们假设一下，如果皮耶罗没有那样混蛋，而是认下了自己的这个私生子，甚至帮助他去进行研究和学习，帮助他的研究学习开花结果，又会是怎样一番景象呢？列奥纳多会做得更好，还是不如现在呢？列奥纳多是否需要社会作为对立面来点燃他的叛逆和创造力？或者这种对立纯粹只是一种不利因素，制约了他的发展呢？这样假设历史当然意义不大，可我还是忍不住去这样想象一下——如果列奥纳多没有钱财上的顾虑，能够自由自在地追求自己的所有心愿，他会是什么样的？我敢肯定，列奥纳多自己也不止一次地问过这个问题。

米兰的麻烦是关于1483年《岩间圣母》的付款纠纷，起因是他没有按照修士们的要求作画。安布罗焦·德·普雷迪斯最初与列奥纳多一起接受了这项任务，后来他画了一幅复制品给兄弟会，希望对方能够满意并且支付欠款，大约300个达克特。兄弟会拒绝付款，请人前来判决，此人查看之后，认定这幅新的圣坛画没有完成，还需要列奥纳多神奇左手的点睛之笔，因为现在这幅画不能与之前的相提并论。而之前的那幅画，他们最初是拒绝接受的，后来列奥纳多就转卖给卢多维科了。

简单来说，如果这两位画家想要得到报酬，列奥纳多就得到米兰去，在复制的《岩间圣母》上画上最后几笔。普雷迪斯一直都在给他写信，希望他前往米兰把这件事情完成。问题是，每一次列奥纳多提出申请离开——即便只是短短的3个月——执政官索代里尼都会死死盯着他，就像是执行绞刑的法官听到囚犯大呼饶命一样。

先把那幅该死的画完成！

列奥纳多平静的表面下可能早就暗潮汹涌了。最后，到了1506年5月，经过5个月的努力之后，他终于得到了允许，可以离开佛罗伦萨了，条件是他以150个达克特作担保，如果不按时回来完成《安吉亚里之战》，就会失去这笔钱。这份协议上还有银行的签字，他为数不多的存款就在这家银行。

我猜他最终还是失去了这笔钱，因为他再次回来已经是12个月之后了。但即便如此，他回来也不是为了作画，而是为了另一场官司——因为叔父弗朗西斯科的遗嘱，他与同父异母的弟弟们产生了遗产纠纷。有这么多分心的事情，可以想象他有多抓狂。

佛罗伦萨让他心烦，让他不能集中注意力，但米兰的情况就不一样了。似乎他可以在那里继续之前的生活，不同之处在于之前掌权的是卢多维科，现在掌权的是法国人。

不知怎的，佛罗伦萨人看到列奥纳多，就会胡思乱想，就会矛盾纠结；而同样的列奥纳多，在法国人眼里却是一见钟情般美好。没多久，执政团就收到请求，说是法国的地方长官查尔斯·德安布瓦兹要求让列奥纳多在米兰多待一段时间。

他很有可能住在普雷迪斯那里，完成了《岩间圣母Ⅱ》，这样官司就可以了结，他也可以拿到一些钱。有趣的是，他可以让一幅基本上完成的画作变成如今挂在国家美术馆里的杰作，却不能完成佛罗伦萨那幅已经有了草图的壁画——只要一动笔，他就会卡住。

他可以画一幅圣母像，却不能画疯狂的马。或者可以这样说，两项任务都面临同样的压力，即便是去米兰更费工夫，他还是选择去画米兰的圣母像，而不是佛罗伦萨的战争场面，不是去解决那个问题。他可以处理前者，但后者他做不了。

这显然缺乏逻辑，因此有人说列奥纳多是个难解的谜。我认为他更像是一只猫——旁观者把自己的意图强加到了他的身上，所以才会觉得迷惑。没错，佛罗伦萨的执政团，还有大多数传记作者都觉得，列奥纳多在《安吉亚里之战》这件事情上不可理解。

我觉得可以类比一下20世纪四五十年代的爵士乐音乐家，比如说李斯特·扬。线性思维的人无法理解李斯特，但李斯特畅游在音乐的海洋里，他必须保护的东西就是自己的灵感，他的"声音"，以及他找寻自己的轨道、在脑海里听到自己声音的能力，这就意味着很多时候他要按照自己的方式来做事。他没有多少选择，他就是这样做音乐的,这种东西很脆弱。列奥纳多也是这样的。他并不是故意要表现得顽固不化、一厢情愿,而是他无法作出除此之外的任何反应。我怀疑,他肯定很多次回答了为什么不画的问题,但他的答案就是不能让人满意。我认为,这只是因为列奥纳多本人都不清楚原因何在。他努力想完成《安吉亚里之战》,但就是办不到。

那些人并不理解艺术的困难之处。每件事情,在外在条件和自身情况的限制下,列奥纳多只能做到尽力而为。在我们看来,他是无所不能的天才,但他自己非常明白自己的局限和知识的欠缺。这些缺陷就是他想要填满却不能补上的深坑。

夏天的时候,他到了米兰。到了冬天,他好像是与地方长官、他的手下和一半的官僚人员一起住在斯福尔扎城堡。过了一段时间,他希望有自己的空间,所以不得不给地方长官写信请求搬出城堡、搬进城里居住。可以想象,萨拉和索罗亚斯特罗被安置在了其他地方,列奥纳多应该不喜欢这样的安排。对于列奥纳多来说,在别人家里做客是一件累人的事情,特别是他年纪大了,更觉得心烦。列奥纳多需要空间,现实的空间,同时也是心理上的空间。

修改普雷迪斯的祭坛画可能只需要几周的时间——主要取决于油彩干燥的时间。不需要构图,没有悬而未决的内容,灵感也不是问题;绘画部分已经完成了,只需要让它更有生命力、更完美,只需要单纯地使用技巧。就像是手稿编辑,只需要看一遍稿子,弄清问题在哪里,哪里需要加工,或者是哪里需要重来,很快就能完成。列奥纳多一个人待在房间里,只要专注下来,很快就能完成很多工作。

从他的笔记来看,在米兰的那一年,他显然是接下了不少自愿为之的项目。他开始为地方长官设计夏日别墅,还给别墅设计了一个很大的剧场花园;也许他还给米兰周边设计了运河工程;与此同时,他还挤出时间绘制了另一幅圣母像,叫作《纺车边的圣母》。这幅画可谓一件珍宝,在法国宫廷引起极大轰动。尽管背景中峭壁耸立让人感到威胁,或者正是因为如此,画面中的面孔显得非常可爱,母亲和孩子之间的爱仿佛触手可及。《蒙娜丽莎》中的背景也有这种效果。显然,列奥纳多在米兰依然享有盛誉,他不在的这段时间里,他的声誉甚至还提高了。

其间佛罗伦萨的执政官或是他的私人秘书一直在给米兰地方长官德安布瓦兹写信要列奥纳多回去,语气越来越不客气。议会大厅里那幅画了一半的壁画太大了,没法视而不见。谁看见了,都忍不住多看一眼。为什么他还不回来完成这幅画?

1507年4月,法国国王路易十二带领军队驾临米兰。列奥纳多为国王的到来设计了欢迎仪式,其中还有鲜花拱桥架在街道上,让国王从中穿行。列奥纳多设计的东西让人眼花缭乱,他不仅收到了项目,而且还提出方案。他似乎又用上了自己的老把戏。与此同时,列奥纳多的音乐剧《奥尔费奥》上演了,路易十二大为感叹,这部音乐剧的特色也许就是当时极致的"特效":一座山"裂开后,普鲁托[1]就住在其中"。在这之上,他还描写了很多各种各样的恶魔和

---

[1] 罗马神话中冥界的领袖。

小魔鬼，还有"赤身的孩子在哭泣"，可以想象，这样的地狱场景极具娱乐性。很显然，这位国王喜欢这部剧。

到了1月，路易十二给执政团写信，说他"非常喜欢一幅小的圣母像"（很有可能是《纺车边的圣母》），希望列奥纳多在米兰多待一段时间并为他做些事情。这就像是一场战役，表面上礼貌周到，背后是列奥纳多费尽心思地想待在米兰。

那幅壁画里有东西让他厌恶。我认为，列奥纳多要比人们认为的更加迷信。在一些事情上，他的确是超越了他所处的时代，可这并不意味着在所有事情上他都超越了他的时代。不知怎的，那幅画让他害怕。

在米兰这一年，他有没有去圣玛利亚感恩教堂看一看他的《最后的晚餐》？我觉得他肯定是去了，但我猜他没有待多长时间。同时，我敢肯定，几乎每个人都告诉他那幅画在一点点地从墙上剥落。

第二十二章

又是你?

1507 年　新大陆爆发了第一次记录在案的天花疫情。
1507 年　国王詹姆士四世批准了英格兰第一台印刷机的专利。
1507 年　瓦尔德塞弥勒出版了他的第一份世界地图，这是第一份将美洲展示为独立大陆的地图。
1507 年　马丁·路德领圣职，成为天主教堂的神父。
1507 年　葡萄牙人占领莫桑比克。
1507 年　阿兹特克新火仪式最后一次举行。

第二十二章　又是你？

55 岁

这是旅行的一年，列奥纳多先是从米兰到佛罗伦萨，然后又回到米兰，往返两次，他在两个城市都有官司缠身。

瓦萨里讲的故事是这样的：列奥纳多回到佛罗伦萨，住在富有的艺术金主皮耶罗·迪布拉乔·马尔泰利家里，雕塑家乔瓦尼·弗朗西斯科·鲁斯蒂奇当时也住在他家。瓦萨里描述鲁斯蒂奇的工作室就像"挪亚方舟……里面有一只鹰；一只能像人一样说话的乌鸦；有蛇；有训练得像狗一样的豪猪，只不过恼人的是，它喜欢在桌子下面扎人腿"。

列奥纳多和一只会说话的乌鸦——真是奇观。那很有可能是一只八哥。他可能会花上整个晚上与这只鸟儿交谈，或者只是尝试与它交谈。八哥不过学舌而已，但列奥纳多一直以鸟儿的视角研究世界，他最大的心愿就是飞行，现在遇到了一只可以讨论事情的鸟儿，他肯定非常兴奋，至少一开始是这样的。

我在想，他有没有给这只鸟儿画过素描。八哥长得很像乌鸦，有明亮的眼睛，看起来十分活泼的样子，还有个小脑袋，这是一种很聪明的鸟儿。给八哥提个问题，它甚至会作出思考的样子。列奥纳多有没有借走这只鸟儿，用几天的时间来进一步"拷问"它？大多数孤独的思想家都认为，像八哥和鹦鹉这样会说话的鸟儿还是生活在其他地方更好，如果列奥纳多借来了这只鸟儿，那他肯定也会得出相似的结论。

列奥纳多在佛罗伦萨与鸟儿说话的时候，在约 1127 千米之外的西班牙北部，也就是纳瓦拉王国的比亚纳要塞中，恺撒·博尔吉亚正在进行他最后一次的冒险。恺撒一点儿也不喜欢监狱的生活，于是他抓住一个机会，逃跑了。在接下来的 4 年里，他疯狂躲避、挣扎和逃窜，却再次被抓，结果又在绝望中再次逃跑。他的肩膀摔坏了，没有愈合好；浑身是割伤和擦伤；疟疾经常发作；他的梅毒也没有半点好转；他才 31 岁，但看上去已惨不忍睹。他之所以能成功逃跑这么多次，很有可能是因为大家都害怕触摸到他。这只是我的猜想，并没有证据。他筋疲力尽、身无分文、衣衫褴褛，最终在妹夫让·德阿尔布雷的小王国里找到了安身之地。恺撒被收留之后，多少恢复了健康，甚至还负责带领一个小队伍。当地发生叛变时，他还自告奋勇前去镇压。这不算什么大事，但他至少可以以此报答对方的收留之情。

可能是出于他那纯粹的、不可理解的自信，恺撒似乎认为，像他这样高贵的人，单凭自己的形象，还有自己严厉呵斥的命令，很快就能把事情办好。没错，他形象高大，特别是戴上面具的时候。他的盔甲和盾牌都是最好的材料、最好的做工，精美的衣服和珠宝之类的东西更是不用提——他全身上下，除了脖子上挂的金质教皇大奖章，都是他的妹夫送给他的礼物。他率领的纳瓦拉士兵也觉得他形象高大，但也仅此而已。

1507年3月11日清晨，恺撒和他的手下驻扎在通往比亚纳的道路上，他要攻下被叛军占领的一个小堡垒。当道扎营主要是为了防止堡垒里的人获得供给。然而，一场雷暴雨劈头盖脸地落下来，卫兵们纷纷躲雨去了。叛军趁机赶着一群骡子，悄悄绕过营地，朝着堡垒走去。恺撒的营地毫无警觉，察觉之后随即一片混乱。恺撒立刻下令部队骑马出发追赶骡子。他也是刚刚从梦中惊醒，士兵出发后，他也立即穿上盔甲，跳上马，前去追赶出发的部队。道路泥泞，部队也没走出多远，他很快就追上了部队。他们所追赶的骡子队伍就在不远的前方，对方前进的速度也不是很快。

恺撒肯定觉得自己如果成为勇敢的榜样会激励士兵（"我要让他们看看罗马涅公爵是怎么作战的！"），他们会跟着自己快马加鞭地往前冲。但不知道怎么回事，这些纳瓦拉士兵并没有为他的勇气所感染，没有跟着往前冲，只有恺撒独自一人狂奔向前——一头扎进了埋伏。叛军的指挥官派出三位骑士断后。这三位骑士一开始可能还担心大部队随时可能冲过来。但是，他们随后就看到只有一个人骑着马疯狂地朝他们冲来。这三个人马上扑了过去，长矛准确地刺进了恺撒的腋下，不仅把他挑下马，还彻底地废掉了那只胳膊。

而且他们没有就此停手，而是继续攻击，刺了他差不多30下——恺撒可能还在想，自己的手下哪里去了。然后，他们就把恺撒精美的锁子甲、护胸片、马刺、有教皇头像的勋章等东西扒了下来，还摘下了他的面具。接下来他们把恺撒精美的衣服也扒了下来，连内衣都没有放过。当然，马匹和马鞍自然也拿走了，而恺撒的手下依然不见踪影。恺撒就像个婴儿，赤条条地躺在泥泞的道路中间，身体每个部分都在流血，嘴里说着胡话。他也许陷入了幻觉，正在命令他们不许拿东西。也有人认为，他这是有意自杀，用最英勇的方式结果了自己，此刻不过是在临终祷告而已。数周后当他的妹妹卢克雷齐亚听闻他的死讯时就是这样想的。

那年春天，列奥纳多了结了他在佛罗伦萨的事务，回到了米兰。生日后的第二天他收到了德安布瓦兹发给他的确认书，说他拥有了之前卢多维科作为薪水送给他的那块葡萄园。除了他叔父留给他的财产外，他拥有了第一块土地。他还收到了国王赐予的"用水权"，意思是运河水流的税收；国王可能想要以此嘉奖他所做的工作。如果他能够收上这笔税，还真足够以此为生了。

然而，无论他在何处，官司依然悬而未决。不知道用了什么法子，他成功地请路易十二给佛罗伦萨的执政团写信，给法官施压，以解决与弟弟们的官司。列奥纳多肯定是不反对使用关系的。很大程度上，他是在一小撮身处高位的人群中获得了成功，这些人推荐他，给他工作，保护了他，支持了他——主要都是些贵族。对于大众而言，他却籍籍无名、稀奇古怪。他的头发和胡须越来越长，形象也发生了改变，而能够看透他身上矛盾性的人只剩他的支持者了。在这一时期，了解列奥纳多的人会有这样的感觉：他是精致细腻的艺术家和有识之人，虽然表面看上去完全不是这么一回事。列奥纳多把所有的东西都隐藏起来了。

实际上，这似乎让他的才华显得更为惊人。

要了解他，就要看透他的伪装，看透所有的矛盾性，要看到一个随时都在即兴创作的人。扔给他一个想法，看他如何接住。问他一个问题、提到一本书，他就会在头脑里进行搜索。即便已步入老年，即兴的个性中还是不乏敏锐、警惕。他什么都看在眼里，随时都在衡量计算。列奥纳多年纪越来越大，越来越衰弱，也越来越谨慎。

就在这个时期，列奥纳多遇到了弗朗西斯科·梅尔齐，后者成了他的亲密朋友，数年后还成了他的遗嘱执行人。这时的梅尔齐只有15岁，出身贵族，也是一个有天赋的绘图人。他最初可能是以学生的身份来到列奥纳多身边，但很快他就成了列奥纳多所急需的文书，或者秘书。

那个时候，对于任何事务来说，信件的书写都十分关键，一直以来，列奥纳多都不得不雇用抄写员。他可以从左到右写字，但与地方长官和亲王交流的时候，他的书写就显得很不够格，不得不依靠别人为他誊写。从这一点，我们可以瞥见他真实的日常生活，而历史学家往往一笔带过：在很多方面，他不得不像文盲一样生活。他需要别人为他写信，如果在某人家里看到拉丁文、希腊文、阿拉伯文或是法文，他还不得不请别人读给他听。他时髦的朋友们都读得懂，但他不行。列奥纳多是使用本地语的天才，是靠自学成才的，能力很不均衡。他说话很有可能还带乡下口音，他的语法表达在信件中也是相当生硬，也就是说并不严谨。在阅读母语托斯卡纳语的时候，他会大声读出来，还要用手指着——为了避免自己倒着读。他的笔记本里到处都是错误的拼写，倒着写的字母，潦草的字迹，奇怪的缩写，没有标点，当然——所有的内容都是从右到左写的，并且所有的笔记本都是从后面写到前面。

我们认为列奥纳多的天赋包罗万象，而在他自己看来，他肯定觉得自己是被包裹起来的并努力试图挣脱。当年，人们看到的并不是我们现在眼中的传奇，他们看到的那个家伙一头长发，不肯修剪，只能通过说话或是绘画与这个世界交流，他的书写就是奇特的密码，别人看不懂，只有他自己看得懂，几乎就像是私人文本。

如今，这一点在艺术界的眼中成了他独一无二和才华横溢的证据，可在当年，周围的人只会觉得这是障碍。如果能读懂拉丁文，多好呀；如果能用意大利文写信，并且让别人能看得懂他的意思，多好呀；如果能够像他理解文字那样进行读写，多好呀。有人说他是没有受过教育的人，他为自己辩护，称自己为"不会书写的人"（只能从右到左地书写镜面文字）。

我认为，当时人们普遍误解了列奥纳多，如果有人透过表面上的不协调，发现了列奥纳多的天赋，他会因为自己的洞察力感到庆幸。不是所有的人都能看到他的天赋，我认为，要了解和支持列奥纳多，需要有识别他真实面目的独特能力，而很多人往往只能看到一大堆矛盾的特性。列奥纳多一生中多次得到赏识，每一次都是因为那些想象力。我认为，在很大程度上，这就是法国人喜欢他的原因。只有法国皇室能够欣赏他的特质，而其他那些思考更为现实的人无法做到这一点。事实大约就是如此。

列奥纳多为查尔斯·德安布瓦兹设计了一座别墅，还附上了游乐园；他还绘制了两三幅画。那个秋天，他带着梅尔齐和萨拉再次前往佛罗伦萨，但他害怕在佛罗伦萨遭到拘禁，他担心即使没有被逮捕，等他到了那里，也可能会被禁足。《安吉亚里之战》这幅壁画也有可能会变成官司。德安布瓦兹给执政团写信，请他们允许这位艺术家处理完佛罗伦萨的事务后再次回到米兰，他要为法国国王完成一幅陛下"非常喜爱"的版面油画。

他到了佛罗伦萨，主要是为了打官司，可官司往往就是一次次的短时间会面，延续数周，甚至是数月；至于每一次会面之间的时间，像列奥纳多这样精力充沛的人多半要找其他的事情来做。这一次，手里有这么多时间可以支配，他开始在当地一家医院的地下室解剖尸体，研究人体的内部结构。

1507年末或是1508年初，列奥纳多记录了他与一个老人的会面：

> 这位老人在他死亡前的几个小时告诉我，他已经活了100多岁，他觉得自己的身体没有什么毛病，只是衰弱了。他坐在佛罗伦萨圣母玛利亚医院的病床上，动也不动，也没有半点悲伤的迹象，他离开了，如此甜蜜的死亡。我进行了解剖，查看死因。

这一记录让人着迷的地方是其中暗含的场景。列奥纳多在医院到处走动，四处张望。他有可能是去取款的，他的钱就存在这家医院会士的手里。但是，更有可能的是，正如他描写的那样，他就是去解剖尸体的。他需要一具新鲜尸体，越新鲜越好。最好是新鲜到他可以与之交谈的程度。在佛罗伦萨，正常的条件下，一具尸体别说在夏天，甚至在冬天，几乎都是立刻开始腐败。在1507年，除非是天寒地冻，解剖就是查看一堆逐渐恶化的腐肉。死亡之后，器官要么变得干瘪，要么开始肿胀，要鉴别其自然形状几乎成了不可能的事情。

新鲜的尸体就成了关键，这就是列奥纳多在医院大厅里寻找的东西。列奥纳多发现这个老人躺在那里奄奄一息，而且十分平静，就走过去跟他交谈。这位老人看到一个满头须发的人站在自己的床边，眼睛还炯炯发亮，自然会想，这是谁呀。他们有过交谈，但我们不知道他们谈了什么。除了老人的年龄和虚弱，列奥纳多什么都没有记录，然而，他们交谈了"几个小时"。我们甚至不知道这位老人的姓名。

我想知道，列奥纳多有没有询问老人是否在意被剥皮呢？他是否提到了解剖的事情呢？很有可能没有。他不想让这个老人太激动。当时，教会告诉大家，你死去的躯体会复活。如果你允许解剖，可能就会打扰到你的来世，永远限制了你在天堂的享乐。我并不认为列奥纳多与这位老人探讨了这个问题，他自己甚至也没有把这一点当真。我倒是觉得，列奥纳多在安抚这位老人，也许还给他倒水喝，帮他擦去额头上的汗。这位老人很有可能是独自一人，孤独地等待着死亡。

我认为，列奥纳多与这位老人交谈的同时，也看到了这位老人的灵魂，老人的眼睛里依然还有光亮。列奥纳多想彻底地解剖这位老人，其中也包括他活着的部分。列奥纳多肯定是看着老人去世的，他看到老人眼中的亮光消失了，然后就想探知老人的死因是什么。

现实生活中，很难有机会如此近距离地观察死亡，所以列奥纳多有可能在医院待了很长时间，直到老人死去，然后立刻与时间赛跑。尸体被搬到了石头地下室，那里要凉爽些，是他们清理尸体的地方。列奥纳多肯定有一个助手，也许有两个。

值得一提的是，展示各种内部器官的那几页笔记本上没有血迹，很干净。列奥纳多在看，在画，很有可能还使用了蜡烛照明并用镜子聚光。他查看了尸体的内部，各种器官已经在变形、变色，腔体内已开始有液体出现。现场还有一个人，也许是萨拉，他可能正在处理液体。

这一切都让人惊讶，不仅是因为列奥纳多给人体器官分类，还有他在寻找的东西。他这里探探，那里探探，查看了整个心脏，每个连接都理清了，这不仅需要科学的头脑，同样也需要想象力。最后，他要研究头部，他可能是把头部取下来了，但肯定是打开看过了，他看到了视神经和眼球，而且还看到了大脑。大脑太棘手了，他非常清楚这一点。脑子就是一团凝胶状的东西，很难处理。最好是留在脑颅里观察。这时需要使用锯子，他们越是干得起劲，房间里的温度就越高。如果之前还没有干呕，现在应该开始了，但是，列奥纳多全然不在意，坚持要继续干下去，毕竟机会难得。他在寻找一件东西：灵魂。他想知道是什么让人体动起来、给了人生命。

气味如此恶心，但这不是问题。待会儿用玫瑰水洗手就能除掉。衣服上的气味，在强风中走一趟就能去掉。

之后不久，他又回到医院的大厅，四处晃荡，寻找可以解剖的尸体，他看到了一个两岁的孩子。这一次，列奥纳多很有可能没有机会与之交谈，也许是因为父母在孩子身边。他也许首先要判断孩子是因为什么疾病导致死亡，不能是瘟疫、霍乱或是传染性的疾病，他要确定解剖尸体时能够安全地呼吸。列奥纳多不知道疾病是如何传染的，但他相信传染源在空气中浮动，会被吸入体内。确定孩子的死因是安全的之后，他把这具尸体也挪到了圣玛利亚医院的地下室，这一次不需要轮床，只需要抱下去就行。在别人的帮助下，他使用了大量的蜡烛和镜子，而且还戴上了他的眼镜，他开始解剖这具小小的身体。所有的东西都太小了，基本上什么都看不清楚。他找到了心脏，在他的笔记本上写下"我发现所有东西的状态都与那个老人的相反"。

通过先后对比，他得出了这样的结论：老人的血管老化了，堵塞了，他归因于"过于丰盛的营养"，意思是说他吃得太好了。我们会不自觉地代入已有认知，觉得他说的是胆固醇，但他的直觉是正确的，血液的确会发生改变，对血管造成伤害。

他肯定是想把老人和小孩的方方面面都比较一番，所以他查看了同样的器官，其中就有眼睛和脑子。这一次，锯开孩子的头盖骨要容易得多。说这话的很有可能是索罗亚斯特罗。

要观察小小的器官，最好是用自己的长指甲，当时的工具可能都太大了，长指甲用起来更方便。列奥纳多没有提到老人和孩子其他器官的区别，我推测这是个小男孩。我觉得，在解剖过程中，他绘制的是速写，之后再添加上细节，成了我们今天看到的素描图。

这些早期的解剖非常了不起，不仅仅是因为列奥纳多没有屈服于古老的权威，没有把尸体看得神圣不可侵犯，反而直截了当地查看了人体的内部，还因为他能够画出解剖图的非凡想象力。他并不是简单打开一个红色的大洞，看到什么画什么，而是画出了这些器官活着的样子。他虽然初涉解剖，但并不是第一次看到张开的伤口和涌出的肠子。之前在诺瓦拉、福松布罗内、切塞纳、西尼加利亚、塞尔泰诺亚、皮亚韦堡和圣奎里科，他就看到了很多。他之前近距离地看到过跳动的心脏。用刀剑进行的大型屠杀往往会使身体的大部分器官半遮半掩地露出来。

有一点也颇为重要，我们不应该忘记，即他再次从事解剖，并不是为了增长医疗方面的知识，而是为了他自己。他生活在心理层面上，他解剖的虽然是别人，想要看到的却是自己。他是在对自己进行解剖。他想要了解的是自己的灵魂。在这一方面，列奥纳多是属于中世纪的，有他所处时代的局限。虽然他无法企及找到灵魂的目标，但这一过程中的发现的确是让人惊叹的。

在他的脑海里，在他的想象中，他探索的是自己的内脏。他不仅亲自查看，还通过想象看到了食物通过的过程（他认为食物是通过呼吸挤压下去的）。他还研究了大便的形成，他自己的大便以及他人的大便。"你想要什么？！"他在笔记本中写道，"可以从人体的粪便中制造盐……燃烧、钙化、储存，然后再用小火干燥；用这种方法，可以从任何一种粪便中得到盐，蒸馏之后，这些盐具有很强的腐蚀性。"

所有的这一切都是因为他看到了,然后用魔法左手画了下来。他根本没有公开发表、出版过任何东西,这些解剖学上的发现对医学没有半点推进,所有的这些瓣膜和神经都在日后被其他人再次发现。但在当时,即便是现在,他的解剖图都非常有意义——其中有非凡的想象力。他用美的方式展示了人体的内部结构。

即使作为科学家,列奥纳多首先也是一名艺术家。因为他的绘图能力,他的观察有了很高的权威性。他绘图的技巧让人完全折服,让人觉得这样的绘图一定承载了大量的知识。而事实上,虽然这些绘图的确才华横溢,但其反映的不过是事物的真实样貌而已。通常而言,我们歌颂的并不是列奥纳多真正的天赋,而是天才的表象,生动而强劲。

知识是共同努力的结果,列奥纳多作的调查只是为了自己,只是用自己的眼睛在观察;他把观察到的东西写在了私人笔记本里,而且还是倒着写的,有很多拼写错误,但他写下了前人没有写过的东西。在当时欧洲的任何地方,或者是世界的任何地方,任何人都可能得出这些发现,却极少有人思考这些问题,他们受到了原则和文化期待的束缚。列奥纳多的解剖之所以成为可能,不仅因为他是本国文化的局外人(特别是佛罗伦萨),而且还因为传统道德对他不起作用。过去,他受到过这种道德的惩罚,这种道德来自他父亲、教会首脑、亲王和官僚的世界。列奥纳多之所以能成为一位创新者,部分原因在于他明白:体面这东西,太限制人。要按照规矩生活,付出的代价就是循规蹈矩的懦弱。

他想要亲眼看一看。然而在探索的过程中，恐怕有一半的时间，他都在惊讶于自己的发现。为什么之前没有人看过呢？这些调查展示了他最强大的叛逆面：他瞪大眼睛、鼻翼翕张，狩猎般探寻周遭那些极为想要引起他注意的秘密。

"让我看看，接下来把什么切开呢？"

第二十三章

米　兰 II

1508 年　列奥纳多绘制了《女人头像》,开始绘制《施洗者圣约翰》。
1508 年　米开朗琪罗开始绘制西斯廷教堂穹顶壁画。
1509 年　伊斯坦布尔地震摧毁了 109 座清真寺,据统计死亡人数超过 1 万人。
1509 年　18 岁的亨利八世成为英格兰国王。
1509 年　拉斐尔绘制了《雅典学院》。
1510 年　向日葵被带到了欧洲。
1510 年　利奥·阿菲利加努斯到达廷巴克图。
1510 年　画家乔尔乔涅(1477—1510)在威尼斯去世。
1510 年　桑德罗·波提切利(1445—1510)在佛罗伦萨去世。
1511 年　葡萄牙人征服了马六甲,控制了中国与印度之间的航路。
1512 年　米开朗琪罗完成了西斯廷教堂天花板的绘制。
1512 年　哥白尼出版了《天体运行论》,宣布太阳是太阳系的中心。
1512 年　谢利姆一世继承了巴耶塞特二世的王位,成为奥斯曼帝国的苏丹。
1513 年　瓦斯科·努涅斯·德·巴尔沃亚在寻找青春泉的过程中,发现了佛罗里达,继而又发现了尤卡坦。

第二十三章　米　兰 II

56—61 岁

接下来的 5 年里，列奥纳多似乎主要生活在米兰，但时不时会去其他小城市旅行。其间，米开朗琪罗在罗马着手并且完成了西斯廷教堂穹顶的绘制工作，而列奥纳多还在一点点地涂抹他约 50 厘米乘 76 厘米的《蒙娜丽莎》；他依旧不太确定背景的某些细节，而且还在修改她的笑容。在这幅画上时间花得越多，这幅画对他而言就变得越复杂。对于列奥纳多而言，《蒙娜丽莎》是一幅经过哲学思考的油画，这幅画激发了他的思考，他在这幅画中看到了自己。这幅画已历经数次演变，与最初他在佛罗伦萨开始下笔时已大不相同。他追随着自己的想象力，任由这幅画不断演变。他在寻找一种真理。

5 月，列奥纳多回到了米兰，我们知道他整理了自己的笔记，除此之外，我们几乎一无所知。这一年剩下的几个月，还有接下来一两年的时间里，他似乎是根据一幅示意地图绘制了米兰的鸟瞰图。这幅地图已经失传，但很有可能与他的伊莫拉地图类似，只不过要丰富、细致得多，毕竟米兰的地图是在他闲暇时候画的，不似战时那般紧急。他还详细制订了教堂的建设方案；通过解剖人体和马匹，他进一步进行了比较解剖学的研究并整理了一份关于马匹解剖的论文，但这后来也失传了。毫无疑问，他解剖了不少马，而我相信那些绘图也一定非常精美。

大概是在这段时间，他开始绘制一些需要更多规划的作品，比如说《施洗者圣约翰》《救世主》。《救世主》这幅画在2012年才被重新发现并确定身份，之前它被一幅很糟糕的作品盖住了。这幅画被清理出来后，很多人都感叹：耶稣看起来情绪高昂，他的状态不是"双目赤红"几个字可以描述的。

草药及其功效也是列奥纳多感兴趣的研究领域之一，连瓦萨里也曾指出过这一点，要知道，这是文艺复兴研究的禁忌之一。但是，利用草药来获得艺术和哲学灵感的方法自古有之，两千年前古希腊人就发现了草药在这方面的功效。佛罗伦萨的文艺复兴是打破规矩、推陈出新的时代，吸食一点大麻或许可以给夜间的娱乐助兴，特别是需要弹奏里拉琴并且还是即兴演奏的时候。

> 乡下人和草药人将草药和医用药剂的知识传给了药剂师。修道院中一般都有草药园。《草药论丛》是14世纪早期的手抄本，其中就有证据证明当时人们已经知道大麻，并且已能够获取大麻。

对于古希腊人而言，迷幻感能让人离开肉体，更加靠近居住在奥林匹斯山顶的众神，他们称之为"狂喜"。基督徒则认为上帝在每个人心中；人们永远不能与上帝分离，全知全能的上帝会对人作出裁判，人的身体就是一座庙宇，等等。所以，喝醉了就是亵渎神庙，就是侮辱上帝。列奥纳多对迷幻感的看法很有可能更加接近希腊人，而非罗马天主教徒。他更赞同卢克莱修[1]，而不是《利未记》[2]。

列奥纳多居住在东波尔塔之外的圣巴比拉教区，也许附近有几个马厩。他似乎非常满足于画他的《蒙娜丽莎》《救世主》和其他三四幅作品，同时继续研究他一直研究的十来样东西——水钟、自动计时器、天文学、地理学、水力学、鸟类的飞行和光影理论；除此之外，他还研究开发类似于某种塑料材料的"混合物"，并提到了阿尔伯蒂和维特鲁威。就在这一时期，列奥纳多的笔记本中还出现了关于光学和眼部生理学的记录。

在我看来，他的笔记似乎有多种功能：可以是鼓励学徒阅读的工作笔记，可以是记录转瞬即逝的灵感的草稿本，也可以是写信的草稿，或者只是（最私密的）个人回忆。当他看到某种想要了解和记住的机器或是机械装置、某个手势、某个眼神，或是女士花边的款式、手指的弯曲弧度时，只要是他想要了解和细致研究的，他都会照样画下来。我认为，这就是列奥纳多自学成才的关键，他不停地观察、关注、猜测和记录，所有这一切都是为了以后可以在没有干扰的情况下更为透彻地思考。

他记录下自己喜欢的设计，留待日后对其进行简化，或者增加自动化功能，我们却把很多发明直接归在了列奥纳多的名下。要真

---

[1] 古罗马哲学家、诗人。
[2] 圣经《旧约全书》中的一卷。

正辨别出其中的区别，就要像列奥纳多那样，了解他所了解的所有事情，而且还要以他的方式来了解，这样才能切身体会到他受到了什么样的影响，他的想法来自何处。而我们现在所能看到的只有他的笔记本，上面的内容已经是这一过程之后所产生的终极产品，可学者们却仅仅依据这一点证据就认定列奥纳多是极为多才多艺的人，这不免有失偏颇，毕竟，他们没有考虑到他记录这些内容的目的。

我还认为，他记录了这么多的精神生活，只是为了拥有它们。他没有房子、马厩，或者其他可以谈及的财产，只有头脑里的知识，这份知识就存储在他的笔记本里。事实上，列奥纳多作为发明者的名声更像是松鼠积攒坚果，以备不时之需。这就是他最基本的思维过程：追随当下的灵感，记录下其结果，留作日后之用。捕捉灵感必须在当下。对于列奥纳多，所有的事情似乎就是"现在"或者"以后"。如此说来，他似乎处于一种二元状态。对于他周围的人，特别是那种看重金钱的人，他的方式很有可能非常令人费解。

有些笔记本他可以不带在身边：画的草图、即兴画，或是解决问题的笔记本，还有信件草稿、旧地图、放弃项目的笔记本。他把这些笔记本存放在修道院里。但是，工作笔记本和画室的笔记本，他就要带在身边了。这样的本子越来越多，他把它们装在箱子里，自己搬到哪里，箱子就跟着到哪里。而他一直四处奔波。

我们无从得知列奥纳多是什么时候得到的消息、从哪里得到的消息，但听到下面的消息，他肯定呆住了——卢多维科·斯福尔扎死在了法国的地牢里。

卢多维科被扔进地牢已经有8年时间。他的牢狱生活极其艰难，他也不再是以前的自己。他睡的是干草，吃的是猪食；除了一个小窗户，完全看不到外面的世界。卫兵会折磨他；并且他是个战利品，如果某个来访者有闲情逸致，愿意爬一爬楼梯，就能过来参观一下地牢里的卢多维科。他非常痛苦，在墙上乱涂乱画，除了可怜的几行字，还画上了星星和勋章。之前，这个人有列奥纳多为他画画，如今只能亲自上阵，而且他并不怎么喜欢自己画的东西。

到了后来，他获得一些特权，可以时不时地到院子里晒晒太阳、吹吹风。但是，对于这样的恩惠，他并不感激，他贿赂了士兵，逃离了城堡，可是他不认识乡下的路，法国人毫不费力就再次逮捕了他。这一次，作为惩罚，卢多维科被扔进了一个更小、更深的地牢，没有窗户，没有蜡烛，甚至没有《圣经》可读，也不像以前还有书写工具。他只能坐在黑暗中，听着自己的细胞衰老的声音，听着神经突触死亡时发出的咝咝声。他彻底绝望了，记忆也消失了，只能不停地抓着身上的死皮。每个无法洗澡的囚犯都是这样，浑身上下都是皮垢，厚厚的皮垢，卢多维科也不例外。晚上，臭虫在他的胡须上进餐，痒得他睡不着，有时还会咬他的眼睛。

他终于停止了心跳。他失去了大多数人一生无法企及的东西。这一年，他56岁，与列奥纳多一样的年纪。他的死讯传到米兰，修道院请求将他的遗体安葬在他自己修建好的墓穴里，但是修道院得到通知说，尸体已经与其他垃圾一起扔在火堆上烧了。他没有一样东西留下来，所有的东西都消失在火光中了。直到今天，他精心修建的墓穴还在米兰，里面空无一物。

这期间，列奥纳多到了帕维亚大学，见到了该大学的解剖学教授马尔坎托尼奥·德拉·托雷，并且与他一起研究解剖。托雷是个年轻人，只有25岁，但已经做过很多次解剖，并且开设了解剖课程。我认为列奥纳多从他那里学到了很多东西。有几位传记作者认为，是了不起的列奥纳多到帕维亚去教托雷。也许他们合作进行了解剖，列奥纳多虽然年长，但显然只是初级研究者。最有可能的情况是：托雷不仅给列奥纳多解释了解剖，而且至少给他演示了一次解剖，列奥纳多用速写的方式记录下来。我认为，列奥纳多一些非常精妙的解剖图中就有托雷作为合作者无形的存在。

解剖演示可能是托雷在一旁讲解，一名助手进行切割展示，而列奥纳多则飞快地绘制速写。托雷的一名助手叫保罗·焦维奥，他后来写道：

> 他（列奥纳多）在医学院全身心地投入非人类的、恶心的解剖罪犯尸体的工作中，目的是画下各种各样自然弯曲延伸的关节和肌肉。他绘制出了人体各部分精湛的科学解剖图，连最细微的血管和骨头内部的结构都画出来了。

数月之后，托雷死于瘟疫，他对解剖学的贡献就交到了靠不住的列奥纳多手里，这些东西连同列奥纳多的笔记本一起被放进了黑暗的箱子，一待就是30年，并不为外界所知。梅尔齐保存了这些宝贵的笔记本，但他一本都没有出版过。直到1538年，维萨里[1]出版了自己的解剖学插图，人体的内部结构才得以揭晓，现代医学也由此开始。列奥纳多比他足足早了30年，多么关键的30年呀，而且列奥纳多的绘图要比他的精美得多。如果医学研究始于列奥纳多的绘图，而非维萨里，那么人体一半的毛细血管和肌腱的发现者都会是列奥纳多，都会以他的名字命名。但历史并未如此发展，这一荣誉归于下一个百年中其他的解剖学家们。

这又是他左手的魔法。可这一魔法掩藏在斗篷之下，掩藏在他矛盾的性格下。他并不是特别喜欢钱，所以没有出版这些解剖图，或者是因为他不想引起教会的关注。在当时，虽然没有人制裁解剖，教会根本不会搭理这件事，但还是有可能引起不良后果。可能会有人半夜三更前来敲门，把你带走。列奥纳多是绝对不想招惹这样的事情的。

马基雅维利就没有这么幸运了。在变幻无常的政治战场中，他站错了队伍。德·美第奇红衣主教得到了教皇的允许，要在佛罗伦萨恢复家族统治，因此他派出教皇的军队前往佛罗伦萨，而佛罗伦萨共和国却不想美第奇家族回归，便派出军队前去迎战。马基雅维利组织了军队，结果遭遇惨败，甚至连距离佛罗伦萨仅16千米的联盟小城普拉托都丢了。教皇的军队进入普拉托，屠杀了将近5000人，这在当时是司空见惯的事情。两天的烧杀掳掠，无一幸免。

---

[1] 比利时医生，解剖学家。

佛罗伦萨的公民已开始准备迎接最糟糕的结果，互相指责也随之登场。佛罗伦萨美第奇家族的支持者要求索代里尼辞去执政团的职务，同时要求他的秘书马基雅维利辞职。马基雅维利失去了他的职位、头衔和公民权。他破产了，被下令终生不准进入他所深爱的这座城市。美第奇家族重新掌权，对他不屑一顾。

几周后，一场反对美第奇家族的密谋被揭穿，其中提到了马基雅维利的名字。此刻，马基雅维利正住在乡下的家里，听到这一指责，就赶回佛罗伦萨为自己辩护，他竟以为当局会倾听他的意见。

没人听他说话，他立刻就被捕了，并被上刑拷问，罪名是同情密谋者。简单粗暴，就是要拷问出想要的答案。这东西叫作"吊刑刑具"，审判官把你的手腕绑在背后，绑得紧紧的，然后在上面吊上绳子，拴在天花板的滑轮上，慢慢地把你吊起来。越吊越高，到了关节所能承受的极限，疼痛几乎难以忍受，但这只是开始；等到你双脚离地，整个骨架被往后拉扯的时候，那种疼痛才是真正无法形容。他们不会继续把你往上拉，这时你已疼得眼前发白。这还没有完，接下来你会被往下一放，脚几乎就要碰着地板了——但并没有，只是让你不上不下地来回晃动而已。大多数人最后往下一放的时候，就会受不了了。十有八九肩膀已经脱臼。

这时，审判官会再次问你，关于反对美第奇家族的阴谋，你知道些什么？如果他对你的回答不满意，就会再次把你吊起来，你被捆在身后的胳膊又一次飞起来……

所有的人都会尖叫。这很正常，但不算是认罪。

放下来……弹起来……摇晃起来……

再次问你:"反对美第奇家族的阴谋,你知道些什么?"你都快晕过去了,脑子一片空白,只剩下锥心般的巨大痛苦。绳子再次把你吊起来,滑轮嘎吱作响……

顺带讲一个历史趣闻,数年前,在美第奇被赶下台时,修士萨沃纳罗拉也遭受过这样的酷刑,审判官就这样拷问他所谓的"显圣"和反对教皇的言论。被放下来四次之后,他就招供说,所有的事情都是他编造的,是魔鬼教唆他对抗教皇,一切都不是真的。他们把他放了下来,几天后,他被处以火刑,活活烧死。

马基雅维利被吊在绳索上,他抽搐着,显然也快要失去知觉了,或者已经晕过去一两次了,他在重新思考他的人生。第三次被放下来后,审判官再次问他,然后又是第四次、第五次、第六次,但每一次他都否认自己与密谋有任何关联。有时,无辜的人讲真话非常震撼。他们没有烧死他。他们把马基雅维利扔进了地牢,任由他在那里自生自灭。

马基雅维利在其他方面固然非常英勇,但他也和其他人一样,忍受不了牢狱生活的折磨。他在牢房里给新上任的佛罗伦萨统治者朱利亚诺·德·美第奇写了一首诗,恳求自由,乞求原谅。

> 朱利亚诺,脚镣紧紧地钳住我的脚踝
> 六次吊刑的痛苦撕咬着我的后背……
> 四面墙上厚厚的一层虱子

> 硕大肥胖，看上去就像是蝴蝶一样……
> 这里的臭气令人窒息，肠胃翻滚……
> 金属的牢门重重关上了，囚犯的锁链咔嗒作响，
> 又是一个要忍受吊刑的囚犯
> 大声叫喊：太高了！
> 最糟糕之处，黎明前惊醒了
> 听到执行死刑前的赞美诗……
> 我请求您，对我发发慈悲
> 超越您卓尔不凡的父亲
> 还有您卓尔不凡的祖父。

没人搭理他的地牢诗，他继续在地牢里痛苦煎熬，喂着跳蚤。又过了一个月，事情突然有了进展：3月12日，德·美第奇红衣主教、朱利亚诺的哥哥被选为教皇，即利奥十世。佛罗伦萨举行了各种庆祝活动，其中的一项就是大赦囚犯。马基雅维利走出了牢房，回到了约11千米之外乡下的家里，他后背疼得要死。一个来月之前，他飞奔到城里想证明自己的无辜，现在他支离破碎，一瘸一拐地回家了。我希望他是坐车回家的。他只有43岁。接下来的日子怎么办呢？

马基雅维利描写了牢狱生活，有趣的是，他很有可能也给我们描绘出了30年前关押列奥纳多的牢房。也许就是一样的臭虫，或者是以前那群臭虫的后代。

第二十三章 米 兰 II

看起来，列奥纳多在乡下待了一段时间，就住在米兰东北方向的沃普利奥德安达、梅尔齐的庄园里。这地方一点也不大，是一座简朴的别墅，还有周围的葡萄园。他制订了扩建房子和其他建筑的方案，很有可能是自娱自乐。住在乡下，可能是因为有了自己可以支配的时间，他给自己画了那幅如今非常有名的红铅粉笔自画像，大眼睛、大胡子。传记作家一般都认为，他比真实年龄看上去老，他们会这样说，完全是因为没有考虑16世纪的生活环境，当时到处都是细菌，也没有口腔保健的概念。有些人甚至说这幅画画的是他的父亲皮耶罗，或者是他的叔父弗朗西斯科，但是年龄对不上，而且在我看来，画中人深沉凝视的目光中蕴含着自我审视。看自己和看别人，这两种目光是不一样的。这是一个人在分析自己，衡量和计算岁月。这幅自画像中的列奥纳多已经比大多数人都活得长久了，比他大多数的金主都活得长。他如今61岁了，他数次看到事情的反转轮回，他本人也差点陷入这些变化，他看待这个世界的目光有些疲惫，有些不赞许，也许是不赞许自己。他的《蒙娜丽莎》就在画室的画架上，还没有完成；它在召唤他，迷惑他。画架的背后是成堆的手稿，还等着他分类整理。有很多该做的事情他都还没有做，原因是他整天都待在河边解剖青蛙。

他是一时兴起画下这幅自画像的，镜子的位置正好合适，他可以客观地研究自己的面容。这甚至不是平视的自画像，他的目光朝着一边，也就是说至少有两面镜子，甚至是三四面镜子。有意思的是，他是个不厌其烦、喜欢反复琢磨的人，他画自己的脸却屈指可数。要知道在同样的年龄时，伦勃朗[1]已经画了差不多70幅自画像了。列奥纳多没有以这种方式研究自己。与其他的画家不一样，他对自己的相貌没兴趣。据我所知，这幅画是他唯一一幅有意为之的自画像，除此之外，可能就只有之前《维特鲁威人》的脸了，我也曾提到这一点——《维特鲁威人》的脸与这幅老年长胡须的列奥纳多非常相像。除了这两幅画，他似乎对自己的脸没有多少兴趣，至少没兴趣研究。他也没有在自画像上签名，似乎是不想标明这就是自己。

然而，布拉曼特曾绘制了一幅古希腊哲学家赫拉克利特和德谟克利特的油画。其中，赫拉克利特被称为哭泣的哲学家，而德谟克利特则被称为大笑的哲学家。布拉曼特把自己画成了大笑的哲学家，而哭泣的哲学家赫拉克利特是谁呢？人们普遍认为是他的好朋友列奥纳多，这幅画代表着他们多次相聚的时光。这三幅画中的赫拉克利特、维特鲁威人和长胡须老人的脸都是一样的。而且，在布拉曼特的画中，赫拉克利特旁边的桌子上堆放着手稿且手稿上是从右到左的字迹。

无论是不是在列奥纳多的意料之中，神圣罗马皇帝马克西米利安一世入侵了意大利北部，把法国人赶出了米兰，列奥纳多失去了金主，似乎与新的地方长官相处得并不舒服。这一期间，他到底做了什么，我们并不知道。也许，他只是保持低调，再次收拾好行李。数天的时间，入侵的消息已传遍意大利。幸运的是，他得到邀

---

[1] 荷兰画家。

请，搬到了罗马。邀请者是他的朋友、新的金主朱利亚诺·德·美第奇。这一路约有 644 千米的距离，冬天骑马要花大约两周的时间，但我肯定，能找到安全的地方并安顿下来，他是很高兴的。是的，严刑拷问马基雅维利并且把他扔到牢房里的，也正是这个朱利亚诺·德·美第奇，他是列奥纳多的好朋友，是教皇的弟弟。这一刻，列奥纳多对马基雅维利遭遇的审问和困难知道多少呢？没有答案。作为在位的美第奇家族成员以及佛罗伦萨的统治者，朱利亚诺手上肯定沾满了血迹，列奥纳多也一定听说过朱利亚诺的地牢——这些牢房无人不知。马基雅维利在诗中提到的哭喊、乞求和死刑都发生在朱利亚诺的统治之下。列奥纳多会因此感到不安吗？随着年纪的增长，世界上已很少有事情能令他感到惊讶了吧。

我在想，离开米兰之前，列奥纳多有没有去看一看《最后的晚餐》呢？他当时是怎么看待这幅画的呢？人们肯定不停地问他这个问题。这幅画已经开始剥落了，所有的人都看得到。怎么回事？可以修好吗？我们不知道他是如何回答的。离开这座城市，他就不必再受其烦扰了。他想把很多事情置之身后，这也是其中一件。他做事的方式就是：不管了，做点新的。

第二十四章

罗　　马

1514年　威尼斯里亚尔托[1]发生大火。
1514年　葡萄牙国王曼努埃尔一世赠送给教皇利奥十世一头名叫汉诺的白色亚洲象。
1514年　法国国王路易十二与神圣罗马皇帝马克西米利安一世讲和。
1514年　阿尔布雷特·丢勒制作了版画《忧郁Ⅰ》。
1514年　建筑师多纳托·布拉曼特（1444—1514）在罗马去世。
1514年　安东尼奥·费尔南德斯到达了今天的津巴布韦。
1515年　法国国王弗朗索瓦一世加冕。
1515年　迭戈·贝拉斯克斯·德·库埃利亚尔发现了古巴哈瓦那。
1515年　托马斯·沃尔西出任英格兰首相。
1516年　葡萄牙商人在占婆岘港登陆，也就是今天的越南。
1516年　谢利姆一世在达比克草原战役中获胜并占领了叙利亚。
1516年　威尼斯建立了犹太区，这是全世界第一个犹太区。
1516年　希罗尼穆斯·博斯（1450—1516）去世。

---

[1]　威尼斯以前的贸易中心。

第二十四章 罗 马

62—64 岁

初到罗马的几个月列奥纳多住在哪里？我们并不清楚。有可能住在朱利亚诺·德·美第奇家里，后来朱利亚诺在梵蒂冈的美景宫给他找了几个房间。美景宫是教皇的夏日宫殿，当时处于闲置状态。这座建筑才修建了约 30 年，比之前列奥纳多住过的所有房子都要好得多。现在，他有了固定的薪金，可以维持自己小小的团队，而且又有了可以工作的空间。但是，教皇迟迟没有委派他项目。教皇对艺术家的关注有限，与列奥纳多共享教皇关注的还有另外两位不容忽视的艺术家：正在开足马力加紧干的米开朗琪罗（教皇的最爱）和新来的孩子拉斐尔。这两位艺术家活力四射，列奥纳多却留着长长的指甲，像蜘蛛一样让人感觉不可接近，还有些老朽了。头发胡须一大堆！

朱利亚诺了解列奥纳多，他看透了列奥纳多的表象，而他的教皇兄长显然没有。教皇利奥只看到了列奥纳多的表面，觉得他落后而乖张。最后，教皇利奥终于给了列奥纳多某项任务，但是，列奥纳多犹犹豫豫，迟迟没有动工，反而又开始摆弄起他的颜料油漆了。

这时教皇说道："天呀，这个人什么都做不了，还没有开始，他就开始考虑结果了。"

这位出自美第奇家族的教皇认识列奥纳多，或者听说过他。这一评论很尖刻，也很愚蠢，但教皇的这一看法是基于多年的经验，或者是多年来的道听途说，其中也许就有他弟弟给他讲的故事。这并不是一时兴起的尖酸刻薄。

显然，到了人生的这个阶段，所有的传说和夸大其词的说法都已堆积起来，生根发芽了。如今，列奥纳多声名在外，无论是好是坏，最终的结果就是他自己有了很多可以支配的时间。在这一时代，镜子还是相对新鲜的事物，列奥纳多一直都在用镜子做实验，收集数据。他给朱利亚诺解释说，可以用镜子捕捉太阳的光芒，再集中起来产生热。朱利亚诺在佛罗伦萨有纺织品生意，随着海外贸易的发展，纺织业也是蒸蒸日上，他对太阳能很感兴趣，想用它来给纺织业使用的大桶加热。

为了制作抛物面反射镜，列奥纳多雇了两个德意志人（列奥纳多称呼他们为乔治和乔瓦尼），他们懂得如何制作镜子和铸造金属。但是，不知怎的，从一开始，这三个人就合不来。在列奥纳多看来，这两个人是懒虫，不工作，甚至还想要"偷窃我的秘密"，就像他对朱利亚诺所抱怨的那样。

然而，从这两个德意志人的角度，我们得以瞥见列奥纳多的性格。也许他们是无赖，但他们几乎是从一开始就不喜欢列奥纳多——差不多就是从看到他第一眼开始。他们表现出了拒绝，列奥纳多则以拒绝回应。他们为什么会有这样的反应，我们不知道，但我们之前也见过这种情况。

为列奥纳多工作可能会有点闲散,有点让人迷惑,列奥纳多的作坊与他们在德意志习惯的那种不一样。也许更多的是列奥纳多的随性创造、松散让他们感觉这有点像跟着塞隆尼斯·孟克一起组成爵士乐队。列奥纳多做项目似乎依靠的是直觉,不像典型的德意志工匠,他们有严格的规矩和方法。要按这一套来,他们才会觉得合适,觉得舒服。也许他们觉得列奥纳多很让人恼火。

列奥纳多不停地后退。这样的冲突,他不喜欢;或者说,他天生就不喜欢任何冲突。在我的想象中,他越来越远离人群,特别是这两个德意志人。他可能会在夜晚凉爽的时候独自工作。一天晚上,他点着蜡烛,借助镜子的反光,正在进行解剖,这时,其中一个德意志人走了进来,看到他——也许正在端详桌子上的人腿,或者是他找到并且带回家的人头,甚至可能是放在碗中的大脑。列奥纳多对他们各种抱怨,他们正要找这样的机会。我们知道的是:他们向教皇报告了这件事,教皇把列奥纳多叫了过去,禁止他以后再作出这样的亵渎行为。

结果就是:列奥纳多被控使用巫术,不准再进入圣斯皮里托医院;这样一来,就没有尸体供他观察研究了。显然,这一次,甚至是朱利亚诺都不能替他周旋。即便是街上的野狗也可以咬他一口。他的处境就像是早年在佛罗伦萨时那样——当时一封匿名信将他送进了牢房。他决定离开一段时间,去马里奥山寻找贝壳化石。6月,他为洛伦佐·迪·皮耶罗·德·美第奇设计了一座马厩,并有了重建佛罗伦萨美第奇府邸的各种方案。他重新制作了他的"机械狮子",这一作品作为弗朗索瓦一世7月12日加冕的礼物被送到了里昂。从他的笔记中可以看出,这一段时间,他专注于几何游戏以及画罗盘和穿戏服的人物像。其中,独一无二的是一个寓言故事,掌舵的是一只狼狗,用罗盘指引方向的是一只金色的老鹰。

他一直很忙,但似乎无事可做。有人在花园里找到了一只蜥蜴,给他带了过来。他在蜥蜴身上粘了一对翅膀,用来吓唬顺路来访的客人,宣称这是自然界的怪物。他有的是时间,这就是他开的玩笑。米开朗琪罗和拉斐尔在其他地方,做雕塑、绘画,在疯狂地工作。这一年的10月,列奥纳多作为同行人员,跟随教皇来到佛罗伦萨,这位出自美第奇家族的教皇受到了鲜花、音乐和盛大庆祝仪式的欢迎。他在议会大厅接见了红衣主教,墙壁上,列奥纳多绘制了一半的《安吉亚里之战》当然十分显眼。列奥纳多就在现场,看着自己的过去;面对询问,他很可能只是满不在乎地耸着肩膀,打着手势说话,手指在空中划过,还是那么不可捉摸。

这就是他人生的主题。他总是被迫谈论自己那些没有完成的作品,但他说了些什么,我们一个字都不知道。他是背对着那幅画呢,还是一直都在看着那幅画?

教皇一行人继续前行,到达了博洛尼亚。列奥纳多在这里见到了新登基的法国国王弗朗索瓦一世,这位新国王此时只有21岁,刚刚战胜了在米兰复位的斯福尔扎家族。弗朗索瓦一世知道列奥纳多,因为他的岳父路易十二看重列奥纳多的画作,并且至少拥有一幅他的作品《救世主》。新国王几个月之前在米兰看过《最后的晚餐》,当时他重新征服了这座城市。7月,他在里昂看到了机械狮子,大为惊讶，当然也知道那是列奥纳多制作的。考虑到后来事情的变化，我们可以合理地假设，这一次博洛尼亚见面，弗朗索瓦一世给列奥纳多许诺了在法国的工作机会，列奥纳多可能当场就接受了，或者进行了考虑，然后写信给国王表示接受。现存的文档中没有记录表明国王的许诺，也没有文档记录表明列奥纳多接受了工作邀请。

然而，他想离开意大利，也许已经考虑过一段时间了。上一次在罗马的时候，他就想要离开罗马前往伊斯坦布尔。现任的教皇对他不闻不问，这肯定也是原因之一，米开朗琪罗和拉斐尔总有事情可做，他却没有接到任务。可以这样说，列奥纳多在罗马的路已经走到了尽头，提前进入了坟墓。然而他还有想做的事情，这种本能驱使他继续前进。但我觉得，随着日子一天天过去，他浑身都有一种躁动的感觉。这是一个不安分的家伙。别人不需要他，他就不想待在那里。他不想面对某个忽视他存在的人。他开始四处张望，掂量自己的选择。

1516年3月，他回到了罗马，研究透视的几何问题。他看起来仿佛在等待什么。3月17日，朱利亚诺·德·美第奇死于梅毒，只活了37岁。列奥纳多又失去了一位金主和好朋友。对于列奥纳多而言，这是一段不确定的时期，他肯定再次开始四处张望，又一次考虑了弗朗索瓦一世的提议，然后立刻就作出了前往法国的决定。

列奥纳多和弗朗索瓦一世之间肯定是有书信来往的。他也解决了罗马的事宜以及别处的事务。他64岁了，又要重新开始。他15岁的时候来到佛罗伦萨，如果把那一次作为他人生的第一次开始，64岁这一次已经是他第8次重新开始新的生活了。幸运的是，这一次他不需要写自荐信罗列自己所有的工作技能，也不需要担心接待的问题。他只需到达那里就行了。

那一年夏末，他踏上了北上的路程，这一次他是作为法国国王的皇家工程师和画家前往约1 350千米之外、位于昂布瓦斯的皇家城堡。这一趟旅行耗时3个月，列奥纳多带上了约300千克的行李，其中有他所有的笔记本、书籍，还有《蒙娜丽莎》《施洗者圣约翰》，以及其他未完成的作品。在旷野中行进的3个月里，他重视的每一件东西都可能被毁，他自己也可能遭遇不幸。

我在想，当他经过佛罗伦萨的时候，有没有停下来去见马基雅维利最后一面呢？此时，马基雅维利早就已经完成了他臭名昭著的《君主论》，现在正在耕耘800页的罗马历史论著《论李维》[1]。这本书很关键，他所有的著述，无论是《君主论》还是他写的诗歌、传记、史书，抑或是他翻译的卢克莱修[2]的《物性论》，所有这些加起来也抵不过这一鸿篇巨制。另外，他还写了有关意大利语和军事学的文章以及几本剧本，其中有戏剧，也有喜剧。马基雅维利是一个非常幽默的人，深刻而睿智，他咒骂起来就像个水手，各方面都很有天赋。他可能没办法挺直坐在椅子上，因为背部已经毁了，十分僵硬，只能斜靠一边，用很多枕头撑着，每隔几分钟就得起来四处走走，动作敏捷，焦躁不安。自己的朋友在另一个朋友的手里遭受了很多不幸，列奥纳多肯定是挂念的。也许马基雅维利给列奥纳多

---

[1] 全名是《论李维著罗马史前十书》，李维是罗马历史学家。
[2] 罗马共和国末期的诗人和哲学家。

讲了他写的东西，解释了自己的观点，但他们都没有活到这些作品出版的那一天。也许他们分享了关于恺撒、卢多维科的消息，谈论了朱利亚诺最近去世的事情，还讨论了彼此未来的计划。但是，他们似乎没有给对方写信。即使在去往法国的路上，列奥纳多真的停下来拜访了马基雅维利，也没有记录可以证明，但我希望真是如此。

列奥纳多转向西北方向，进入了山区，天气逐渐冷了下来。当时的温度比现在低，他的旅途并不轻松。对于一个64岁的老人而言，3个月的骑马奔波需要极大的付出。萨拉和梅尔齐与他同行，索罗亚斯特罗则留在了罗马，他在罗马会发展得很好，他作为炼金术士和驱魔师的声望会达到崭新的高度。列奥纳多一行三人，还有装满了口袋和箱子的马车，跟着一大群旅行者和卫兵走在路上。列奥纳多一生的成果都集中在一个大约1米宽、1.3米长的空间里——当时两轮马车的平均尺寸。

列奥纳多再次裹得像个贝都因人，整个人差不多都埋在了衣服里，也许露出了一点点皮肤，还有一大堆的头发胡须，连续数周坐在马背上颠簸。他的两只眼睛望着摇摇晃晃的马车，马车的轮子不稳当，下方就是深深的河谷。还有几个小时就能走出山区了，大家都暗自祈祷这段时间千万不要出什么岔子。这世界上所有他珍视的东西都不能泡水。如果浸了水，所有的笔记本都会变成纸浆。

除了无比的焦虑，他还在想什么呢？经过如此费尽周折的一趟旅行，他离开了意大利，并很有可能是不打算再回去了。他离开了家人——也许算不上家人；他离开了所有的朋友、商业人脉、各种各样的邻居，还有童年的生活场景。他挥舞双手，告别离开了。

他似乎不怎么会讲法语，并且可以确定他不会书写法语，无论是从左到右，还是从右到左。他对未来的期待是什么呢？他对过去有什么遗憾？整天坐在马鞍上，他的感受如何呢？我猜，在长途旅行中，他的思绪开始漫游。有一匹好马，就不怎么需要费心，如果想进入出神的状态，想要找到发明创造的灵感，马背上就是个好地方。

第二十五章

克鲁堡的踢球游戏

1517 年	都铎王朝统治下的英格兰爆发了一场汗热病瘟疫。
1517 年	马丁·路德贴出了他的《九十五条论纲》,点燃了宗教改革的火焰。
1517 年	欧洲人来到了广州港口,开始与中国商人做贸易。
1517 年	谢利姆一世征服了埃及,宣布自己为哈里发[1]。
1517 年	卢卡·帕乔利(1445—1517)在圣塞波尔克罗去世。
1518 年	法国斯特拉斯堡出现了"舞蹈瘟疫",许多人不停地跳舞,一直跳到死为止。
1518 年	热带火蚁摧毁了伊斯帕尼奥拉岛的庄稼。
1519 年	西班牙的查理一世成为神圣罗马帝国皇帝。
1519 年	埃尔南·科尔特斯带领西班牙人征服了墨西哥。
1519 年	一场天花带走了中美洲和南美洲一半的土著人口。
1519 年	英格兰发生了第一次记录在案、与枪支相关的致死事件。
1519 年	斐迪南·麦哲伦开始了环球航行。

---

[1] 伊斯兰宗教领袖。

65—67 岁

我们希望列奥纳多毫发无损地到达了目的地，既没有因骑马浑身酸痛，也没有从马上摔下来。年轻的国王说话算话，把列奥纳多、萨拉和梅尔齐安置在宫殿附近一座闲置的城堡里，给每个人都发放薪水，甚至还给他们安排了一位名叫玛图瑞娜的厨娘。

列奥纳多在宫廷里再次演示了他的机械狮子，除此之外，他在宫廷的身份有点像一位智者，与他在卢多维科宫廷里的角色相似。不过，这一次，国王的年龄是 23 岁，对列奥纳多的各种技巧和故事非常感兴趣。列奥纳多为国王演奏提琴，这肯定很有趣。

1517 年 10 月，亚拉贡红衣主教路易吉来到昂布瓦斯，与国王见面，顺路也去见了列奥纳多。红衣主教的秘书安东尼奥·德·贝蒂斯记录了这次访问。这是现存少有的第一手资料，讲述了陌生人与列奥纳多第一次见面的情况。

与其他人一样，他也觉得列奥纳多看起来比实际年龄大。他描述列奥纳多像"一个 70 多岁的老人"。而此时，列奥纳多的实际年龄是 65 岁。

他给主教大人展示了三幅画,其中一幅画的是某位佛罗伦萨的女士,是在已经过世的朱利亚诺·德·美第奇大人的鼓动下而画的;另一幅是年轻的施洗者圣约翰;还有一幅是圣母玛利亚和圣婴坐在圣安妮的膝盖上。三幅画都很完美。然而,我们再也无法期待他绘制出更多伟大作品了,现在,他的右手有些麻痹了。他训练了一个米兰学生,这个学生很不错。大师列奥纳多再也无法像以前那样调制出甜美的颜色,但他还是能够绘制素描,还能教别人绘画。这位绅士写了很多关于解剖的作品,还有很多身体部位的绘图,比如肌肉、神经、血管和肠的走向,通过这些,可以前所未有地了解男人和女人的身体。这些都是我们亲眼所见,他告诉我们,他已经解剖过30多具尸体,男女都有,各种年纪都有。正如他自己所说的那样,他还写了很多卷的作品,涉及水的本质、各种机器以及其他的主题,全部是用当地方言写成。如果这些作品能够公开出版,会是有趣又有用的书籍。除了开销和住所,他每年能从法国国王那里领取1000斯库多[1]的津贴,他学生的津贴是300斯库多。

　　贝蒂斯没有提到列奥纳多反方向的书写,也许是他看得不够仔细,没有发现这一点。贝蒂斯似乎在几年后重写了他的旅行日志,所以,他是否还记着列奥纳多的反向书写要打上一个问号。我们也看到了列奥纳多的原话:"很多卷的作品",还看到了"如果能够

---

[1] 意大利银币单位。

出版"，它们会是有用之书的承诺。这里有两个很大的字——如果，这就意味着由别人来出版这些作品。列奥纳多似乎也在努力尝试出版这些作品。他是不是给法国国王也提过相同的建议呢？我怀疑，他一直都有要出版这些笔记本的想法。所以，列奥纳多去世之后，梅尔齐才没有做过什么与出版笔记本有关的事情。因为列奥纳多已经找了别人做这件事情。列奥纳多把自己的想法透露给了梅尔齐，他的想法与列奥纳多是一致的：出版这些笔记本是个大项目，需要很多分类整理的工作，还要誊写、编辑、制作成百上千的版画，天知道还有多少可能的复杂工序。

虽然列奥纳多在其他方面有一颗编辑的心，不断地修改、拿捏他周围的世界，他却没有编辑整理一本书的能力，自己的书也好，别人的书也好，他都无法编辑整理。我们不能从今天专业编辑的角度来看待这件事情，我们要从一个半文盲、自学成才、反向书写的人的角度来看待这件事情，只消一眼，就会明白这是无法完成的事情。他的脑子根本不是那样的工作方式——这也是他的短处之一。很多个夜晚，想到自己留下了这么一大堆乱七八糟的东西，他肯定不由得坐在那里叹气。

这一生，大多数时候，他对待笔记本都是这样的态度。一方面，笔记本中有"有用又有趣"的东西；另一方面，一大堆的东西，没有章法，全是零散的记录，就是花上两辈子也整理不出来。

还有第三个方面，创造力是什么样子的？凑近了看，就是这些笔记本的样子。散乱，完全没有章法，到处都是漏洞，不断地重复，甚至还建立在错误的猜想之上，但同时也不乏看透了世界本质的真知灼见。

什么样的心灵才能写下这样一段话："月亮和太阳都在我们的下方,对于站在月亮之上的人,看到我们的地球,看到地球上的水,感觉也会像我们看到月亮一样吧,地球也和月亮照亮了我们一样,照亮了他们。"

我肯定,艾伦·谢泼德[1]在月球上挥舞高尔夫球杆,抬头看到的情景就是这样的。

列奥纳多有着杀手一般的直觉。

真正的问题不是为什么列奥纳多不整理笔记本,而是为什么梅尔齐不整理。据我们所知,梅尔齐有时间,也有机会至少雇一两个抄写文书的人来开始这项任务,也许还可以雇一位雕刻师傅来帮助他制作铜版,把别墅楼上的房间变成一个小作坊,用上几年的时间出版列奥纳多的笔记。他手里有一本索引,可以从那里入手。一开始是关于绘画科学的书,然后是解剖学,还可以再整理飞行、水流方面的笔记以及机器设计图。梅尔齐可以先出版一两本书,等到快要咽气的时候再出版解剖学那本书,这样教会也就拿他没办法了。但是,他根本没有任何动作。梅尔齐死后,列奥纳多所有这些支离破碎的大事业,除了几幅艺术作品,都消失了。这些东西都放在阁楼的柜子里,梅尔齐的孩子们开始零星出售这些东西,凡是想买的人,都可以随便翻看,最后都卖出去了;单页的纸张,一本本的笔记散落在整个欧洲、艺术家的画室以及私人图书馆、储藏室和地下

---

[1] 第一位进入太空的美国宇航员,后来又登上月球,并且在月球上打了高尔夫球。

室，到处都有。之后战争纷起，有些笔记在战火中烧毁。直接的后果就是：所有的东西都掉进了一个洞里，一躺就是300年，之后只有一半的东西重见天日。

这段时间，列奥纳多做的事情似乎就是与国王在一起。他跟随国王去了100千米之外的罗莫朗坦。这可能是一趟为期两天的旅程，也许他们同坐一辆马车，讲着故事，列奥纳多还变了魔术。后来，他绘制了方案图，设计了一座完美的新宫殿，有点像他30年前在米兰制作的那份，他在伊莫拉的时候也给恺撒绘制了一份。不过，这一次，他的设计中包含了一个花园，还有一个巨大的水池，这样年轻的国王就可以用玩具船在水池里演习海战。在没有空调的年代，对于那些有足够财产的人，一个舒服的花园对于幸福的生活来说必不可少。按照国王的喜好，一个充满惊喜的大花园应该有潺潺的喷泉、由灌木和小径组成的迷宫、笼中的鸟儿、突现的远景和洞穴。早在列奥纳多开始从事景观设计之前，这就已经是一门发达的艺术了。

列奥纳多一直与弗朗索瓦一世待在罗莫朗坦，到了1月中旬，他们才返回昂布瓦斯。新宫殿刚要开始施工，就因为瘟疫和其他原因停止了，落成遥遥无期。列奥纳多所有的建筑方案都逃不过这样的诅咒。国王的侄女玛格达莱妮·德·拉·拉图尔-多韦涅嫁给了洛伦佐·迪皮耶罗·德·美第奇——大洛伦佐的孙子，列奥纳多为他们的婚礼设计了庆典活动。他人生最后的绘图，更多的是关于几何学、透视学和建筑学的研究。

但是，在他人生的最后一两年，他最感兴趣的似乎不再是简单的机械问题，而是转为研究更为复杂的混沌现象和湍流。自始至终，他都痴迷于水流，一辈子都是如此。当然，除了水流的容纳和走向问题，他一直都想知道的是水的内部结构，也就是水的解剖结构。水流表面之下是怎样的？瀑布，甚至是静止不动的小池塘也有看不见的肌肉和肌腱吗？当有外力搅动时，水就会流动，这是怎么回事呢？这种运动又是怎么停止下来的呢？涟漪是什么？为什么涟漪可以不受干扰地一圈圈荡开？水的本质是什么？还有，激流的本质是什么？

流体力学难以目测的本质，对于文艺复兴时期的人而言，更是复杂到了不可理解的程度。在人们眼中，这就是一片混乱——瀑布下面没有秩序可言，列奥纳多却认为他看到了一种模式。他朝水流中扔下细小的种子，抛进一把把的长头发；到了这个年龄，他已经老眼昏花，但是依然观察力过人，他认为自己观察到了一种模式，而且把这种模式画了下来。

这段时间里他曾几次中风，脾气变得阴郁暴躁，腿也瘸了，只能坐在椅子上，但依然在探索新领域，他探索的是身体崩溃的秘密。他的身体怎么了？为什么会这样？怎么就这样了？他不懈地提问，只是为了找到答案。

在我的想象中（虽然没有半点证据），在还能一瘸一拐走动的时候，列奥纳多去参观了洛什的堡垒，只有32千米的距离。卢多维科·斯福尔扎曾经被关押在这里，10年前也是在这里去世的。也许列奥纳多看到了卢多维科最初在塔楼上的牢房，看到了墙上孩子气

第二十五章　克鲁堡的踢球游戏

的图画、那些没有章法的星星和流星，还有家族的顶饰；也许他还看到了卢多维科在冷冰冰的墙上蹭来蹭去留下的黑色污迹；也许，他们还领着列奥纳多走下了很多级台阶，看到了卢多维科最终咽气的黑暗地牢。仍然可以感觉到那种挥之不去的绝望，当时这种绝望肯定更加浓厚。支配卢多维科的是他自己的本性，而非他的理智。恺撒也是如此。他们都不是可以与之理论的人。列奥纳多逃走了，保全了性命，不是一两次，而是很多次，他肯定觉得自己很幸运。他最大的天赋就是懂得如何幸存下来。像他这样奇特的人，在那样的时代，能够幸存下来真不是件容易的事情。

他的私人房间在克鲁堡的二楼，他在这里待的时间越来越多。房间的画架上有一幅画跟随他多年，他研究了多年，这幅画依然能够激起他的兴致。这是他尝试过的最艰难的事情，就像是要捕捉震动的瞬间或是回音。他依然不能确定自己是否真正恰到好处地把握住了那一瞬间。那真的是很奇特的一件作品。那种转瞬即逝的认同感贯穿他的一生，就像是两件东西偶然间碰撞在一起，撞出了一个火花，使他得以一眼瞥见真知，也许这是一种洞察。他为了这些一闪而逝的瞬间活着：当不可见之物变得可见，而他突然看透一切。那是一种无法用语言表达的真理，一种形象化的真理。怎么才能表现出这一点呢？他还在寻找答案，这幅画就是他解答谜团最好的答案。大多数时候，他确信如此。但是，当他心情不好的时候，就不太确定了。要想找到答案，必须要保持警惕，必须对周围的事物作出反应。要做到这一点，对他而言是越来越困难了。但是，这幅画依然吸引着他的目光，吸引着他的注意力。似乎行得通。

　　一位女性坐在阳台上，微微侧身，看着画面外的人。她的身后是无限的深度和距离。她双手交叠放在腹部。列奥纳多研究这幅画，就像是在研究古埃及象形文字一样，他不断地测试自己的反应。其中的含义并不精确，却无比深刻。他把背景逼到了阳台下方，完全就是现实中没有的场景，看起来那个女子就坐在巨大的悬崖边上，悬在空中，背后是无尽的永恒。然而，他正是要通过这样的手法来达到所要的效果。光线是从房间里射出来的，而非来自户外的太阳，更不要说其中的不对称了。画面上所有的东西都不平衡，到处都在吸引你的目光。这位女性背后的高山不仅是不可能存在的，而且狂乱而模糊、几近噩梦中的场景。她的脸就是一幅拼贴画，取决于你观看的角度是从左到右，从上到下，还是从中间到边缘。不同的时候，她的脸呈现出不同的内容，宛如梦境般奇幻但不离奇。呈现这种梦境的意义就是困难所在，他花了好长的时间才以一种"意料之外，情理之中"的方式将画面中的事物组合起来。它激发了想象力去理解这一切。

　　他知道，科学不能解释这幅画，逻辑在这里也没有用武之地，但其中所展现的惊人技艺却能震撼、俘获人心。人们瞥见了创造、再生和遗忘。艺术表达了无言的真理，艺术超越了哲学家、哲学家的作品和完美的逻辑。不仅如此，这幅画还捕捉到了那种古老的生殖精神——曾经无处不在，却一度无踪可循。这就是他的答案，是对佛罗伦萨那些自以为是、自称无所不知的家伙的一种回敬。

　　作为艺术家，他一直秉承着做科学的态度；作为科学家，他又一直有做艺术的态度。做任何事情，他都有两种角度。即便是最平静的时候，这个人都像鲁特琴的琴弦一样在低吟。这个世界上所有的矛盾似乎都在他的脑子里安家了。他思考得太多！

列奥纳多遗嘱的签署日期是 4 月 23 日，他 67 岁生日的一个星期之后。梅尔齐是他的遗嘱执行人，也是主要的继承人，得到了他所有的画作、笔记本和实验设备；萨拉那份是现金和米兰的土地；列奥纳多同父异母的弟弟们得到了芬奇的土地；厨娘玛图瑞娜得到了一件镶有皮毛边的精美斗篷和两个达克特。1519 年 5 月 2 日，列奥纳多去世了。他是眼看自己就要不行了，才写下了遗嘱。

后来理想化的传记作者宣称，列奥纳多死在了法国国王的怀抱里，国王紧紧地抱着他，呼吸他最后一口气，这一说法的始作俑者就是瓦萨里。也许吧。但是，有记录表明此刻弗朗索瓦一世似乎在别的地方，而且距离还很远，赶不及回家深吸这口气。列奥纳多死的时候是什么样的情景呢？很有可能跟他活着的时候是一样的，周围都是陌生人，幸运的是至少还有一个密友。我觉得，他肯定研究了一步步逼近的死亡。只要还有力气，他就不会停止思考。如果他还能有力气说出话来，他下一本书的名字应该是《我们是这样死亡的》。也许他真的这样做了，只是这个笔记本也丢失了而已。

我想，他躺在床上时，依然在研究自己的《蒙娜丽莎》，凝望时间的隧道，一路看到自己人生最初的时候——也看到自己还没有给她画上眉毛，如果……

他最后的话可能会是："告诉我，告诉我，我一生是否有一件完成的事情？"

他们把列奥纳多的尸体在夏日的温度中储存了3个月，等到墓穴修好才下葬。梅尔齐一直等到安葬完毕才离开。他踏上了回家的路，再次翻山越岭，带上了之前一路搬过来的所有箱子，只是少了几幅画。

埋葬列奥纳多的小礼拜堂在法国大革命期间被毁，里面的骨头散落了一地。有这样一个故事，一个老园丁，名叫古戎，在1808年的一天来到了这里，看到一群当地的男孩在踢球，踢的是一个特别大的骷髅。他拿回了那个骷髅，把散落在地上的骨头也收集起来，还有一些大理石碎片，上面有字母EO……DUS VINC。他把这副几乎完整的骨架埋在了"新的小礼拜堂"，现在这副骨架还在那里。

验尸报告

1520 年	索罗亚斯特罗（托马索·马西尼）（1462—1520）在罗马去世。
1520 年	拉斐尔（全名：拉斐尔·圣齐奥·达·乌尔比诺）（1483—1520）在罗马去世。
1524 年	萨拉（吉安·贾科莫·卡普罗蒂·达·奥雷诺）（1480—1524）与人决斗，被弩弓射中，死于米兰。
1525 年	法国国王弗朗索瓦一世在帕维亚战役中被俘。
1527 年	罗马之劫[1]，意大利文艺复兴结束。
1527 年	尼可罗·马基雅维利（1469—1527）在佛罗伦萨去世。
1532 年	弗朗西斯科·皮萨罗带领西班牙人征服了印加帝国。
1541 年	米开朗琪罗完成了西斯廷教堂的《最后的审判》。
1542 年	丽莎·德尔·乔孔达（蒙娜丽莎）（1479—1542）在佛罗伦萨去世。
1543 年	维萨里出版了《人体构造》，引领了人体解剖学的研究。
1546 年	米开朗琪罗成为圣彼得大教堂的主建筑师。
1559 年	意大利战争结束。
1564 年	威廉·莎士比亚（1564—1616）出生。
1564 年	米开朗琪罗（1475—1564）在罗马去世。
1568 年	弗朗西斯科·梅尔齐（1491—1568）在沃普利奥德安达去世。
1568 年	瓦萨里所著的《艺苑名人传》第二版出版。
1574 年	迪乔治·瓦萨里（1511—1574）在佛罗伦萨去世。
1580 年	弗朗西斯·德雷克环游世界归来。
1628 年	威廉·哈维发表了他发现的循环系统。
1687 年	艾萨克·牛顿描述了万有引力和三大运动定律。他把所有的这些东西都藏在一个抽屉里。
17 世纪 90 年代	列奥纳多的《勒达与天鹅》因为其内容过于露骨在枫丹白露被德·曼特农夫人毁掉。

---

[1] 也译为"罗马大劫掠"。

到底是为什么？委托给列奥纳多的项目，他很少有完成的，他比 3 美元的钞票还要稀奇。事实上，列奥纳多死后，很大程度上就被遗忘了，后来奇妙的事情发生了。这个人很少自始至终地完成什么事情，突然之间，别人就开始帮他完善起来。甚至可以说，这本书就是完善他的例子之一。

正如我一直在解释的，这一切都与他模棱两可的状态相关。列奥纳多的本质就是悬而未决，游走于两端。他最伟大的艺术也来自这种模棱两可的状态。他一生都游走其中，大多数时候，这种模棱两可的状态于他是一种妨碍。而最大的讽刺在于：列奥纳多生前没能企及的声望最终还是落在了他的头上。是呀，都是因为这种模棱两可的状态。

井然有序的状态无法造就列奥纳多这样的人。那是什么造就了列奥纳多呢？独特的天才滑过一道道的裂缝——没有被摧毁，还继续成长，虽然成长得有些怪异。

然而，人们依然会问：为什么没有出现更多的列奥纳多呢？人们之所以会提出这样的问题，往往是因为把他想象成了一个现代人：拥有三头六臂，能够同时进行多项工作，同时考虑多个问题，这显然只是一种不切实际的幻想，是错误的。现代人回顾历史时，想象的都是现代人自己的版本。我们没有察觉到的是：近500年来，我们与以前截然不同了。但在我们严格的社会秩序之下，一个15岁的孩子没人管教，在乡下长大，无法正确地书写，甚至不能好好地写自己的名字，那他就会成为社会工作者口中的"问题"。

这一切并非如此简单，因为通常社会工作者的判断都是正确的。文明的社会必须拯救那些不与社会接触、有障碍的孩子。然而，重点似乎在于列奥纳多必须依靠自己去想清楚。要造就列奥纳多，就需要自我发现，还要有一次又一次去自我发现的固执。

想象一下吧，当列奥纳多还是个少年的时候，在他发现自己会画画之前的那几个月、那几周，在他找到来理解这个世界的方式之前，他是什么样的小"列奥纳多"呢？阅读对他来说困难得难以想象，"正确"地书写就更难了。在他看来，所有的东西都不对劲，都是倒着的，他想不通是怎么回事。他觉得自己很蠢。然后，不知怎的，也许是他的叔父弗朗西斯科，把这样的理念输进了他迷糊的小脑袋——"如果觉得困难，就用自己的方式来做。你不笨！找到自己的方式"。

通过某种内在的过程，他找到了自己的方式。这个左撇子、诵读困难、没有受过教育的乡下孩子很有可能是阿斯伯格综合征患者，不知道通过什么方式，在混乱的感官旋涡中，找到了自己理解世界的方式。他相信自己的本能，找到了自己的连接方式，做到了这一点。

接着还有韦罗基奥，韦罗基奥给他指明了道路。

在这一时间点，列奥纳多要开始独立谋生了。当然，此时他并不知道该如何谋生，但总有办法。"我能够做到，但只能这样办。"在我看来，他一生似乎都生活在这样的盒子里。

现代的理想化传记作者喜欢把列奥纳多想象成一个完整的人，身心都非常完善。然而，如果客观地从证据出发进行考虑，列奥纳多只是一个发展极为不均衡的人，缺点和缺陷与他的强项一起定义了他这个人。如果非要说，他的缺点甚至更为明显。

在我看来，过分地赞美天才，对我们而言似乎是一种伤害。赞美偶像的感觉固然非常好，但同时也可能会让那些有志于艺术的人望而却步。将列奥纳多的形象描绘得无比高大，就像是把他具化成了杂志里的插页，会使他沦为某种文化色情。随着时间的推移，他的形象越来越高大，到了现在，有的作者甚至直接就宣称他发明了现代世界，发明了现代社会中大多数的东西。但是，过分赞美列奥纳多的人似乎总是那种体制中的人，也许都是些局限于办公室里的专家。这就是学术界的运作方式。

列奥纳多所有的一切——天赋、失败、怪癖和神秘——都刺激着我们的想象力。他引导人们关注我们自身的未解之谜。列奥纳多肯定不是有意为之，但这种模棱两可的状态和没有实现的承诺也是他留给我们的遗产。你可以任意解读那种模棱两可的状态。

在他所处的时代，列奥纳多让别人"读不懂"。数个世纪之后，他有了很强的可读性。这不仅是因为时间上的距离以及我们不一样的视角，还因为他不会与我们产生矛盾，他是我们投射的模板。就像莎士比亚（或是卡夫卡），对他了解得越少，到了最后他的形象似乎越生动。这一点也适用于列奥纳多的艺术。神秘的《蒙娜丽莎》在1519年是一件奇怪的作品，时至今日，它仍然是一件奇怪的作品。

当我们凝视列奥纳多的面孔，我们看见了自己。当列奥纳多举起一面镜子，凝视自己的面孔，他看到的东西则完全不一样——我们不在那个框架之中。

图　源

Portrait of a Bearded Man, possible self portrait by Leonardo da Vinci (red chalk on paper), Italian School / Biblioteca Reale, Turin, Italy / Bridgeman Images

The Lady with the Ermine (Cecilia Gallerani), 1496 (oil on walnut panel), Vinci, Leonardo da (1452-1519) / © Czartoryski Museum, Cracow, Poland / Bridgeman Images

Studies of war machines, 1485, by Leonardo da Vinci (1452-1519), sanguine on paper, Vinci, Leonardo da (1452-1519) / British Museum, London, UK / De Agostini Picture Library / Bridgeman Images

Fight between a Dragon and a Lion (brown ink with wash on paper), Vinci, Leonardo da (1452-1519) / Gabinetto dei Disegni e Stampe, Galleria Degli Uffizi, Florence, Italy / Bridgeman Images

Studies of the Proportions of the Face and Eye, 1489-90 (pen & ink over metalpoint on paper), Vinci, Leonardo da (1452-1519) / Biblioteca Nazionale, Turin, Italy / Bridgeman Images

Seven Studies of Grotesque Faces (red chalk on paper), Vinci, Leonardo da (1452-1519) (attr.to) / Galleria dell'Accademia, Venice, Italy / Bridgeman Images

A standing masquerader, c.1517-18 (chalk, pen & ink and wash on paper), Vinci, Leonardo da (1452-1519) / Royal Collection Trust © Her Majesty Queen Eliz- abeth Ⅱ, 2016 / Bridgeman Images *Vitruvian Man*

Study of the Hanged Bernardo di Bandino Baroncelli, assassin of Giuliano de Medici, 1479 (pen & ink on paper), Vinci, Leonardo da (1452-1519) / Musee Bonnat, Bayonne, France / Bridgeman Images

Machines to lift water, lantern and prison gate from Atlantic Codex (Codex

Atlanticus) by Leonardo da Vinci, folio 34 recto, Vinci, Leonardo da (1452-1519)/ Biblioteca Ambrosiana, Milan, Italy / De Agostini Picture Library / Metis e Mida Informatica / Veneranda Biblioteca Ambrosiana / Bridgeman Images

Bombs falling beyond walls of fortress, underdrawing for Battle of Anghiari and horse from Atlantic Codex (Codex Atlanticus) by Leonardo da Vinci, folio 72 recto, Vinci, Leonardo da (1452-1519) / Biblioteca Ambrosiana, Milan, Italy / De Agostini Picture Library / Metis e Mida Informatica / Veneranda Biblio- teca Ambrosiana / Bridgeman Images

Designs for a fortress-type palazzo, and for a figure of Neptune, c.1508 (pen & ink with chalk on paper), Vinci, Leonardo da (1452-1519) / Royal Collection Trust © Her Majesty Queen Elizabeth Ⅱ, 2016 / Bridgeman Images

A plan of Imola, 1502 (pen & ink, wash and chalk on paper), Vinci, Leonardo da (1452-1519) / Royal Collection Trust © Her Majesty Queen Elizabeth Ⅱ, 2016 / Bridgeman Images

Leda and the Swan (pen & brown ink over black chalk on paper), Vinci, Leonardo da (1452-1519) / Chatsworth House, Derbyshire, UK / © Devonshire Collection, Chatsworth / Reproduced by permission of Chatsworth Settlement Trustees / Bridgeman Images

Muscle structure Leonardo da Vinci's drawing. 15th century. / Museo Nazio- nale della Scienza e della Tecnologia 'Leonardo Da Vinci', Milan, Italy / Photo © Tarker / Bridgeman Images

Codex Atlanticus fol.846v Bird'swinged apparatus with partly rigid wings, c.1488-90 (?) (pen & ink on paper, Vinci, Leonardo da (1452-1519) / Biblioteca Ambrosiana, Milan, Italy / De Agostini Picture Library / Metis e Mida Informatica / Veneranda Biblioteca Ambrosiana / Bridgeman Images

Studies of flowing water, with notes, c.1510-13 (pen & ink of black chalk on paper), Vinci, Leonardo da (1452-1519) / Royal Collection Trust © Her Majesty Queen Elizabeth Ⅱ, 2016 / Bridgeman Images

参 考 文 献

General Biographies

Nicholl, Charles. *Leonardo Da Vinci, Flights of the Mind* (New York: Penguin, 2004).

Bramly, Serge. *Leonardo the Artist and the Man* (New York: Penguin, 1994).

Specialized Biographies

Ady, Cecilia. *A History of Milan Under the Sforza* (London: Forgotten Books, 2012), Kindle edition.

Bambach, Carmen, et al., *Leonardo Da Vinci, Master Draftsman* (New York: Metropolitan Museum of Art, 2003).

Capra, Fritjof. *The Science of Leonardo* (New York: Anchor Books, 2007). Jones, Jonathan. *The Lost Battles* (New York: Knopf, 2010).

King, Ross. *Leonardo and the Last Supper*. (New York: Walker and Co., 2012).
Michelangelo and the Pope's Ceiling (New York: Walker and Co., 2003).
Brunelleschi's Dome (New York: Penguin, 2000).
Machiavelli: Philosopher of Power (New York, Harper Perennial, 2007) Nuland, Sherwin B. *Leonardo Da Vinci* (New York: Penguin Lives, 2000). Strathern, Paul. *The Artist, The Philosopher, and the Warrior* (New York: Bantam, 2009).

White, Michael. *Leonardo The First Scientist* (New York: St. Martin's Press, 2000).

Critical Commentary

Clark, Kenneth. *Leonardo Da Vinci* (New York: Penguin Books, 1959).

Kemp, Martin. *Leonardo Da Vinci, The Marvellous Works of Nature and Man* (New York: Oxford University Press, 2006).

Bibliography

Klein, Stefan. *Leonardo's Legacy* (Cambridge: Da Capo Press, 2008).

Lester, Toby. *Genius, Obsession and How Leonardo Created the World in his Own Image* (New York: Free Press, 2012).

Sassoon, Donald. *Becoming Mona Lisa* (New York: Harcourt, 2001). Steinberg, Leo. *Leonardo's Incessant Last Supper* (New York: Zone Books, 2001).

Turner, A. Richard. *Inventing Leonardo* (New York: Knopf, 1993).

Additional Readings

Ball, Phillip. *The Devil's Doctor, Paracelsus & The World of Renaissance Magic & Science* (New York: Farrar, Straus and Giroux, 2006).

Boccaccio, Giovanni. *Life of Dante. One World Classics*, translated by Phillip Wicksteed, 1904.

Boorstin, Daniel. *The Discoverers* (New York: Vintage, 1985). See also *The Image* (New York: Vintage, 1961).

Capponi, Niccolo. *The Day the Renaissance Was Saved* (New York: Melville House, 2015).

Castiglione, Baldesar. *The Book of the Courtier* (New York: Norton Critical Editions, 2002).

Cawthorne, Nigel. *Sex Lives of the Popes* (London: Prion Books, 1996).

Clegg, Brian. *The First Scientist, A Life of Roger Bacon* (New York: Carroll & Graf, 2003).

Freud, Sigmund. *A Psychosexual Study of an Infantile Reminiscence* (Gutenberg. org, 1916).

Gadol, Joan. *Leon Battista Alberti, Universal Man of the Early Renaissance* (Chicago: University of Chicago Press, 1969).

Gleick, James. *Isaac Newton* (New York: Pantheon Books, 2003).

Grafton, Anthony. *Leon Battista Alberti, Master Builder of the Italian Renaissance* (New York: Hill and Wang, 2000).

Greenblatt, Stephen. *The Swerve: How the World Became Modern* (New York: W. W. Norton, 2012).

Hillman, D.C.A. *The Chemical Muse* (New York: St. Martin's Press, 2008). Kalsched,

Donald. *The Inner World of Trauma* (New York: Routledge, 1996). Lewis, R.W.B. *Dante, A Life* (New York: Penguin Books, 2001).

Lucretius, *The Nature of Things* (New York: Penguin Classics, 2007). Machiavelli, Niccolò. *The Prince* (Mineola, N.Y.: Dover Publications, 1992). McMahon, Darrin. *Divine Fury, A History of Genius* (New York: Basic Books, 2013).

Pacioli, Luca. *The Rules of Double-Entry Bookkeeping* (New York: II CPA Publications, 2010).

Pinker, Steven. *The Better Angels of Our Nature: Why Violence Has Declined* (New York: Viking Books, 2011).

Reynolds, Barbara. *Dante, the Poet, the Political Thinker, the Man* (New York: Shoemaker and Hoard, 2006).

Santayana, George. *Three Philosophical Poets, Lucretius, Dante, and Goethe* (Cambridge, Mass.: Harvard University Press, 1947).

Suh, H. Anna, ed., *Leonardo's Notebooks* (New York: Black Dog and Leventhal, 2005).

Thomas, Keith. *Religion and the Decline of Magic* (New York: Penguin, 1991).

Vasari, Giorgio. *Lives of the Most Excellent Painters, Sculptors, and Architects*, 2nd ed. (Gutenberg.org, 1550).

Wilson, A. N. *Dante in Love* (New York: Farrar, Straus and Giroux, 2011).

Wittkower, Margot and Rudolf. *Born Under Saturn* (New York: New York Review Book Classics, 1963).

致 谢

我要感谢梅尔维尔出版社的所有人,他们真的非常出色,特别要感谢瓦莱丽·梅里亚斯和丹尼斯·约翰逊,以及他们对我文稿的认可。同样,我要感谢我的老朋友拉里·贝克,在他的帮助下,这本关于列奥纳多的书找到了归宿。特别感谢斯科特·霍尔特和他优秀的家人。感谢你们所有人。